诚信为本

操守为重

坚持准则

不做假账

——与学习会计的同学共勉

高等职业教育财务会计类专业“**岗课赛证**”融通教材

高等职业教育在线开放课程新形态一体化教材

浙江省普通高校“十三五”新形态教材

会计基础习题与全真实训

（第三版）

主　编　张　瑶　陈　强

副主编　张惠君　梁冰峰

中国教育出版传媒集团

高等教育出版社 · 北京

内容提要

本书是高等职业教育财务会计类专业“岗课赛证”融通教材，是浙江省普通高校“十三五”新形态教材，也是《会计基础》(第三版)的配套辅导用书。

本书依据2024年7月1日起施行的《中华人民共和国会计法》等最新财税法规，紧扣全国初级会计专业技术资格考试大纲，通过习题与会计综合实训两部分内容的设计，有针对性地对学习者进行训练，以期实现“岗课赛证”融通，职业素养、创新创业与专业教育融合。其中，习题部分与主教材教学内容相互对应，分为法规索引、学习指导和同步训练三部分内容，帮助学习者按照教学过程循序渐进地学习理论知识，掌握基本技能；会计综合实训部分以一家工业企业的经营活动为例，将填制与审核原始凭证、编制与审核记账凭证、建立并登记会计账簿、成本计算、财产清查、对账、结账、编制财务报表等会计核算方法有机融入实训内容，提高学习者的实践技能。

本书可作为高等职业专科院校和高等职业本科院校财务会计类专业的教材，也可作为在职财会人员业务学习、岗位培训的参考用书。

本书配套开发有教学课件、电子教案、参考答案等数字化教学资源，教师如需获取，请登录“高等教育出版社产品信息检索系统”(xuanshu.hep.com.cn)免费下载。

图书在版编目（CIP）数据

会计基础习题与全真实训 / 张瑶，陈强主编．
3版．-- 北京 ：高等教育出版社，2024．9．-- ISBN
978-7-04-062718-3

Ⅰ．F230

中国国家版本馆CIP数据核字第20242V4521号

会计基础习题与全真实训（第三版）
KUAIJI JICHU XITI YU QUANZHEN SHIXUN

策划编辑 张雅楠　责任编辑 张雅楠　封面设计 赵 阳　版式设计 李彩丽
责任校对 高 歌　责任印制 刁 毅

出版发行 高等教育出版社
社　　址 北京市西城区德外大街4号
邮政编码 100120
印　　刷 北京市大天乐投资管理有限公司
开　　本 787mm×1092mm 1/16
印　　张 17.75
字　　数 310千字
购书热线 010-58581118
咨询电话 400-810-0598

网　　址 http://www.hep.edu.cn
　　　　 http://www.hep.com.cn
网上订购 http://www.hepmall.com.cn
　　　　 http://www.hepmall.com
　　　　 http://www.hepmall.cn
版　　次 2017年4月第1版
　　　　 2024年9月第3版
印　　次 2024年9月第1次印刷
定　　价 45.80元

物 料 号 62718-00

第三版前言

本书是高等职业教育财务会计类专业“岗课赛证”融通教材，是浙江省普通高校“十三五”新形态教材，也是《会计基础》(第三版)的配套辅导用书。

本书贯彻党的二十大报告“我们要坚持教育优先发展、科技自立自强、人才引领驱动，加快建设教育强国、科技强国、人才强国，坚持为党育人、为国育才，全面提高人才自主培养质量，着力造就拔尖创新人才，聚天下英才而用之”的精神，落实立德树人根本任务，顺应数字经济社会发展对人才的高需求，应对会计工作智能化越来越成熟、财务机器人应用越来越广泛的新变化，以 2024 年 7 月 1 日起施行的《中华人民共和国会计法》等最新财税法规，以及全国初级会计专业技术资格考试“初级会计实务”考试大纲为依据进行修订，力求体现新准则、新制度、新规定和新技术。

本书共分为习题与会计综合实训两个部分，习题部分是与主教材同步配置的标准化练习，与主教材教学内容对应，帮助学习者按照教学过程循序渐进地学习理论知识，掌握基本技能；会计综合实训部分以一家工业企业的经济业务为例，将填制与审核原始凭证、编制与审核记账凭证、建立并登记会计账簿、成本计算、财产清查、对账、结账、编制财务报表等会计核算方法有机融入实训内容，突出会计岗位职业技能与实践操作能力训练，体现做、学、教、练一体化。

本书在保持上版特点的基础上，还具有以下特点：

(1) 学习目标明确。本书在编写内容的划分上具有明确的目标性，按照“法规索引→学习指导→同步训练→真账实操”的逻辑设计，着重体现“夯实会计理论基础、规范实务工作过程、培养会计职业能力”的高职教育理念，要求学习者按照一个会计循环的完整流程依次完成填制和审核原始凭证与记账凭证、登记会计账簿、编制财务报表等工作，从而使学生全面、正确地理解掌握会计循环的各个步骤和具体技能，这有助于学习者融会贯通学习会计基础理论知识，并对企业会计核算过程有全面、系统的认识；同时培养学习者严谨、务实、负责、团结的工作态度和作风，重视理论对实践的指导作用，将所学财务知识系统化地运用到实际经济业务操作之中。

（2）突出核心技能。本书按照实际会计工作程序来设计教材内容，在编写中紧扣会计基本核算方法所需的知识点和技能点，既保证教材覆盖所有必需的知识点和技能点，又强调重点和难点，题量适中，使学习者有更多的精力在学习中摸索规律，举一反三，理解和掌握核心知识点和技能点，体现教材内容职业性和实践性的特点。

（3）对接真账实操。本书从职业能力分析出发，紧紧围绕完成会计核算工作任务的需要，真账实操实干，以任务牵引习题和会计综合实训，方便教师项目化教学，实现做、学、教、练一体化，使学练相长。

（4）配套资源丰富。本书配套建设有在线开放课程、教学课件、电子教案、参考答案等数字化教学资源，能够满足学生个性化自主学习和教师线上线下混合式教学需要。

本书由宁夏财经职业技术学院张瑶、泉州职业技术大学陈强任主编，浙江金融职业学院张惠君、宁夏财经职业技术学院梁冰峰任副主编，绍兴职业技术学院朱宏涛、宁夏财经职业技术学院王红琴、内蒙古北方重工业集团有限公司培训中心王颖毅参与编写。同时，本书坚持产教融合、校企“双元”合作开发，国家电投集团宁夏能源铝业有限公司张丽宁正高级会计师、杭州市国有资本投资运营有限公司陈珍红正高级会计师对本书进行了审核。

本书在编写过程中参考了不少专著和教材，得到了有关专家学者、院级领导以及高等教育出版社的大力支持，在此一并表示感谢。由于编者学识水平有限，可能存在一些疏漏或错误，恳请广大读者批评指正。

编者

2024 年 8 月

第一版前言

本书是财务会计类专业“课证融合”系列教材《会计基础》的配套辅导用书。本书依托主教材《会计基础》的内容精心编写而成，实现“课证融合”，实现职业素养、创新创业与专业教育深度融合。本书一方面可以帮助学生理解和掌握会计的基本技能、基本理论和基本知识，另一方面又可帮助学生了解会计职业，了解会计岗位，培养会计职业精神。

本书每章包括四部分内容：法规索引、学习指导、同步训练、寻找财经人物，本书中的实训资料是以一家工业企业一个月的经营活动为例，要求学生根据原始凭证完成所有的账务处理程序。本书中的习题，特别设计“红膜自测卡”，自测题答案和重点概念采用专色印刷，覆上红膜即可隐去，方便背记考点、检测学习效果。同时配套智能化“会计基础考试题库”，可实现智能组卷、专项练习、真题模考、考点分析等功能。

本书由浙江商业职业技术学院教授、中国会计学会会计教育专业委员会委员、教育部财政职业教育教学指导委员会高职财经类专业教学指导委员会委员陈强任主编，黑龙江农垦职业学院王超、浙江经济职业学院张颖任副主编，浙江经济职业学院章莹、吕燕和普华永道中天会计师事务所（特殊普通合伙）陈腾参加编写。

本书在编写过程中参考了不少专著和教材，得到了有关专家学者、院级领导以及高等教育出版社的大力支持，在此一并表示感谢。由于编者学识水平有限，编写时间仓促，可能存在一些疏漏或错误，恳请广大读者批评指正。

编者

2017 年 3 月

目录

001 《会计基础》习题部分

003 第一章 总论
003 法规索引
003 学习指导
006 同步训练

021 第二章 会计要素与会计等式
021 法规索引
021 学习指导
022 同步训练

041 第三章 会计科目与账户
041 法规索引
041 学习指导
043 同步训练

057 第四章 会计记账方法
057 法规索引
057 学习指导
058 同步训练

073 第五章 借贷记账法下主要经济业务的账务处理
073 法规索引
074 学习指导
084 同步训练

135 第六章 会计凭证

135 法规索引

135 学习指导

137 同步训练

151 第七章 会计账簿

151 法规索引

151 学习指导

153 同步训练

173 第八章 账务处理程序

173 法规索引

173 学习指导

175 同步训练

187 第九章 财产清查

187 法规索引

187 学习指导

189 同步训练

203 第十章 财务报表

203 法规索引

203 学习指导

206 同步训练

219 会计综合实训

《会计基础》习题部分

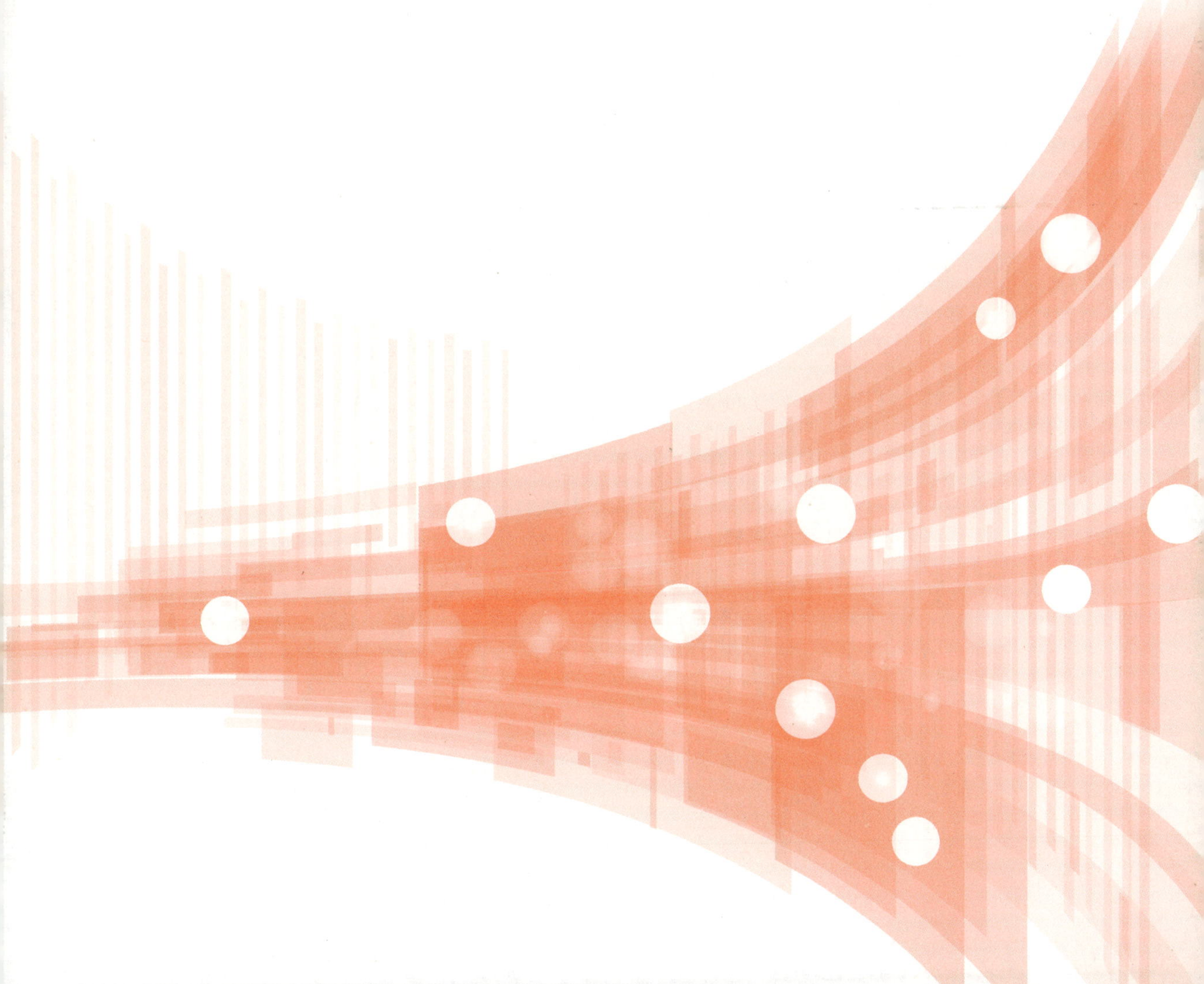

第一章 总论

法规索引

1. 中华人民共和国会计法
2. 企业会计准则——基本准则
3. 会计档案管理办法

学习指导

请根据主教材《会计基础》(第三版)第一章的相关内容，总结并填写表1-1。

▶▶表1-1　总论内容

<table>
<tr><td rowspan="5">一、会计的概念与目标</td><td colspan="2">要点</td><td colspan="2">内容</td></tr>
<tr><td colspan="2">概念</td><td colspan="2"></td></tr>
<tr><td colspan="2">特征</td><td colspan="2"></td></tr>
<tr><td colspan="2">会计对象</td><td colspan="2"></td></tr>
<tr><td colspan="2">会计目标</td><td colspan="2"></td></tr>
<tr><td rowspan="3">二、会计职能与方法</td><td colspan="2">要点</td><td colspan="2">内容</td></tr>
<tr><td rowspan="2">核算职能</td><td>概述</td><td colspan="2"></td></tr>
<tr><td>环节</td><td colspan="2"></td></tr>
</table>

续表

章节	要点		内容
二、会计职能与方法	核算职能	内容	
	监督职能	概述	
		内容	
	会计核算方法体系		
	会计循环		
三、会计基本假设与会计基础	要点		内容
	会计假设概念		
	会计假设构成	会计主体	
		持续经营	
		会计分期	
		货币计量	
	会计基础概念和种类		
	权责发生制	概念	
		特点	
		适用范围	
	收付实现制	概念	
		特点	
		适用范围	
四、会计信息的使用者及其质量要求	要点		内容
	会计信息使用者		
	会计信息质量要求	可靠性	
		相关性	
		可理解性	
		可比性	
		实质重于形式	
		重要性	
		谨慎性	
		及时性	

续表

	要点		内容
五、会计工作规范	会计准则体系	构成	
		意义	
	企业会计准则	构成	
		基本准则	
		具体准则	
	小企业会计准则	颁布时间	
	政府会计准则	主要特点	

财务会计与管理会计是并列的现代会计的两大分支，简单地说一个是“内部报告会计”——管理会计，另一个是“对外报告会计”——财务会计。财务会计和管理会计的特征与区别，如表 1–2 所示。

►► 表 1–2　财务会计与管理会计的特征与区别

	财务会计	管理会计
服务对象	是与企业有利害关系的外部信息使用者，包括国家、投资者、债权人与潜在的投资人等，同时也向企业内部的管理部门提供有关的财务及其他经济信息	企业内部的管理部门
加工对象	是已经发生或者已完成的交易、事项所产生的财务数据。财务会计提供的主要是历史信息	是预计未来的经济行为。管理会计提供的是未来的信息
规范要求	必须遵循企业会计准则等的规范要求	不受任何形式的规范约束
会计程序	由固定的确认、计量和报告等程序组成	无固定程序
审计要求	财务会计报告必须经过注册会计师审计	管理会计形成的信息无须经过注册会计师审计

第一节　会计的概念与目标

一、单项选择题

1. 下列关于会计的表述中，不正确的是（　　）。

A. 会计是一种经济管理活动　　B. 会计以货币作为主要计量单位

C. 会计是针对特定主体的经济活动　　D. 会计对经济活动进行核算

2. 下列有关会计方面的表述中，不正确的是（　　）。

A. 会计的主要工作是核算和监督

B. 会计是一项经济管理活动

C. 会计对象是特定主体的特定经济活动

D. 货币是唯一的计量单位

3. 下列各项中，属于近代会计产生的标志是（　　）。

A. 司会的设立

B. 英国工业革命的兴起

C.《中华人民共和国证券法》的颁布

D. 复式记账法的产生和“簿记论”的问世

4. 下列有关会计方面的表述中，不正确的是（　　）。

A. 经济越发展，会计越重要

B. 会计按其报告对象不同，分为财务会计与管理会计

C. 会计就是记账、算账和报账

D. 会计是以货币为主要计量单位，反映和监督一个单位经济活动的一种经济管理工作

5. 下列关于财务会计的表述中，不正确的是（　　）。

A. 财务会计侧重于向内部管理者提供经营管理、预测决策等所需的相关信息

B. 财务会计侧重于提供有关企业财务状况、经营成果和现金流量情况等信息

C. 财务会计侧重于提供过去的信息

D. 财务会计侧重于为外部有关各方提供所需数据

6. 下列关于会计产生的表述中，正确的是（　　）。

A. 现代会计是以复式记账法的产生和“簿记论”的问世为标志的

B. 我国有关会计事项记载的文字最早出现于西商

C. 意大利数学家出版的《算术、几何、比及比例概要》标志着近代会计的开始

D. 近代会计是从 20 世纪 50 年代开始到目前

7. 会计对象的表述中，不正确的是（　　）。

A. 会计对象是指会计核算和监督的内容

B. 会计对象是指某一法律主体发生的所有经济业务

C. 会计对象在企业中具体表现为再生产过程中的资金运动

D. 凡是特定主体能够以货币表现的经济活动就是会计的对象

8. 资金的循环与周转过程不包括（　　）。

A. 销售过程　　B. 供应过程

C. 生产过程　　D. 分配过程

9. 下列关于企业资金运用的表述中，正确的是（　　）。

A. 企业的资金运用就是从货币资金开始转化为储备资金的过程

B. 企业的资金运用就是从货币资金开始依次转化为储备资金、生产资金的过程

C. 企业的资金运用是指资金投入企业后，在供应、生产和销售环节不断循环和周转

D. 企业的资金运用就是从货币资金开始依次转化为储备资金、生产资金、产品资金的过程

10. 会计的对象是企事业单位的（　　）。

A. 经营活动　　B. 经济管理活动

C. 劳动成果　　D. 资金运动

11. 企业以银行存款支付税费所表现出的资金运动形式是（　　）。

A. 资金投入　　B. 资金退出

C. 资金运用　　D. 资金循环

二、多项选择题

1. 下列关于会计的表述中，正确的有（　　）。

A. 会计本质上是一种经济核算工作　　B. 以货币作为主要计量单位
C. 对经济活动进行核算与监督　　D. 针对特定主体的经济活动

2. 下列关于会计特征的表述中，正确的有（　　）。
A. 会计是一个经济信息系统
B. 会计只有核算和监督两大职能
C. 会计采用一系列的专门方法，包括核算方法、分析方法和检查方法
D. 会计以货币作为主要计量单位

3. 下列关于会计分类的表述中，正确的有（　　）。
A. “管理会计”这一专业术语的出现，标志着会计正式划分为财务会计和管理会计两大领域
B. 财务会计是对外提供企业经营规划、经营管理、预测决策所需的相关信息
C. 管理会计主要侧重于对内提供信息
D. 管理会计是对内提供有关企业财务状况、经营成果和现金流量情况等信息

4. 下列关于会计目标的描述中，正确的有（　　）。
A. 会计目标是要求会计工作完成的任务或达到的标准
B. 会计目标主要向财务报告使用者提供企业经营管理信息
C. 会计目标反映企业管理者受托责任履行情况
D. 会计目标有助于财务报告使用者做出经济决策

5. 下列属于资金退出企业的形式有（　　）。
A. 用银行存款支付职工薪酬　　B. 用银行存款支付股东股利
C. 用银行存款购买原材料　　D. 用银行存款支付各项税金

6. 下列属于生产阶段的资金运动的有（　　）。
A. 购买机器设备　　B. 领用原材料进行产品生产
C. 支付职工薪酬　　D. 计提固定资产折旧

7. 下列各项中，属于资金循环和周转的有（　　）。
A. 无形资产的摊销费　　B. 偿还各种债务
C. 员工工资费用　　D. 购买材料

8. 下列各项中，属于资金投入给甲公司的有（　　）。
A. 甲公司收到个人投入的资金 10 万元
B. 甲公司向乙公司投入资金 50 万元
C. 甲公司向银行借款 100 万元

D. 甲公司发行三年期债券 500 万元

三、判断题

1. 会计是人类社会发展到一定历史阶段的产物，它起源于生产实践，是为管理生产活动而产生的。(　　)

2. 会计是以货币为唯一计量单位，反映和监督一个单位经济活动的一种经济管理工作。(　　)

3. 会计工作主要是通过一系列会计程序，积极参与经营管理决策，并对企业的经济活动和财务收支进行核算和监督。(　　)

4. 资金的循环和周转就是从货币资金开始依次转化为储备资金、生产资金、产品资金的过程。(　　)

5. 企业资金都要经过资金投入、资金运用和资金退出这样一个资金运动过程，不会因为企业规模大小或地区不同而不同。(　　)

6. 资金运动的起点是筹集资金，终点是耗费资金。(　　)

第二节　会计职能与方法

一、单项选择题

1. 下列关于会计职能的描述中不正确的是（　　）。

A. 会计核算是会计最基本的职能

B. 会计核算是对特定主体的经济活动进行确认和计量

C. 会计的基本职能包括会计核算和会计监督

D. 会计核算职能又称为反映职能

2. 会计（　　）职能，是对特定主体的经济活动进行确认、计量、记录和报告。

A. 核算　　B. 监督

C. 计划　　D. 预测

3. 下列各项中，属于会计基本职能的是（　　）。

A. 会计核算与会计预测　　B. 会计核算与会计决策

C. 会计核算和会计监督　　D. 会计核算与会计分析

4. 下列关于会计监督职能的描述中错误的是（　　）。

A. 会计监督是一个过程，分为事前监督、事中监督和事后监督

B. 会计监督中的真实性审查是指检查各项会计核算是否根据实际发生的经济业务进行

C. 会计监督中的合理性审查是指检查各项经济业务是否符合国家有关法律法规，保证各项财务收支符合特定的财务收支计划

D. 事后监督是指对已经发生的经济活动及其核算资料进行审查

5. 下列关于会计职能的描述中错误的是（　　）。

A. 会计核算与会计监督相辅相成、辩证统一

B. 会计监督是会计核算的质量保障

C. 只有核算没有监督，就难以保障核算所提供信息的质量

D. 没有监督所提供的各种信息，核算就失去依据

6. 企业提取盈余公积所涉及的会计核算内容是（　　）。

A. 财务成果的计算和处理　　B. 款项和有价证券的收付

C. 债权、债务的发生和结算　　D. 财物的收发、增加和使用

7. 企业收到某公司支付的款项 10 万元，其中 6 万元为已经实现的销售，4 万元为预收账款，会计人员确认主营业务收入为 6 万元而不是 10 万元，这个确定具体金额的过程是（　　）。

A. 会计确认　　B. 会计报告

C. 会计记录　　D. 会计计量

8. 下列各项中，不属于会计核算方法的是（　　）。

A. 编制财务计划　　B. 填制和审核会计凭证

C. 编制财务会计报告　　D. 设置会计科目和账户

9. 会计主体在会计核算中常用的三种核算方法是会计凭证的取得和填制、会计账簿的登记和（　　）。

A. 会计报表的编制　　B. 财产清查

C. 成本计算　　D. 编制预算

10. 下列关于会计核算方法的描述不正确的是（　　）。

A. 会计核算方法体系主要包括七种会计核算方法，它们相互联系、紧密结合

B. 设置会计科目和账户是会计核算方法体系的核心

C. 填制和审核会计凭证是会计核算工作的起点

D. 财产清查属于会计核算方法

A. 空间　　B. 时间

C. 空间和时间　　D. 内容

4. 下列对会计核算基本前提的表述中，恰当的是（　　）。

A. 一个会计主体必然是一个法律主体

B. 持续经营和会计分期确定了会计核算的空间范围

C. 会计主体确定了会计核算的时间范围

D. 货币计量为会计核算提供了必要的手段

5.（　　）假设的目的是分期结算账目和编制财务报告。

A. 会计主体　　B. 会计分期

C. 货币计量　　D. 持续经营

6.（　　）是会计工作为之服务的特定单位或组织。

A. 会计对象　　B. 会计主体

C. 会计分期　　D. 持续经营

7. 企业在年初用银行存款支付本年租金 120 000 元，于 1 月末仅将其中的 10 000 元计入本月费用，这符合（　　）原则。

A. 收付实现制　　B. 权责发生制

C. 谨慎性　　D. 历史成本计价

8. 某企业 1 月份发生下列支出：① 支付本年度应负担的保险费 2 400 元；② 支付已预提的去年第四季度借款利息 3 000 元；③ 支付本月办公开支 800 元。则本月费用为（　　）元。

A. 1 000　　B. 800

C. 3 200　　D. 3 000

9. 下列关于权责发生制的表述中，不正确的是（　　）。

A. 权责发生制是以收入和费用是否归属本期为标准来确认本期的收入和费用的一种方法

B. 权责发生制要求，凡是不属于本期的收入和费用，即使款项已在本期收付，也不作为本期的收入和费用

C. 权责发生制要求，凡是当期已经实现的收入和已经发生或应当负担的费用，不论款项是否收付，都应作为本期的收入和费用

D. 权责发生制要求，凡是本期收到的收入和付出的费用，不论是否属于本期，都应作为本期的收入和费用

10. 企业 1 月份发生下列支出：预付全年房屋租金 48 000 元，支付上年度银行借款利息 5 000 元，用银行存款支付管理人员工资 10 000 元，计提应由本

月负担的利息 3 000 元。按权责发生制原则确认的 1 月份费用为（　　）元。

A. 64 000　　B. 22 000

C. 17 000　　D. 19 000

二、多项选择题

1. 下列各项中，符合我国《企业会计准则》中有关会计期间的划分规定的有（　　）。

A. 年度　　B. 月度

C. 季度　　D. 半年度

2. 下列关于货币计量的表述中，正确的有（　　）。

A. 货币计量是指会计主体在会计核算过程中采用货币作为统一的计量单位

B. 企业的会计核算以人民币为记账本位币

C. 在特定情况下，企业也可以选择人民币以外的某一种货币作为记账本位币

D. 在境外设立的中国企业向国内报送的财务会计报告，应当折算为人民币

3. 会计分期这一基本前提的主要意义在于（　　）。

A. 可使会计原则建立在非清算基础之上

B. 为分期结算账目奠定理论与实务基础

C. 界定了提供会计信息的时间和空间范围

D. 为编制财务报告及使用相关会计原则确立了理论和实务基础

4. 下列组织中，应作为会计主体进行会计核算的有（　　）。

A. 合伙企业　　B. 独资企业

C. 集团公司　　D. 子公司

5. 下列有关会计主体假设的叙述中，正确的有（　　）。

A. 界定会计主体是开展会计确认、计量和报告工作的重要前提

B. 会计主体也等同于法律主体

C. 只有明确会计主体，才能划定会计所要处理的各项交易或事项的空间范围

D. 法律主体通常也是一个会计主体

6. 下列表述中正确的有（　　）。

A. 在境外设立的中国企业向国内报送的财务报告不用折合为人民币

B. 会计主体可以是企业的一个特定部分，也可以是几个企业组成的企业集团

C. 我国企业的会计核算也可以以外币作为记账本位币

D. 会计主体假设界定了从事会计工作和提供会计信息的空间范围

7. 关于权责发生制原则，下列说法正确的是（　　）。

A. 权责发生制是以款项实际支付的时间确认费用

B. 权责发生制是以款项实际收到的时间确认收入

C. 凡是当期已经实现的收入，不论款项是否收到，都应当作为当期的收入

D. 凡是当期已经发生的或应当负担的费用，不论款项是否支付，都应当作为当期费用

8. 以权责发生制为基础时，下列业务中不能确认为当期费用的有（　　）。

A. 支付下年度的租金　　B. 支付上月水电费

C. 预提本月的银行借款利息　　D. 支付本月办公费

9. 以权责发生制为基础进行会计核算时，应计入本期收入和费用的有（　　）。

A. 本期销售商品一批，款未收

B. 本期预收一笔客户的购货款，商品未发出

C. 本期支付下季度的房租

D. 本期预提借款利息，款项尚未支付

10. 以权责发生制为基础进行会计核算时，下列经济业务中应计入本期收入或费用的有（　　）。

A. 预收货款，存入银行　　B. 发出产品，货款已经预收

C. 预提本月短期借款利息　　D. 车间计提折旧费用

三、判断题

1. 会计主体可以是独立法人，也可以是非法人。（　　）

2. 持续经营这一基本前提的主要意义在于可使会计原则建立在非清算基础上，从而为分期结算账目、编制财务报告提供基础。（　　）

3. 企业进入清算阶段仍然适用常规的会计处理方法。（　　）

4. 业务收支以人民币以外的货币为主的单位，也可以选定其中一种货币作为记账本位币，编制的财务报告不用折算为人民币反映。（　　）

5. 固定资产计提折旧这一会计处理方法是基于持续经营假设。（　　）

6.《企业会计准则》规定，企业会计的确认、计量和报告应当以权责发生制为基础。（　　）

7. 收付实现制是以收到或支付的现金作为确认收入和费用的依据。（ ）

8. 行政事业单位会计核算一定采用的是收付实现制。（ ）

9. 由于持续经营假设产生了本期与非本期的区别，从而出现了权责发生制与收付实现制的区别。（ ）

10. 甲公司20×6年1月出售一批商品给乙公司，合同规定乙公司在3月份支付货款，则按照权责发生制，甲公司应该在3月份确认收入。（ ）

11. 货款已经收到，但销售并未实现，则企业当期不确认销售商品收入，这一做法是遵循谨慎性会计信息质量要求。（ ）

12. 按照权责发生制，企业发生应由本期负担但尚未支付的费用，不应计入本期损益（ ）。

第四节 会计信息的使用者及其质量要求

一、单项选择题

1. 企业会计造假，违背的会计信息质量要求主要是（ ）。

A. 实质重于形式　　B. 及时性

C. 真实性　　D. 谨慎性

2. 企业将采用融资租赁方式租入的固定资产作为自有资产入账，主要体现的会计信息质量要求是（ ）。

A. 谨慎性　　B. 及时性

C. 实质重于形式　　D. 可靠性

3. 下列各项中，要求企业应当按照交易或者事项的经济实质进行会计确认、计量和报告的会计信息质量要求是（ ）。

A. 可比性　　B. 及时性

C. 实质重于形式　　D. 重要性

4. 下列属于谨慎性原则的是（ ）。

A. 商品售后租回不确认商品销售收入

B. 固定资产加速折旧法的应用

C. 把企业集团作为会计主体并编制合并报表

D. 融资租赁租入资产

5. 下列关于谨慎性原则的描述，不正确的是（ ）。

A. 谨慎性要求不应高估资产或者收益

B. 谨慎性要求不应低估负债或者费用

C. 谨慎性要求的典型应用可以表现为固定资产加速折旧法

D. 谨慎性要求的典型应用可以表现为售后回购

6. 下列各项中，企业对很可能承担的环保责任确认预计负债，该企业遵循的会计信息质量要求是（　　）。

A. 谨慎性　　B. 实质重于形式

C. 可比性　　D. 及时性

7. 对会计信息性质和功能不同的项目应当分项列示，这所体现的会计信息质量要求是（　　）。

A. 可理解性　　B. 实质重于形式

C. 可比性　　D. 真实性

二、多项选择题

1. 下列各项中，反映了可靠性会计信息质量要求的有（　　　）。

A. 以实际发生的交易或者事项为依据进行确认、计量

B. 在符合重要性和成本效益原则的前提下，保证会计信息的完整性

C. 在财务报告中的会计信息应当是真实、完整的

D. 各类企业执行的会计政策应当统一，便于比较

2. 会计信息使用者包括（　　　）。

A. 投资者　　B. 债权人

C. 企业管理者　　D. 政府以及相关部门

3. 可靠性要求企业应当以实际发生的交易或者事项为依据进行确认、计量和报告，如实反映符合确认和计量要求的各项会计要素及其他相关信息，确保会计信息真实可靠、内容完整，这主要包括的含义分别是（　　　）。

A. 客观性　　B. 完整性

C. 中立性　　D. 真实性

三、判断题

1. 同一企业不同时期发生的相同或者相似的交易或者事项，应当采用一致的会计政策，不得改变。（　　）

2. 可靠性和相关性是统一的，并不矛盾，可靠性以相关性为基础和前提。（　　）

3. 如果财务报告提供的会计信息的省略或者错报会影响投资者等使用者据此做出决策，那么该信息就具有重要性。(　　)

第五节　会计工作规范

一、单项选择题

1. 根据《小企业会计准则》的规定，小企业编制的财务报表可以不包括(　　)。

A. 资产负债表　　B. 利润表

C. 股东权益变动表　　D. 现金流量表

2. 应编制股东权益变动表的企业或单位的是(　　)。

A. 执行《企业会计准则》的一般企业　　B. 行政单位

C. 事业单位　　D. 执行《小企业会计准则》的企业

3. 关于《小企业会计准则》的会计处理，说法不正确的是(　　)。

A. 在《小企业会计准则》下，不计提存货跌价准备

B. 在《小企业会计准则》下，所得税费用采用应付税款法，不需要确认递延所得税费用

C. 在《小企业会计准则》下，固定资产需要计提减值，减值不得转回

D. 在《小企业会计准则》下，金融资产均采用历史成本计量

4. 下列各项中，属于《企业会计准则》和《小企业会计准则》区别的是(　　)。

A. 会计基础不同　　B. 会计信息质量要求不同

C. 会计假设不同　　D. 会计科目设置不同

5. 2015 年 10 月 23 日财政部公布了《政府会计准则——基本准则》，自(　　)起实施。

A. 2015 年 12 月 31 日　　B. 2016 年 1 月 1 日

C. 2016 年 12 月 31 日　　D. 2017 年 1 月 1 日

6. 政府会计主体在对资产进行计量时，一般应当采用(　　)。

A. 重置成本　　B. 现值

C. 历史成本　　D. 公允价值

二、多项选择题

1. 我国已颁布的会计准则有（　　）。

A. 企业会计准则　　B. 小企业会计准则

C. 事业单位会计准则　　D. 行政单位会计准则

2. 在《小企业会计准则》下，小企业将对外投资划分的类别有（　　）。

A. 短期投资　　B. 长期债券投资

C. 长期股权投资　　D. 交易性金融资产

3. 下列各项中，属于行政事业单位会计要素的有（　　）。

A. 所有者权益　　B. 收入

C. 负债　　D. 净资产

4. 下列关于说法中，正确的有（　　）。

A. 盘盈存货实现的收益在《企业会计准则》中应当冲减管理费用；在《小企业会计准则》下，应计入营业外收入

B.《小企业会计准则》是 2011 年 10 月 18 日发布，2012 年 1 月 1 日起执行的

C. 行政事业单位会计要素的划分中没有“利润”要素

D. 所得税费用在《企业会计准则》下采用资产负债表债务法

5. 下列各项中，《企业会计准则》和《小企业会计准则》均规定可以使用的核算方法有（　　）。

A. 实际利率摊销法　　B. 所得税核算的债务法

C. 计算存货发出成本的加权平均法　　D. 固定资产折旧的年限平均法

6. 下列各项中，属于政府预算会计要素的有（　　）。

A. 预算收入　　B. 预算支出

C. 预算结余　　D. 净资产

三、判断题

1. 职工薪酬的会计处理属于《企业会计准则》中具体准则规范的内容。（　　）

2. 小企业进行长期债券投资过程中，发生的折价或者溢价金额，应采用实际利率摊销法核算。（　　）

3. 我国的企业会计准则体系包括基本准则和具体准则。（　　）

4.《小企业会计准则》在会计计量方面，要求企业采用历史成本计量，在财务报告方面，不要求提供所有者权益变动表。（　　）

5. 政府财务报告是综合反映政府会计主体年度预算收支执行结果的文件。(　　)

6. 财政收入是政府会计主体利用资产提供公共产品和服务以履行政府职能的潜在能力。(　　)

第二章 会计要素与会计等式

法规索引

1. 中华人民共和国会计法
2. 企业会计准则——基本准则
3. 会计档案管理办法

学习指导

请根据主教材《会计基础》(第三版)第二章的相关内容，总结并填写表2-1。

▶▶表 2-1　会计要素与会计等式内容

	要点	内容			
一、会计要素	1. 会计要素的含义				
	2. 会计要素的分类				
	3. 会计要素的确认	定义	基本特征	确认条件	分类
	——资产				
	——负债				
	——所有者权益				
	——收入				
	——费用				
	——利润				

续表

	要点	内容
一、会计要素	4. 会计要素的计量	
	——历史成本	
	——重置成本	
	——可变现净值	
	——现值	
	——公允价值	
二、会计等式	要点	内容
	1. 表现形式	
	——财务状况等式	
	——经营成果等式	
	2. 经济业务对会计等式的影响	
	——类型	

第一节　会计要素

一、单项选择题

1.（　　）是指根据交易或者事项的经济特征所确定的财务会计对象的基本分类。

A. 会计要素　　B. 会计科目

C. 会计账户　　D. 会计属性

2. 会计的对象就是资金运动，但具体化的会计对象指的是（　　）。

A. 会计要素　　B. 会计科目

C. 资产负债　　D. 会计账户

3. 下列关于会计要素的表述中，不正确的是（　　）。

A. 会计要素是对会计对象的基本分类

B. 会计要素是对会计核算对象的具体化

C. 资产、负债和所有者权益称为静态会计要素

D. 收入、费用和利润构成利润表的基本框架

4. 关于所有者权益与负债的区别，下列说法中不正确的是（　　）。

A. 负债的求偿力高于所有者权益

B. 所有者的投资收益取决于企业的经营成果

C. 债权人的求偿权有固定到期日

D. 所有者承受的风险低于债权人

5.《企业会计准则》明确列示了（　　）大会计要素。

A. 五　　B. 六

C. 七　　D. 三

6. 会计科目是对（　　）的具体内容进行分类核算的项目。

A. 会计对象　　B. 会计要素

C. 资金运动　　D. 会计账户

7. 会计要素中的资产、负债和所有者权益是企业财务状况的（　　）。

A. 动态反映　　B. 直接反映

C. 一般反映　　D. 静态反映

8. 根据资产的定义，下列各项中不属于资产特征的是（　　）。

A. 资产是由企业过去的交易或事项形成的

B. 资产是企业拥有或控制的经济资源

C. 资产预期会给企业带来经济利益

D. 与该资源有关的经济利益很可能流入企业

9. 下列各项中，应确认为企业资产的有（　　）。

A. 购入的无形资产　　B. 已霉烂变质无使用价值的存货

C. 融资租出的固定资产　　D. 计划下个月购入的材料

10. 下列各资产中，不属于流动资产的是（　　）。

A. 交易性金融资产　　B. 原材料

C. 预付账款　　D. 无形资产

11. 下列各项中，不属于企业非流动资产的有（　　）。

A. 固定资产　　B. 长期股权投资

C. 无形资产　　D. 原材料

12. 下列项目中属于流动负债的是（　　）。

A. 应收票据　　B. 利润分配

C. 应付账款　　D. 应付债券

13. 下列各项中，属于流动负债的是（　　）。

A. 投资性房地产　　B. 长期借款

C. 预付账款　　D. 预收账款

14. 下列项目中，不属于流动负债的有（　　）。

A. 应付职工薪酬　　B. 预收账款

C. 应付利息　　D. 预付账款

15. 下列不属于非流动负债的是（　　）。

A. 应付票据　　B. 应付债券

C. 长期借款　　D. 长期应付款

16. 下列项目中不属于所有者权益的是（　　）。

A. 土地使用权　　B. 实收资本

C. 资本公积　　D. 盈余公积

17. 下列各项中，不属于所有者权益的是（　　）。

A. 资本公积　　B. 盈余公积

C. 未分配利润　　D. 应付利润

18. 按照我国会计准则的规定，下列各项中不应确认为收入的是（　　）。

A. 销售商品收入　　B. 销售原材料收入

C. 出租固定资产的租金收入　　D. 出售无形资产取得的净收益

19. 以下不属于“收入”会计要素内容的是（　　）。

A. 营业外收入　　B. 主营业务收入

C. 其他业务收入　　D. 利息收入

20. 工业企业出租固定资产实现的收入应该属于（　　）。

A. 主营业务收入　　B. 其他业务收入

C. 营业外收入　　D. 投资收益

21. 我国企业会计要素中的费用是指（　　）。

A. 生产费用和期间费用　　B. 生产费用和营业外支出

C. 营业成本和期间费用　　D. 生产费用和营业成本

22. 下列说法正确的是（　　）。

A. 生产费用均可以直接计入产品成本

B. 制造费用属于期间费用

C. 费用表现为企业资产的减少或负债的增加，最终导致企业所有者权益的减少

D. 期间费用是指企业本期发生的、能直接或间接归入产品生产成本的费用

23. 会计计量属性反映的是（　　）。

A. 资产金额的确定基础　　B. 负债金额的确定基础

C. 收入金额的确定基础　　D. 会计要素金额的确定基础

24. 下列各项中，不属于会计计量属性的是（　　）。

A. 历史成本　　B. 公允价值

C. 重置成本　　D. 机会成本

25. 下列不属于反映资产或者负债的现时成本或者现时价值的计量属性的是（　　）。

A. 历史成本　　B. 公允价值

C. 重置成本　　D. 现值

26. 企业在对会计要素进行计量时，一般应当采用（　　）。

A. 历史成本　　B. 重置成本

C. 可变现净值　　D. 现值

27. 资产按照现在购买相同或者相似资产所需支付的现金或者现金等价物的金额计量的会计计量属性是（　　）。

A. 历史成本　　B. 重置成本

C. 公允价值　　D. 现值

28. 盘盈固定资产通常采用的会计计量属性是（　　）。

A. 历史成本　　B. 重置成本

C. 可变现净值　　D. 公允价值

29. 能考虑货币时间价值的会计计量属性是（　　）。

A. 历史成本　　B. 重置成本

C. 公允价值　　D. 现值

30. 主要应用于交易性金融资产的会计计量属性是（　　）。

A. 历史成本　　B. 重置成本

C. 公允价值　　D. 现值

31. 存货资产的后续计量常用的会计计量属性是（　　）。

A. 历史成本　　B. 重置成本

C. 公允价值　　D. 可变现净值

32. 某公司拥有一批商品，账面价值为 50 万元，按目前市场上的销售价为 45 万元，估计销售过程中发生的销售费用等相关税费为 5 万元，则该批商品的

可变现净值为（　　）万元。

A. 50　　B. 45

C. 40　　D. 5

33. 某公司年 1 月份因生产紧张，购入一台设备作为固定资产使用，在取得该固定资产时实际支付的价款为 240 万元（不考虑其他税费）。截至 3 月底，已计提折旧 36 万元，计提固定资产减值损失 10 万元，则此时该固定资产的历史成本为（　　）万元。

A. 204　　B. 240

C. 230　　D. 194

34. 下列会计计量属性中，仅可用于资产计量的是（　　）。

A. 历史成本　　B. 现值

C. 公允价值　　D. 可变现净值

35. 通常应用于以摊余成本计量的金融资产价值的确定等方面的会计计量属性是（　　）。

A. 历史成本　　B. 重置成本

C. 公允价值　　D. 现值

36. 企业购置某项固定资产后，其市场价值降低。根据会计要素计量属性中的（　　）属性，不得因市场价值的变化而调整固定资产的入账价值。

A. 历史成本　　B. 重置成本

C. 公允价值　　D. 可变现净值

37.（　　）是指对未来现金流量以恰当的折现率进行折现后的价值。

A. 现值　　B. 重置成本

C. 公允价值　　D. 可变现净值

38. 下列各项中，考虑了货币时间价值因素的会计计量属性是（　　）。

A. 历史成本　　B. 可变现净值

C. 重置成本　　D. 现值

二、多项选择题

1. 下列各项中，属于反映企业财务状况的会计要素有（　　）。

A. 资产　　B. 负债

C. 收入　　D. 费用

2. 下列会计要素中，称为动态会计要素的有（　　）。

A. 资产　　B. 负债

C. 收入　　D. 费用

3. 会计对象的三个层次是（　　）。

A. 资金运动　　B. 会计要素

C. 会计凭证　　D. 会计科目

4. 下列表现资金运动相对静止状态的会计要素有（　　）。

A. 资产　　B. 收入

C. 利润　　D. 所有者权益

5. 下列各项中，构成利润表的会计要素有（　　）。

A. 收入　　B. 费用

C. 成本　　D. 利润

6. 下列项目中，不属于流动资产的是（　　）。

A. 交易性金融资产和存货　　B. 长期待摊费用和在建工程

C. 企业的机器设备　　D. 专利权

7. 下列各项中，属于无形资产的有（　　）。

A. 期权　　B. 专利权

C. 商标权　　D. 土地使用权

8. 企业负债的特征有（　　）。

A. 由过去交易或事项所引起　　B. 由企业拥有或者控制

C. 是企业承担的潜在义务　　D. 最终要导致经济利益流出企业

9. 下列项目中不应作为负债确认的有（　　）。

A. 计划向银行借款 10 万元

B. 因购买原材料而暂欠外单位的货款

C. 因经济纠纷导致的法院尚未判决且金额无法合理估计的赔偿

D. 按照购货合同约定以赊购方式购进货物的货款

10. 下列各项中，属于流动负债的有（　　）。

A. 应付票据　　B. 应付账款

C. 预收账款　　D. 长期借款

11. 下列各项中，属于企业所有者权益组成部分的有（　　）。

A. 股本　　B. 资本公积

C. 盈余公积　　D. 应付股利

12. 下列各项中，属于“收入”会计要素内容的有（　　）。

A. 销售商品收入　　B. 出租固定资产取得的租金收入

C. 向购买方收取的增值税销项税额　　D. 转让固定资产取得的净收益

13. 下列有关收入的说法中，不正确的有（　　）。

A. 收入在扣除相关成本费用后，必然会导致企业所有者权益增加

B. 企业销售商品采用预收货款形式的，应于收到货款时确认收入

C. 收入与所有者投入资本无关

D. 企业代收的款项不能作为收入确认

14. 以下符合企业收入的有（　　）。

A. 营业外收入　　B. 商品销售收入

C. 提供劳务收入　　D. 让渡资产使用权收入

15. 让渡资产使用权所获得的收入主要有（　　）。

A. 因他人使用本企业现金而收到的利息收入

B. 因他人使用本企业无形资产而形成的使用费收入

C. 因他人使用本企业固定资产取得的租金收入

D. 因债权投资取得的利息收入

16. 下列属于会计计量属性的有（　　）。

A. 历史成本　　B. 重置成本

C. 机会成本　　D. 沉没成本

17. 能反映企业资产或负债的现时成本或现时价值的会计计量属性有（　　）。

A. 历史成本　　B. 重置成本

C. 公允价值　　D. 可变现净值

18. 下列关于重置成本的表述，正确的有（　　）。

A. 重置成本是指按照当前市场条件，重新取得同样一项资产所需支付的现金或现金等价物金额

B. 在重置成本计量下，资产按照现在购买相同或者相似资产所需支付的现金或者现金等价物的金额计量

C. 在重置成本计量下，负债按照现在偿付该项债务所需支付的现金或者现金等价物的金额计量

D. 在重置成本计量下，资产按照购置时所付出的对价的公允价值计量

19. 下列关于历史成本的表述，正确的有（　　）。

A. 历史成本又称实际成本

B. 在历史成本计量下，资产按照购置时支付的现金或者现金等价物的金额，或者按照购置资产时所付出的对价的公允价值计量

C. 在历史成本计量下，负债按照因承担现时义务而实际收到的款项或者

资产的金额，或者承担现时义务的合同金额，或者按照日常活动中为偿还负债预期需要支付的现金或现金等价物的金额计量

D. 历史成本充分考虑了货币时间价值因素的影响

20. 公允价值计量主要应用于（　　）等方面的计量。

A. 盘盈固定资产　　B. 交易性金融资产

C. 其他债权投资　　D. 债权投资

21. 现值计量主要应用于（　　）等方面的计量。

A. 交易性金融资产

B. 其他债权投资

C. 债权投资

D. 非流动资产可收回金额

22. 下列关于现值计量的表述中，正确的是（　　）。

A. 在现值计量下，资产按照其取得时支付的现金或现金等价物的金额计量

B. 在现值计量下，资产按照预计从其持续使用和最终处置中所产生的未来净现金流入量的折现额计量

C. 在现值计量下，资产按照现在购买相同或相似资产所需要支付的现金或现金等价物的金额计量

D. 在现值计量下，负债按照与预计期限内需要偿还的未来净现金流出量的折现金额计量

23. 历史成本是重要的会计计量属性，对历史成本的称呼不正确的有（　　）。

A. 原始成本　　B. 沉没成本

C. 实际成本　　D. 机会成本

24. 对会计要素进行计量时，在保证所确定的会计要素金额能够取得并可靠计量下才能使用的计量方法有（　　）。

A. 历史成本　　B. 重置成本

C. 公允价值　　D. 可变现净值

25. 某企业生产电视机，已经生产的半成品账面价值为 4 000 元，预计进一步加工需要花费 800 元，销售出去还要发生相关税费 400 元，经过调查发现该款产品市场售价为 5 000 元。则该半成品的历史成本和可变现净值分别是（　　）元。

A. 4 000　　B. 3 800

C. 4 600　　　　D. 4 200

26. 下列资产负债表项目中，属于非流动资产的有（　　）。

A. 持有待售资产　　　　B. 债权投资

C. 其他债权投资　　　　D. 其他权益工具投资

三、判断题

1. 根据《企业会计准则》的规定，企业会计要素包括资产、负债、所有者权益、收入、费用和利润六大要素，其中资产、负债和所有者权益是反映企业经营成果的要素；而收入、费用和利润则是反映企业财务状况的要素。（　　）

2. 由于所有者权益和负债都是对企业资产的要求权，因此它们的性质相同。（　　）

3. 会计要素是对会计对象进行的基本分类。（　　）

4. 会计科目是对会计对象的基本分类。（　　）

5. 根据《企业会计准则》的规定，企业会计要素包括资产类、负债类、所有者权益类、共同类、成本类和损益类六大要素。（　　）

6. 会计上所称的“资产”，仅是指由过去的交易或事项形成的、由企业拥有的、预期会给企业带来经济利益流入的资源。（　　）

7. 如果某项资源不能再为企业带来经济利益，即使是由企业拥有或控制，也不能作为企业的资产在资产负债表中列示。（　　）

8. 融资租赁租入的资产是企业的资产。（　　）

9. 流动负债与非流动负债的区别之一是偿还期是否超过 1 年，如果借款的款项偿还期为 3 年，则该项借款偿还前作为一项长期负债进行核算。（　　）

10. 企业的收入包括主营业务收入、其他业务收入和营业外收入。（　　）

11. 企业所有的利得和损失均应计入当期损益。（　　）

12. 所有者权益是指投资者对企业全部资产的要求权，包括实收资本、资本公积、盈余公积和未分配利润四个部分。（　　）

13. 在会计要素中，银行存款、实收资本和资本公积均属于投资者投入企业的资本。（　　）

14. 企业预付的货款实质上也是企业的一项资产。（　　）

15. 资产按实物形态可分为流动资产和非流动资产。（　　）

16. 企业采用重置成本、可变现净值、现值和公允价值计量的，应当保证所确定的会计要素金额能够取得并可靠计量。（　　）

17. 企业在对会计要素进行计量时，一般应当采用现值计量。（　　）

18. 按现值进行会计计量，是指资产按照预计从其持续使用中所产生的未来净现金流入量的折现金额计量；负债按照预计期限内需要偿还的未来净现金流出量的折现金额计量。(　　)

19. 按公允价值进行会计计量，是指资产和负债按照在公平交易中，熟悉情况的交易双方自愿进行资产交换或者债务清偿的金额计量。(　　)

20. 重置成本是过去时点的成本，它强调站在企业主体角度，以投入到某项资产上的价值作为重置成本。(　　)

21. 负债按照其因承担现时义务而实际收到的款项或者资产的金额，或者承担现时义务的合同金额，或者按照日常活动中为偿还负债预期需要支付的现金或者现金等价物的金额计量的属性称为公允价值计量。(　　)

22. 在可变现净值计量下，资产按照其正常对外销售所能收到的现金或现金等价物的金额计量。(　　)

23. 公允价值是指在非公平交易中，熟悉情况的交易双方非自愿进行资产交换或者债务清偿的金额。(　　)

24. 采用历史成本计量，应当给予经济业务的实际交易成本，考虑随后市场价格变动的影响。(　　)

25. 在重置成本计量下，负债按照现在偿付该项负债所需支付的现金或者现金等价物的金额计量。(　　)

第二节　会计等式

一、单项选择题

1. 企业最基本的会计等式是(　　)。

A. 资产 = 负债 + 所有者权益

B. 收入 − 费用 = 利润

C. 资产 = 负债 +(所有者权益 + 利润)

D. 资产 = 负债 + 所有者权益 +(收入 − 费用)

2. 下列选项中，不属于会计等式的是(　　)。

A. 资产 = 负债 + 所有者权益　　B. 资产 + 负债 = 所有者权益

C. 资产 − 负债 = 所有者权益　　D. 收入 − 费用 = 利润

3. 反映企业期末所有者权益总额等式的是(　　)。

A. 期末资产－期末负债＝期末所有者权益

B. 本期收入－本期费用＝期末所有者权益

C. 期末负债＋本期费用＝期末所有者权益

D. 期末资产－本期费用＝期末所有者权益

4. 针对“资产＝负债＋所有者权益＋（收入－费用）”这一等式，下列说法错误的是（　　）。

A. 其将会计六要素有机结合起来

B. 其完整地反映了企业的资金运动过程

C. 其揭示了资产负债表要素和利润表要素相互之间的联系和依存关系

D. 其揭示了收益质量的高低

5. 下列表述中，正确反映了“收入－费用＝利润”等式的是（　　）。

A. 企业现金的绝对运动形式

B. 资金运动在两个动态要素之间的内在联系

C. 企业在某一时期的经营成果

D. 构成资产负债表的三个基本要素

6. 在一项资产的减少和一项负债的减少的经济业务发生后，都会使资产与权益原来的总额（　　）。

A. 不会变动　　B. 发生同减的变化

C. 发生同增的变动　　D. 发生不等额的变动

7. 经济业务发生仅涉及某一要素的两个项目时，必然引起该要素中的这两个项目发生（　　）。

A. 同增变动　　B. 同减变动

C. 一增一减变动　　D. 不变动

8. 不论企业的经济业务引起资产和权益发生怎样的变化，企业在任何时点的资产总额一定等于（　　）。

A. 权益总额　　B. 资金总额

C. 负债总额　　D. 资本总额

9. 某项经济业务的发生既没有增加也没有减少所有者权益，则可能导致（　　）。

A. 资产和负债同时增减　　B. 资产和负债一增一减

C. 资产不变，负债增加　　D. 负债不变，资产增加

10. “收入－费用＝利润”，即（　　）等式，是用以反映企业一定时期收入、费用和利润之间恒等关系的会计等式。

A. 基本会计　　B. 财务状况

C. 经营成果　　D. 静态会计

11. 会计等式之间的勾稽关系可表现为（　　）。

A. 资产－费用＝负债＋所有者权益＋收入

B. 资产＝负债＋（所有者权益－利润）

C. 资产＝负债＋所有者权益＋（收入－费用）＋利润

D. 资产＝负债＋所有者权益＋利润

12. 某企业6月初的所有者权益总额为10万元，6月份发生以下业务：取得收入共计6万元，发生费用共计4万元，6月底该企业所有者权益总额为（　　）万元。

A. 12　　B. 10

C. 6　　D. 4

13. 某企业3月份资产增加200万元，负债减少100万元，其他因素忽略不计，则该企业的所有者权益将（　　）。

A. 增加100万元　　B. 减少100万元

C. 增加300万元　　D. 减少300万元

14. 某企业年初全部负债为46 000元，年末为39 000元，资产总额年末比年初增加11 000元。计算该年度所有者权益增加（　　）元。

A. 18 000　　B. 7 000

C. 11 000　　D. 50 000

15. 某企业9月末的资产总额为86 000元，负债总额为26 000元，10月份发生以下业务：取得收入共计56 000元，发生费用共计16 000元，则10月末该企业所有者权益总额为（　　）元。

A. 140 000　　B. 40 000

C. 100 000　　D. 60 000

16. 银行将短期借款转为对本公司的投资，这项经济业务将引起（　　）。

A. 公司资产的减少，所有者权益的增加

B. 公司负债的增加，所有者权益的减少

C. 公司负债的减少，所有者权益的增加

D. 公司负债的减少，资产的增加

17. 企业向银行借入款项，表现为（　　）。

A. 一项资产减少，一项负债减少　　B. 一项资产减少，一项负债增加

C. 一项资产增加，一项负债减少　　D. 一项资产增加，一项负债增加

18. 企业从银行取得借款直接偿还应付购货款，是属于（　　）的业务。

A. 资产项目之间此增彼减　　B. 权益项目之间此增彼减

C. 资产项目和权益项目同增　　D. 资产项目和权益项目同减

19. 以银行存款偿还企业前欠货款，这项经济业务会引起的会计要素变动情况属于（　　）。

A. 一项资产与一项负债同时增加

B. 一项资产与一项负债同时减少

C. 一项资产增加，另一项资产减少

D. 一项负债增加，另一项负债减少

20. 企业用盈余公积分配现金股利时，所有者权益会（　　）。

A. 增加　　B. 减少

C. 不变　　D. 既可能增加，也可能减少

21. 下列经济业务中，会引起企业的资产和所有者权益变化的是（　　）。

A. 企业以银行存款购买存货

B. 企业以银行存款支付应付现金股利

C. 投资者以现金投资企业

D. 企业将资本公积转增资本

22. 下列经济业务中，会引起资产和所有者权益同时增加的是（　　）。

A. 收到银行借款并存入银行

B. 收到投资者投入的作为出资的原材料

C. 用转账支票归还长期借款

D. 提取盈余公积

23. 企业以银行存款支付应付账款，表现为（　　）。

A. 一项资产增加，另一项资产减少

B. 一项资产减少，一项负债增加

C. 一项资产减少，一项负债减少

D. 一项负债减少，另一项负债增加

24. 将资本公积转增资本的经济业务，会引起（　　）。

A. 资产和所有者权益同时增加　　B. 资产和负债同时增加

C. 所有者权益一增一减　　D. 负债增加，所有者权益减少

25. 企业销售产品，但货款尚未收到。该业务发生后，会引起（　　）。

A. 资产与权益项目同金额增加

B. 资产与权益项目同金额减少

C. 资产项目之间有增有减，金额相等

D. 权益项目之间有增有减，金额相等

26. 某企业资产总额为 600 万元，以银行存款 50 万元偿还银行借款，同时以银行存款 50 万元购入一台设备，此时该企业的资产总额为（　　）万元。

A. 600　　B. 500

C. 550　　D. 450

27. 某企业月初总资产为 300 万元，当月发生两笔经济业务：业务一，购买固定资产 20 万元，价款未付；业务二，用银行存款归还短期借款 30 万元。月末企业的权益总额为（　　）万元。

A. 350　　B. 290

C. 250　　D. 310

28. 某公司购入机器一台共计 56 000 元，机器已投入使用，货款尚未支付。这项业务的发生，意味着（　　）。

A. 资产增加 56 000 元，负债减少 56 000 元

B. 资产增加 56 000 元，负债增加 56 000 元

C. 资产减少 56 000 元，负债减少 56 000 元

D. 资产减少 56 000 元，负债增加 56 000 元

29. 某企业会计期期初的资产总额为 630 万元，所有者权益总额为 380 万元，会计期间向金融机构借款 50 万元，用于购买大型设备，则月末企业的负债总额为（　　）万元。

A. 50　　B. 200

C. 250　　D. 300

30. 已知企业会计期期末流动资产余额为 110 000 元，非流动资产余额合计 910 000 元，所有者权益合计为 450 000 元，非流动负债合计为 400 000 元。那么，流动负债合计余额应为（　　）元。

A. 570 000　　B. 620 000

C. 800 000　　D. 170 000

31. 某公司资产总额为 60 000 元，负债总额为 30 000 元，以银行存款 20 000 元偿还短期借款，并以银行存款 15 000 元购置设备，则上述业务入账后该公司的资产总额为（　　）元。

A. 30 000　　B. 40 000

C. 25 000　　D. 15 000

32. 下列各项中，导致“资产＝负债＋所有者权益”会计等式左右两边金

额保持不变的经济业务是（　　）。

A. 收到投资者的专利权出资
B. 支付会计师事务所的审计费用
C. 取得短期借款存入银行
D. 以银行存款预付货款

二、多项选择题

1. 会计等式揭示了会计主体的（　　）。

A. 产权关系
B. 基本财务状况
C. 经营成果
D. 持续经营

2. 下列属于会计等式的有（　　）。

A. 本期借方发生额合计 = 本期贷方发生额合计

B. 本期借方余额合计 = 本期贷方余额合计

C. 资产 = 负债 + 所有者权益

D. 收入 − 费用 = 利润

3. 下列关于会计等式的表述中，正确的有（　　）。

A. 会计等式是设置账户、进行复式记账和编制会计报表的理论基础

B. “资产 = 负债 + 所有者权益”这一会计等式，体现了企业在某一时期的财务状况

C. “收入 − 费用 = 利润”这一会计等式，是企业资金运动的动态表现

D. 会计等式揭示了会计要素之间的内在联系

4. 下列关于会计等式的表述中，正确的有（　　）。

A. “资产 = 负债 + 所有者权益”是最基本的会计等式，这表明了会计主体在某一特定时期所拥有的各种资产与债权人、所有者之间的动态关系

B. “收入 − 费用 = 利润”这一等式动态地反映经营成果与相应期间的收入和费用之间的关系，是企业编制利润表的基础

C. “资产 = 负债 + 所有者权益”这一会计等式说明了企业经营成果对资产和所有者权益所产生的影响，体现了会计六要素之间的内在联系

D. 企业各项经济业务的发生并不会破坏“资产 = 负债 + 所有者权益”这一会计等式的平衡关系

5. 下列选项中，以“资产 = 负债 + 所有者权益”这一会计恒等式为理论依据的有（　　）。

A. 编制资产负债表
B. 成本计算
C. 财产清查
D. 复式记账

6. 下列各项工作以会计恒等式为理论基础的是（　　）。

A. 复式记账　　B. 试算平衡

C. 平行记账　　D. 编制资产负债表

7. 会计恒等式“资产＝负债＋所有者权益”是（　　）的理论基础和依据。

A. 复式记账　　B. 试算平衡

C. 设置会计科目和账户　　D. 编制资产负债表

8. 某项经济业务的发生既没有增加也没有减少所有者权益，则可能导致（　　）。

A. 资产和负债同时增减　　B. 资产和负债一增一减

C. 资产内部一增一减　　D. 负债内部一增一减

9. 在借贷记账法下，经济业务无论怎样复杂，均可概括为（　　）。

A. 权益内部有增有减，总额不变

B. 资产与权益同时增加，总额增加

C. 资产内部有增有减，总额不变

D. 资产与权益同时减少，总额不变

10. 关于资产和权益的关系，下列说法正确的有（　　）。

A. 资产与权益实际上是企业所拥有的经济资源在同一时点上表现的不同形式

B. 两者相互依存，不可分割

C. 没有无资产的权益

D. 没有无权益的资产

11. 下列各项中，不会引起所有者权益总额发生增减变动的有（　　）。

A. 接受投资者追加投资　　B. 资本公积转增资本

C. 盈余公积转增资本　　D. 提取法定盈余公积

12. 下列经济业务发生，不属于资产项目内部变化的有（　　）。

A. 以银行存款支付购买固定资产　　B. 以现金支付工资

C. 赊购材料一批　　D. 开出商业汇票抵付前欠货款

13. 下列经济业务发生，使资产与权益项目同时减少的有（　　）。

A. 收到短期借款存入银行　　B. 以银行存款偿还应付账款

C. 以银行存款支付应交税费　　D. 以银行存款支付应付利润

14. 企业向银行借款后将钱款存入银行，这一业务对会计等式的影响有（　　）。

A. 资产增加　　B. 资产减少

C. 负债增加　　　　　　　　　　D. 所有者权益不变

15. 企业计提行政机构本月应付职工薪酬，款项尚未支付。这一业务对会计等式的影响有（　　）。

A. 负债增加　　　　　　　　　　B. 费用增加

C. 费用减少　　　　　　　　　　D. 资产减少

16. 发生下列经济事项后，会计等式两边总金额不发生变化的有（　　）。

A. 某企业接受投资人现金投资

B. 某企业用银行存款偿还其供货单位货款

C. 某企业将现金存入银行

D. 某企业由于资金周转困难，向银行借款以归还拖欠的货款

17. 下列经济业务中，两个均为资产账户，且会引起其中一个增加，另一个减少的有（　　）。

A. 以银行存款购入设备一台　　　　B. 从银行提取现金备用

C. 收到其他单位前欠货款，存入银行　D. 以银行存款归还前欠货款

18. 下列各项中，会引起会计等式两边同时发生变动的业务是（　　）。

A. 收到某单位前欠货款 6 万元存入银行

B. 以银行存款偿付短期银行借款

C. 收到某单位设备投入一台，价值 100 万元

D. 用银行存款 1 万元购买原材料

19. 下列经济业务中，会导致资产增加的有（　　）。

A. 将现金存入银行　　　　　　　B. 向银行借入短期借款

C. 以资本公积转增资本　　　　　D. 收到商品预收款

三、判断题

1. 会计基本等式是“资产 = 负债 + 所有者权益”。（　　）

2. 会计等式“资产 = 负债 + 所有者权益”体现了企业资金运动过程中某一特定时期的资产分布和权益构成。（　　）

3. “收入 − 费用 = 利润”这一会计等式，是复式记账的理论基础，也是编制资产负债表的依据。（　　）

4. 在任意时点上企业所有的资产总额必然等于权益总额。（　　）

5. 企业实现收入时，一定要表现为企业资产的增加。（　　）

6. 企业取得了收入，会表现为资产和收入同时增加，或者是在增加收入的同时减少负债。（　　）

7. 会计等式揭示了会计要素之间的联系，因而成为设置会计科目、复式记账、编制会计报表的理论依据。(　　)

8. “收入－费用＝利润”这一会计等式反映的是资金运动的动态方面，是某一会计期间的经营成果，是编制利润表的依据。(　　)

9. 资产和负债偶尔会发生一增一减的变化，但不会影响会计等式的恒等关系。(　　)

10. 有些特殊交易或事项的发生，可能会对会计等式的平衡产生一定的影响。(　　)

11. 所有经济业务的发生都会引起会计等式两边同时发生变化。(　　)

12. 企业从银行取得期限为两年的借款，该业务会导致企业资产和所有者权益同时增加。(　　)

13. 企业收回以前的销货款存入银行，这笔业务的发生意味着资产总额增加。(　　)

14. 企业用资本公积转增实收资本后，使所有者权益总额增加。(　　)

15. 企业以银行存款偿还短期借款，该业务会引起资产与负债同时减少。(　　)

16. 向投资者支付已经宣告分配的现金股利能够导致企业资产和负债同时增加。(　　)

17. 当采购员预借差旅费时，企业资产总额会减少。(　　)

18. 企业的盈余公积，可以用于弥补亏损，也可以用于转增资本，且两者都不改变企业的所有者权益总额。(　　)

19. 将短期借款转为银行对本公司的投资属于权益内部变化，不影响资产总额。(　　)

20. 任何经济业务发生后，均会引起资产和权益同时发生增减变化，但资产和权益在数量上始终相等。(　　)

第三章 会计科目与账户

法规索引

1. 中华人民共和国会计法
2. 企业会计准则——基本准则
3. 会计档案管理办法

请根据主教材《会计基础》（第三版）第三章的相关内容，总结并填写表3-1。

▶▶表 3-1　会计科目与账户内容

<table>
<tr><th rowspan="8">一、会计科目</th><th colspan="2">要点</th><th>内容</th></tr>
<tr><td>定义</td><td colspan="2"></td></tr>
<tr><td rowspan="6">按反映的经济内容分类</td><td>资产类科目</td><td></td></tr>
<tr><td>负债类科目</td><td></td></tr>
<tr><td>共同类科目</td><td></td></tr>
<tr><td>所有者权益类科目</td><td></td></tr>
<tr><td>成本类科目</td><td></td></tr>
<tr><td>损益类科目</td><td></td></tr>
</table>

续表

<table>
<tr><td rowspan="6">一、会计科目</td><td colspan="2">要点</td><td>内容</td></tr>
<tr><td rowspan="2">按提供信息的详细程度及其统驭关系</td><td>总分类科目</td><td></td></tr>
<tr><td>明细分类科目</td><td></td></tr>
<tr><td rowspan="3">会计科目设置原则</td><td>合法性原则</td><td></td></tr>
<tr><td>相关性原则</td><td></td></tr>
<tr><td>实用性原则</td><td></td></tr>
<tr><td rowspan="8">二、账户</td><td colspan="2">要点</td><td>内容</td></tr>
<tr><td>定义</td><td colspan="2"></td></tr>
<tr><td>按核算的经济内容分类</td><td colspan="2"></td></tr>
<tr><td rowspan="2">按提供信息的详细程度及其统驭关系分析</td><td>总分类账户</td><td></td></tr>
<tr><td>明细分类账户</td><td></td></tr>
<tr><td>账户的功能</td><td colspan="2"></td></tr>
<tr><td>账户的结构</td><td colspan="2"></td></tr>
<tr><td>账户与会计科目的关系</td><td colspan="2"></td></tr>
</table>

总分类账户和所属明细分类账户核算的内容相同，登记的原始依据也相同，只是反映内容的详细程度有所不同，两者相互补充，相互制约，相互核对。二者的内在联系与区别，如表 3–2 所示。

▶▶表 3–2　总分类账户与明细分类账户的联系与区别

<table>
<tr><td colspan="2"></td><td>总分类账户</td><td>明细分类账户</td></tr>
<tr><td colspan="2" rowspan="2">联系</td><td colspan="2">二者反映的经济业务内容相同，如“应收账款”总账账户与所属的“应收账款——A 公司”“应收账款——B 公司”等明细账户都是反映应收账款的变化及余额情况的</td></tr>
<tr><td colspan="2">登记账户的原始依据相同，登记总分类账户与登记其所属明细账户的记账凭证和原始凭证是相同的</td></tr>
<tr><td>区别</td><td>反映经济内容的详细程度不同</td><td>总分类账户反映资金变化的总括情况，提供总括资料</td><td>明细分类账户反映资金变化的详细情况，提供某一方面的材料，有些明细账还可以提供实物数量指标和劳动量指标</td></tr>
</table>

续表

		总分类账户	明细分类账户
区别	所起作用不同	总分类账户是反映其所属明细分类账户的总括资料，对明细分类账户起统驭作用，所以实际工作中常称其为明细分类账户的“统驭账户”或“控制账户”	明细分类账户是总分类账户的详细说明，对总分类账户所反映的总括资料做补充说明，所以称其为总分类账户的“辅助账户”

第一节　会计科目

一、单项选择题

1. 会计科目，简称科目，是指对会计要素的（　　）进行分类核算的项目。

A. 会计对象　　B. 经济性质

C. 具体内容　　D. 会计准则

2. 下列有关会计科目概念的表述中，正确的是（　　）。

A. 会计科目是对会计主体的具体内容进行分类核算的项目

B. 会计科目是对经济业务的具体内容进行分类核算的项目

C. 会计科目是对会计对象的具体内容进行分类核算的项目

D. 会计科目是对会计要素的具体内容进行分类核算的项目

3. 下列关于会计科目的表述中，不正确的是（　　）。

A. 会计科目是对会计要素的具体内容进行分类核算的项目

B. 会计科目按照其所归属的会计要素不同，可分为五大类科目

C. 会计科目按其所提供信息的详细程度及其统驭关系不同，可分为总分类科目和明细分类科目

D. 设置会计科目应努力做到科学、合理、适用

4. 下列各项中，属于非流动负债类科目的是（　　）。

A. 应付账款　　B. 预收账款
C. 应付职工薪酬　　D. 应付债券

5. 下列属于成本类科目的是（　　）。
A. 原材料　　B. 管理费用
C. 制造费用　　D. 销售费用

6. 下列科目中，属于损益类科目的有（　　）。
A. 资产减值损失　　B. 利润分配
C. 材料成本差异　　D. 本年利润

7. 下列不属于损益类科目的是（　　）。
A. 投资收益　　B. 所得税费用
C. 盈余公积　　D. 主营业务成本

8. 下列各项中，（　　）科目是既有资产性质又有负债性质的科目，主要有“清算资金往来”“外汇买卖”“衍生工具”“套期工具”“被套期项目”等科目。
A. 成本类　　B. 所有者权益类
C. 损益类　　D. 共同类

9. 按其所反映的经济内容，“管理费用”可以归属于（　　）。
A. 资产类科目　　B. 负债类科目
C. 成本类科目　　D. 损益类科目

10. 明细分类科目是对（　　）做进一步分类、提供更详细和更具体会计信息的科目。
A. 总分类科目　　B. 会计对象
C. 会计要素　　D. 经济业务

11. 下列有关会计科目的阐述中，错误的是（　　）。
A. 会计科目按其提供信息的详细程度及其统驭关系，可以分为总分类科目和明细分类科目
B. 总分类科目是对会计要素的具体内容进行总括分类，提供总括信息的会计科目
C. 企业在任何情况下都不能对明细分类科目再进一步分级设置二级或三级科目
D. 明细分类科目是对总分类科目做进一步分类，提供更详细具体会计信息的科目

12. 下列总分类科目与明细分类科目关系的表述中，错误的是（　　）。

A. 总分类科目与明细分类科目所反映的经济业务是相同的

B. 总分类科目与明细分类科目所反映的经济业务的详细程度是相同的

C. 登记总分类科目与登记明细分类科目的原始依据是相同的

D. 总分类科目对所属明细分类科目起着统驭控制作用，明细分类科目对有关总分类科目起着补充说明作用

13. 以下有关明细分类科目的表述中，不正确的是（　　）。

A. 明细分类科目是能提供更加详细、更加具体会计信息的科目

B. 除国家统一会计制度规定设置的以外，各单位可以根据实际需要自行设置明细分类科目

C. 明细分类科目也称二级会计科目

D. 明细分类科目是对总分类科目做进一步分类的科目

14. 下列不属于总分类科目的是（　　）。

A. 其他货币资金　　B. 主营业务成本

C. 其他应收款　　D. 银行本票存款

15. 企业所设置的会计科目应符合其自身特点，满足实际需要，这体现了会计科目设置的（　　）原则。

A. 合法性　　B. 相关性

C. 合理性　　D. 实用性

16. 设置会计科目时，不仅要能全面正确地反映企业的财务状况和经营成果，满足外部投资者和债权人的需要，还应当有利于企业内部管理活动的开展，这符合会计科目设置的（　　）原则。

A. 合法性　　B. 相关性

C. 实用性　　D. 可比性

17. 按照《企业会计制度》的规定，“待处理财产损溢”科目属于（　　）科目。

A. 资产类　　B. 负债类

C. 所有者权益类　　D. 成本类

18. “商品进销差价”属于（　　）科目。

A. 资产类　　B. 负债类

C. 损益类　　D. 成本类

19. “制造费用”属于（　　）会计科目。

A. 资产类　　B. 负债类

C. 损益类　　D. 成本类

二、多项选择题

1. 执行《企业会计准则》的企业，会计科目分为资产类、负债类、所有者权益类和（　　）。

A. 收入类　　B. 成本类

C. 损益类　　D. 共同类

2. 下列会计账户中，属于成本类科目的有（　　）。

A. 生产成本　　B. 制造费用

C. 劳务成本　　D. 研发支出

3. 下列属于明细分类科目的有（　　）。

A. 银行汇票存款　　B. 应交增值税

C. 利润分配　　D. 甲商品

4. 下列关于"总分类科目与明细分类科目关系"的表述中，正确的是（　　）。

A. 所反映的经济业务是相同的

B. 所反映的经济业务的详细程度是相同的

C. 总分类科目对其所属的明细分类科目起着统驭控制作用

D. 明细分类科目对有关总分类科目起着补充说明作用

5. 以下说法正确的是（　　）。

A. 明细分类科目是对其所归属的总分类科目的补充

B. 明细分类科目是对其所归属的总分类科目的说明

C. 明细分类科目对其所属的总分类科目具有统驭作用

D. 总分类科目对其所属的明细分类科目具有控制作用

6. 下列属于总分类科目的有（　　）。

A. 其他货币资金　　B. 主营业务成本

C. 其他应收款　　D. 银行本票存款

7. 企业在设置会计科目时，应遵循的原则有（　　）。

A. 合法性原则　　B. 相关性原则

C. 实用性原则　　D. 一致性原则

8. 款项是作为支付手段的货币资金，下列属于款项的是（　　）。

A. 银行存款　　B. 银行汇票存款

C. 外埠存款　　D. 股票

9. 下列各项中，属于"存货"科目的是（　　）。

A. 原材料　　B. 包装物

C. 工程物资　　　　D. 库存商品

10. 下列会计科目中，属于资产类科目的有（　　）。

A. 资产减值损失　　　　B. 递延所得税资产

C. 累计折旧　　　　D. 固定资产清理

11. 下列会计科目中，属于资产类科目的有（　　）。

A. 原材料　　　　B. 存货跌价准备

C. 坏账准备　　　　D. 库存商品

12. 下列会计科目中，属于成本类科目的有（　　）。

A. 劳务成本　　　　B. 主营业务成本

C. 材料成本差异　　　　D. 生产成本

13. 下列会计科目中，属于损益类科目的有（　　）。

A. 待处理财产损溢　　　　B. 财务费用

C. 税金及附加　　　　D. 主营业务收入

三、判断题

1. 实际工作中，具体会计科目设置，一般是从会计要素出发，将会计科目分为资产、负债、所有者权益、收入、费用、利润六大类。（　　）

2. 会计科目按其经济内容的分类是主要的、基本的分类。（　　）

3. 损益类科目是用于核算收入、费用、成本的发生和归集，提供一定期间与损益相关的会计信息的会计科目。（　　）

4. 资产类科目是用来核算和监督企业承担的能以货币计量、需以资产或劳务偿付的债务的增减变动和结余情况的会计科目。（　　）

5. 总分类科目统驭下的二级科目和三级科目等均称为明细分类科目。（　　）

6. 明细分类科目是对总分类科目进一步分类，提供更详细、更具体的会计信息的科目。（　　）

7. 总分类科目与其所属的明细分类科目的核算内容相同，所不同的是前者提供的信息比后者更加详细。（　　）

8. 所有的总账科目都应该设置明细分类科目进行明细核算。（　　）

9. 对于明细分类科目较多的总账科目，不可在总分类科目下设置多级科目。（　　）

10. 会计科目是对会计对象的基本分类。（　　）

11. 会计科目设置的合法性原则是指允许企业在不违背会计准则的前提下，

在不影响会计核算要求和会计报表指标汇总的条件下，根据实际情况自行设置一些会计科目进行会计核算。(　　)

12. 企业所设置的会计科目必须符合国家统一的会计制度的规定。(　　)

13. 在不违反国家统一会计制度的前提下，明细分类科目可以根据企业内部管理的需要自行制定。(　　)

14. 为了保证会计核算指标、口径的一致性，企业不得自行设置二级会计科目。(　　)

15. 为了确保会计合算的准确性，企业必须在一级会计科目下设置二级会计科目。(　　)

16. 为了适应企业管理精细化的要求，每一个总账科目下都应设置明细分类科目。(　　)

17. "生产成本"和"销售费用"都属于损益类科目。(　　)

18. "坏账准备""长期股权投资减值准备""累计折旧""无形资产减值准备"均属于资产类科目。(　　)

第二节　账户

一、单项选择题

1. 账户按会计要素分类，"本年利润"属于(　　)。

A. 资产类账户　　B. 所有者权益类账户

C. 成本类账户　　D. 损益类账户

2. 下列各项中，不属于损益类账户的是(　　)。

A. "制造费用"账户　　B. "销售费用"账户

C. "投资收益"账户　　D. "其他业务成本"账户

3. "预收账款"账户属于(　　)。

A. 资产类账户　　B. 负债类账户

C. 所有者权益类账户　　D. 投资类账户

4. 账户按经济内容分类，属于所有者权益类账户的是(　　)。

A. "预收账款"账户　　B. "生产成本"账户

C. "所得税费用"账户　　D. "利润分配"账户

5. 下列关于账户及其基本结构的表述中，不正确的是(　　)。

A. 账户是根据会计科目设置的，具有一定格式和结构

B. 设置账户是会计核算的重要方法之一

C. 每一账户的核算内容具有独立性和排他性

D. 在实际工作中，对会计科目和账户应严格区分，不能相互通用

6. 下列计算会计科目期末余额的公式中，正确的有（　　）。

A. 期末余额 = 期初余额 + 本期增加发生额 − 本期减少发生额

B. 期末余额 = 期初余额 + 本期借方发生额 − 本期贷方发生额

C. 期末余额 = 期初余额 + 本期贷方发生额 − 本期借方发生额

D. 期末余额 + 本期增加发生额 = 期初余额 − 本期减少发生额

7. 资产类账户的期末余额反映的是各账户（　　）。

A. 资产的增加　　B. 资产的减少

C. 资产的结存　　D. 本期发生额合计

8. 账户划分为左右两个基本部分，一部分登记增加的金额，另一部分登记减少的金额，这取决于账户的（　　）。

A. 性质　　B. 方向

C. 结构　　D. 余额

9. 账户的基本结构中不包括（　　）。

A. 账户名称　　B. 记录经济业务的日期

C. 附件的张数　　D. 经济业务的增减金额及余额

10. 下列各项中，不属于账户金额要素的是（　　）。

A. 期初余额　　B. 期末增加额

C. 本期增加发生额　　D. 本期减少发生额

11. 账户的基本结构是指（　　）。

A. 账户的具体格式　　B. 账户登记的方向

C. 账户登记的日期　　D. 账户中登记增减金额等的栏次

12.（　　）是根据会计科目设置的，具有一定格式和结构，用于分类反映会计要素增减变动情况及其结果的载体。

A. 账簿　　B. 财务报表

C. 记账凭证　　D. 账户

13. 以下有关账户及其结构的阐述中，不正确的是（　　）。

A. 账户是用于分类反映会计要素增减变动情况及其结果的载体

B. 账户不具有格式和结构

C. 账户具有一定格式和结构

D. 账户是根据会计科目设置的

14. 一般来说，账户的基本结构包括（　　）。

A. 附件的张数　　B. 经济业务内容摘要

C. 发生经济业务的原因　　D. 会计科目的借贷方向

15. 对于损益类账户，期末（　　）。

A. 借方有余额　　B. 贷方有余额

C. 一般无余额　　D. 借方、贷方都有余额

16. 下列账户中，期末结转后，一般应无余额的是（　　）。

A. 负债类账户　　B. 资产类账户

C. 成本类账户　　D. 损益类账户

17. 如果某一账户的期初余额为 20 000 元，本期增加发生额为 10 000 元，本期减少发生额为 4 000 元，则期末余额为（　　）元。

A. 4 000　　B. 6 000

C. 30 000　　D. 26 000

18. 20×6 年 3 月 31 日，某公司“银行存款”账户结存金额为 18 万元，3 月份增加 25 万元，减少 17 万元，则期初 3 月 1 日该公司“银行存款”账户结存金额为（　　）万元。

A. 10　　B. 26

C. −10　　D. −26

19. “坏账准备”账户期初贷方余额为 5 000 元，本期贷方发生额为 6 000 元，期末贷方余额为 8 000 元，则该账户本期借方发生额为（　　）元。

A. 3 000　　B. 9 000

C. 2 000　　D. 13 000

20.（　　）是对会计要素的具体内容进行分类核算的项目。

A. 账户　　B. 会计项目

C. 会计科目　　D. 经济业务

21. 账户是根据（　　）分别设置的。

A. 会计对象　　B. 会计要素

C. 会计科目　　D. 经济业务

22. 会计科目是（　　）。

A. 会计要素的名称　　B. 会计报表的项目名称

C. 账簿的名称　　D. 账户的名称

23. 下列各项中，（　　）不仅应有明确的核算内容，而且还应当具有一定

的格式与结构。

A. 会计科目　　B. 账户

C. 账户结构　　D. 账户名称

24. 会计科目与账户的本质区别在于（　　）。

A. 反映的经济内容不同

B. 记录经济业务的方法不同

C. 反映经济内容的详细程度不同

D. 会计账户有结构，会计科目没有结构

25. 有关会计科目与账户间的关系，下列表述中不正确的是（　　）。

A. 在实际工作中，会计科目和账户是相互通用的

B. 会计科目是账户的具体运用

C. 没有会计科目，账户就缺少了设置的依据

D. 两者口径一致，性质相同

26. 开设明细分类账户的依据是（　　）。

A. 总分类科目　　B. 明细分类科目

C. 总分类账户　　D. 会计要素内容

27. 会计科目和账户之间的联系是（　　）。

A. 互不相关　　B. 内容相同

C. 结构相同　　D. 格式相同

28. 下列有关会计科目和账户的表述中，不正确的是（　　）。

A. 会计科目和账户所反映的会计对象的具体内容是完全相同的

B. 会计科目是账户设置的依据

C. 按照会计科目提供核算资料的详细程度，账户可以分为总分类账户和明细分类账户

D. 账户是根据会计科目设置的，它没有格式和结构

29. 有关会计科目与账户的关系，下列说法中不正确的是（　　）。

A. 没有账户，就无法发挥会计科目的作用

B. 两者口径一致，性质相同

C. 账户是设置会计科目的依据

D. 会计科目不存在结构，而账户则具有一定的格式和结构

30. 关于会计科目与账户，下列说法中不正确的是（　　）。

A. 会计科目的设置应该符合国家统一会计准则的规定

B. 会计科目是设置账户的依据

C. 企业不可以自行设置会计科目

D. 账户是会计科目的具体运用

31. 下列说法中不正确的有（　　）。

A. 会计科目不仅表明了本身的核算内容，也决定了其自身的结构

B. 会计科目和账户所反映的经济内容是相同的

C. 会计科目是账户的名称

D. 账户是分类核算经济业务的工具

32.（　　）能记录经济业务的增减变化及其结果。

A. 会计科目　　B. 会计对象

C. 账户　　D. 会计分录

33. 会计科目与账户的相同点是（　　）。

A. 结构相同　　B. 名称相同

C. 作用相同　　D. 格式相同

34. 会计科目与账户的不同点是（　　）。

A. 结构不同　　B. 名称不同

C. 性质不同　　D. 核算内容不同

二、多项选择题

1. 下列选项中，属于资产负债表账户的有（　　）。

A. 资产类账户　　B. 所有者权益类账户

C. 负债类账户　　D. 损益类账户

2. 账户按提供指标的详细程度分为（　　）。

A. 成本费用类账户　　B. 损益类账户

C. 总分类账户　　D. 明细分类账户

3. 下列账户中，属于损益类账户的有（　　）。

A. “主营业务收入”账户　　B. “管理费用”账户

C. “生产成本”账户　　D. “利润分配”账户

4. 下列账户中，属于损益类账户的有（　　）。

A. “主营业务收入”账户　　B. “其他业务收入”账户

C. “营业外收入”账户　　D. “营业外支出”账户

5. 在下列项目中，属于损益类账户的有（　　）。

A. “销售费用”账户　　B. “制造费用”账户

C. “财务费用”账户　　D. “管理费用”账户

6. 下列各项中，属于成本类账户的有（　　）。

A. “生产成本”账户　　B. “制造费用”账户

C. “主营业务成本”账户　　D. “劳务成本”账户

7. 下列表示账户中记录的各项金额之间关系的等式中，正确的有（　　）。

A. 本期期末余额＝期初余额＋本期增加发生额－本期减少发生额

B. 本期期末余额＝本期增加发生额－本期减少发生额

C. 本期期末余额＋本期减少发生额＝期初余额＋本期增加发生额

D. 本期期末余额＝本期减少发生额

8. 账户一般应包括的内容有（　　）。

A. 账户名称　　B. 日期、摘要

C. 凭证编号　　D. 增加、减少金额及余额

9. 下列各项中，属于账户金额要素的是（　　）。

A. 期初余额　　B. 期末余额

C. 本期增加发生额　　D. 本期减少发生额

10. 账户的哪一方登记增加，哪一方登记减少，取决于（　　）。

A. 记账符号　　B. 账户性质

C. 记账金额　　D. 所记录经济业务的内容

11. 账户的“本期发生额”包括（　　）。

A. 本期期初发生额　　B. 本期期末发生额

C. 本期增加发生额　　D. 本期减少发生额

12. 会计要素在会计期末的增减变动结果，具体表现为（　　）。

A. 期初余额　　B. 期末余额

C. 本期增加发生额　　D. 本期减少发生额

13. 账户的基本结构在实务中被形象地称为（　　）账户。

A. “丁”字　　B. “T”形

C. 横竖　　D. 左右

14. 账户要依附于账簿，因此账户的基本内容包括（　　）。

A. 增加或减少的金额　　B. 经济业务内容摘要

C. 账户记录所依据的凭证编号　　D. 发生经济业务的原因

15. 一般来说账户的基本结构具体包括（　　）。

A. 账户的名称　　B. 会计科目的借贷方向

C. 交易或事项的内容摘要　　D. 增加、减少的金额及余额

16. 以下有关账户及其结构的阐述中，正确的是（　　）。

A. 账户是用于分类反映会计要素增减变动情况及其结果的载体

B. 账簿中的每一账页是账户的存在形式和载体

C. 账户具有一定格式和结构

D. 会计科目是根据账户设置的

17. 会计科目与账户的相同点是（　　）。

A. 结构相同　　B. 名称相同

C. 作用相同　　D. 反映的经济内容相同

18. 关于会计科目与账户的说法正确的是（　　）。

A. 会计科目和账户所反映的会计对象的具体内容是相同的

B. 会计科目是账户的名称，也是设置账户的依据

C. 账户具有一定的格式和结构，而会计科目没有

D. 会计科目和账户的作用是完全相同的

19. 下列说法中，正确的有（　　）。

A. 会计科目能反映经济业务的核算内容，具有一定的结构

B. 会计科目的名称也就是账户的名称

C. 会计科目和账户所反映的经济内容是相同的

D. 会计账户是分类核算经济业务的工具

20. 会计科目是（　　）。

A. 对会计要素进行分类核算的项目

B. 设置账户、进行账务处理的依据

C. 会计报表的名称

D. 账户的名称

21. 会计科目与账户的联系是（　　）。

A. 会计科目是账户的名称，也是设置账户的依据

B. 账户决定了会计科目的性质

C. 两者核算内容一致，性质相同

D. 没有会计科目，账户便失去了设置的依据；没有账户，会计科目就无法发挥作用

22. 会计科目与账户的区别是（　　）。

A. 会计科目存在一定的结构，账户仅仅是会计科目的名称

B. 会计科目的作用主要是为了开设账户，填制凭证所运用

C. 账户的作用主要是提供某一具体会计对象的会计资料，为编制财务报

表所使用

D. 会计科目的分类与账户的分类不同

23. 下列对会计科目和账户之间的关系表述正确的是（　　）。

A. 两者口径一致，性质相同

B. 两者都是对会计对象具体内容的科学分类

C. 会计科目是账户的名称

D. 账户具有一定的格式和结构，会计科目不存在结构

24. 关于会计科目与账户的联系和区别，下列表述中正确的有（　　）。

A. 会计科目是账户的名称，账户是会计科目的具体运用

B. 会计科目与账户两者口径一致，性质相同

C. 会计科目不存在结构，账户则具有一定的格式和结构

D. 会计科目可以记录经济业务的增减变化及其结果

25. 有关会计科目与账户间的关系，下列表述中正确的有（　　）。

A. 会计科目是账户设置的依据

B. 账户是会计科目的具体运用

C. 在实际工作中，会计科目和账户是相互通用的

D. 两者口径一致，性质相同

26. 下列关于账户和会计科目的说法正确的是（　　）。

A. 会计科目是开设账户的依据，账户的名称就是会计科目

B. 二者都是对会计要素具体内容的科学分类，口径一致，性质相同

C. 没有账户，会计科目就无法发挥作用

D. 会计科目不存在结构，账户则具有一定的格式和结构

三、判断题

1. 账户按会计要素分类，可以分为资产类账户、负债类账户、所有者权益类账户、收入类账户、成本类账户和利润类账户。（　　）

2. “税金及附加”账户属于成本类账户。（　　）

3. “本年利润”“主营业务收入”账户都是损益类账户。（　　）

4. 账户是根据会计科目设置的，具有一定的格式和结构。（　　）

5. 账户的格式分为左右两方，左边为“借方”，右边为“贷方”，其账户格式是固定不变的，不会因为账户的性质不同而改变账户的格式。（　　）

6. 账户的简单格式分为左右两方，其中，左方记录经济业务的增加，右方记录经济业务的减少。（　　）

7. 账户的四个金额要素的基本关系是“期末余额 = 期初余额 + 本期借方发生额 − 本期贷方发生额”。(　　)

8. 账户中上期的期末余额转入本期即为本期的期初余额。(　　)

9. 一般来说，各类账户的期末余额与记录增加额的一方，属同一方向。(　　)

10. 账户的本期发生额是动态资料，而期末余额与期初余额是静态资料。(　　)

11. 期初余额、本期增加发生额、本期减少发生额和期末余额，称为账户的四个金额要素。(　　)

12. 负债类账户分为左右两方，左方登记增加，右方登记减少。(　　)

13. 如果某一账户的期初余额为 40 000 元，本期增加发生额为 20 000 元，本期减少发生额为 10 000 元，则期末余额为 10 000 元。(　　)

14. 账户设置以会计科目为依据，并要服从会计报表对会计信息的要求。(　　)

15. 会计科目是设置账户的依据，是账户的名称。因此，会计科目与账户一样具有一定的结构，用于反映会计要素的增减变动的情况和结果。(　　)

16. 会计科目的设置是为了便于会计要素的确认，账户的设置则是为了会计计量。(　　)

17. 会计科目是账户的名称，账户是会计科目的载体和具体运用。(　　)

18. 会计科目与账户都是对会计对象具体内容的科学分类，两者口径一致，性质相同。(　　)

19. 会计科目是对会计对象的具体内容进行的分类，它既有分类的名称，又有一定的格式。(　　)

20. 会计科目的基本结构包括账户、增减金额和余额等。(　　)

21. 总分类账户根据总分类科目设置，明细分类账户根据明细分类科目设置，所以总分类账户与其所属明细分类账户的相关金额之和有时是不相等的。(　　)

22. 会计科目是对会计对象的内容进行分类的项目，在会计科目中可以登记发生的经济业务。(　　)

23. 在会计核算的具体方法中，设置账户占有重要位置，它决定着会计科目的开设，是正确进行会计核算的一个重要条件。(　　)

第四章 会计记账方法

法规索引

1. 中华人民共和国会计法
2. 企业会计准则——基本准则
3. 会计档案管理办法

请根据主教材《会计基础》（第三版）第四章的相关内容，总结并填写表4-1。

▶▶表 4-1　会计记账方法内容

<table>
<tr><td rowspan="6">一、会计记账方法的种类</td><td colspan="2">要点</td><td>内容</td></tr>
<tr><td colspan="2">概述</td><td></td></tr>
<tr><td colspan="2">范围</td><td></td></tr>
<tr><td rowspan="3">复式记账法</td><td>概述</td><td></td></tr>
<tr><td>优点</td><td></td></tr>
<tr><td>种类</td><td></td></tr>
<tr><td rowspan="2">二、借贷记账法</td><td colspan="2">要点</td><td>内容</td></tr>
<tr><td colspan="2">概述</td><td></td></tr>
</table>

续表

	要点		内容
二、借贷记账法	账户的结构	概述	
		类型	
	记账规则	记账符号	
		记账基础	
		记账规则	
	账户对应关系		
	会计分录		
	试算平衡	含义	
		分类	
		编制	

第一节　会计记账方法的种类

一、单项选择题

1. 下列关于单式记账法的说法中不正确的是（　　）。

A. 单式记账法可以全面、系统地反映各项会计要素的增减变动和经济业务的来龙去脉

B. 在单式记账法下，科目之间没有直接联系和相互平衡关系

C. 这种方法适用于业务简单或很单一的经济个体和家庭

D. 单式记账法是一种比较简单的、不完整的记账方法

2. 复式记账法对每项经济业务都以相等的金额在（　　）中进行登记。

A. 一个账户　　B. 两个账户

C. 全部账户　　D. 两个或两个以上的账户

3. 复式记账法要求对每一交易或事项都以（　　）进行登记。

A. 相等金额同时在一个或一个以上相互联系的账户中

B. 相等金额同时在两个或两个以上相互联系的账户中

C. 不等金额同时在两个或两个以上相互联系的账户中

D. 相等金额在总分类账和两个以上相应的明细分类账户中

4. 下列选项中，不属于复式记账法的是（　　）。

A. 增减记账法　　B. 收付记账法

C. 借贷记账法　　D. 正负记账法

5. 我国规定，企业应当采用的记账方法是（　　）。

A. 增减记账法　　B. 收付记账法

C. 单式记账法　　D. 借贷记账法

6. 下列各项中，在借贷记账法下关于成本类账户结构描述不正确的是（　　）。

A. 借方登记增加　　B. 贷方登记增加

C. 期末余额一般在借方　　D. 贷方登记减少

二、多项选择题

1. 复式记账法的优点包括（　　　）。

A. 能够进行试算平衡　　B. 能够反映资金运动的来龙去脉

C. 简化账簿的登记工作　　D. 检查账户记录的正确性

2. 与单式记账法相比，复式记账法的显著优点有（　　　）。

A. 能够进行试算平衡，便于查账和对账

B. 能够了解资金运动的来龙去脉

C. 能够全面反映经济业务内容

D. 记账手续简单

三、判断题

1. 在《企业会计准则》中明确了会计记账要采用增减记账法。（　　）

2. 各种复式记账法的根本区别在于记账规则不同，例如，增减记账法是指以“增”“减”为记账符号。目前，我国已普遍采用增减记账法。（　　）

3. 复式记账法是以资产与权益平衡关系作为记账基础，对于每一笔经济业务，都要在两个或两个以上相互联系的账户中进行登记，系统地反映资金运动变化结果的一种记账方法。（　　）

4. 各种复式记账法的根本区别在于记账符号不同。（　　）

5. 记账方法按登记经济交易与事项的方式不同，可以分为复式记账法与借贷记账法。(　　)

第二节　借贷记账法

一、单项选择题

1. 借贷记账法的特点不包括(　　)。

A. “借”表示增加，“贷”表示减少

B. 以“借”“贷”为记账符号

C. 可根据借贷平衡原理进行试算平衡

D. 以“有借必有贷，借贷必相等”作为记账规则

2. 在借贷记账法下，记账符号“借”表示(　　)。

A. 费用和成本的增加　　B. 负债和所有者权益增加

C. 收入和收益的增加　　D. 资产和费用的减少

3. 在借贷记账法下，记账符号“借”表示(　　)。

A. 资产增加，权益减少　　B. 资产减少，权益增加

C. 资产增加，权益增加　　D. 资产减少，权益减少

4. 在借贷记账法下，贷方可以反映的经济内容是(　　)。

A. 成本和费用的增加　　B. 收入和利得的增加

C. 所有者权益的减少　　D. 收入和利得的减少

5. 下列账户中，余额一般在贷方的是(　　)。

A. 预付账款　　B. 实收资本

C. 主营业务成本　　D. 制造费用

6. 下列账户中，贷方登记增加的是(　　)。

A. 预收账款　　B. 制造费用

C. 销售费用　　D. 税金及附加

7. 负债及所有者权益类账户的期末余额一般在(　　)。

A. 借方　　B. 借方和贷方

C. 贷方　　D. 借方或贷方

8. 负债类账户的本期减少数和期末余额分别反映在(　　)。

A. 借方　　B. 贷方

C. 借方和贷方 D. 贷方和借方

9. 下列账户中，年末一般无余额的是（ ）。

A. 库存商品 B. 生产成本

C. 本年利润 D. 利润分配

10. 对于损益类账户，期末（ ）。

A. 借方有余额 B. 贷方有余额

C. 一般无余额 D. 借方贷方都有余额

11. 符合资产类账户记账规则的是（ ）。

A. 增加额记借方 B. 增加额记贷方

C. 减少额记借方 D. 期末无余额

12. 具有双重性质的结算账户，到底属于资产类还是负债类，可根据（ ）的方向来判断。

A. 借方发生额 B. 贷方发生额

C. 期末余额 D. 平均发生额

13. 在借贷记账法下，成本类科目的期末余额等于（ ）。

A. 期初余额＋本期借方发生额＋本期贷方发生额

B. 期初余额＋本期借方发生额－本期贷方发生额

C. 期初余额－本期借方发生额＋本期贷方发生额

D. 期初余额－本期借方发生额－本期贷方发生额

14. “短期借款”账户的期末余额等于（ ）。

A. 期初余额＋借方发生额－贷方发生额

B. 期初余额－借方发生额＋贷方发生额

C. 期初余额－借方发生额－贷方发生额

D. 期初余额＋借方发生额＋贷方发生额

15. 某公司“应收账款”账户的期初余额为 6 000 元，本期借方发生额 4 000 元，本期贷方发生额 7 000 元，该账户的期末余额为（ ）。

A. 贷方 3 000 元 B. 借方 9 000 元

C. 贷方 9 000 元 D. 借方 3 000 元

16. 某负债类账户的期初贷方余额 5 000 元，本期借方发生额 22 000 元，期末贷方余额 18 400 元，则该账户本期贷方发生额为（ ）元。

A. 8 600 B. −1 400

C. 35 400 D. 1 400

17. 借贷记账法的理论依据是（ ）。

A. 资产 = 负债 + 所有者权益

B. 收入 − 费用 = 利润

C. 借方发生额 = 贷方发生额

D. 期初余额 + 本期增加额 − 本期减少额 = 期末余额

18. 借贷记账法的记账规则是（　　）。

A. 资产 = 负债 + 所有者权益

B. 有借必有贷，借贷必相等

C. 借方发生额 = 贷方发生额

D. 期初余额 + 本期增加额 − 本期减少额 = 期末余额

19. 下列经济业务中，借记资产类账户，贷记负债类账户的是（　　）

A. 赊购原材料　　B. 收到其他企业的欠款

C. 从银行提取现金备用　　D. 以银行存款偿还债务

20. 某企业月初的“短期借款”账户的贷方余额为 60 万元，本月向银行借入 6 个月的借款 20 万元，归还以前的短期借款 30 万元，则月末“短期借款”账户的余额为（　　）。

A. 贷方 80 万元　　B. 贷方 50 万元

C. 借方 50 万元　　D. 贷方 30 万元

21. 下列各项中，不符合借贷记账法记账规则的是（　　）。

A. 资产、资本同时减少　　B. 两项资产同时增加

C. 资产、负债同时增加　　D. 资产、负债同时减少

22. 运用“有借必有贷，借贷必相等”的记账规则处理每一笔经济业务，结构必然是（　　）。

A. 记账方向相同，金额相等　　B. 记账方向相同，金额不等

C. 记账方向相反，金额不等　　D. 记账方向相反，金额相等

23. 下列账户中，不具有对应关系的是（　　）。

A. “银行存款”账户与“应交税费”账户

B. “固定资产”账户与“销售费用”账户

C. “本年利润”账户与“利润分配”账户

D. “预收款项”账户与“主营业务收入”账户

24. 下列各项中，属于会计分录必须具备的要素的是（　　）。

A. 借方、贷方金额

B. 总分类账户、明细分类账户、金额

C. 账户名称、记账符号、金额

D. 摘要、凭证号、金额

25. 下列各项中，不属于复合会计分录的是（　　）。

A. 一借多贷的会计分录　　B. 多借一贷的会计分录

C. 一借一贷的会计分录　　D. 多借多贷的会计分录

26. 企业行政人员报销差旅费 800 元，原借款 1 000 元，归还现金 200 元。该项经济业务，应做一笔（　　）。

A. 一借多贷的会计分录　　B. 一贷多借的会计分录

C. 一借一贷的会计分录　　D. 多借多贷的会计分录

27. 下列关于会计分录的表述中，不正确的是（　　）。

A. 应借应贷方向、账户（科目）名称和金额构成了会计分录的三要素

B. 会计分录按涉及账户的数量，可以分为简单会计分录和复合会计分录

C. 复合会计分录是指涉及两个（不含两个）以上对应账户所组成的会计分录

D. 在会计实际工作中，最常用的会计分录为一借一贷、多借多贷分录

28. 企业从应付职工薪酬扣回为职工代垫的款项时，应借记的账户是（　　）。

A. 管理费用　　B. 应付职工薪酬

C. 其他应付款　　D. 其他应收款

29. 借贷记账法试算平衡的依据是（　　）。

A. 资金运动规律　　B. 会计等式

C. 账户结构　　D. 平行登记

30. 账户期末余额试算平衡的平衡式为（　　）。

A. 全部账户的期末借方余额合计 = 全部账户的期初借方余额合计 − 全部账户的期初贷方余额合计 + 全部账户的期末贷方余额合计

B. 全部账户的期末借方余额合计 = 全部账户的期初借方余额合计 + 全部账户的期初贷方余额合计 + 全部账户的期末贷方余额合计

C. 全部账户的期末借方余额合计 = 全部账户的期初借方余额合计 + 全部账户的期初贷方余额合计 − 全部账户的期末贷方余额合计

D. 全部账户的期末借方余额合计 = 全部账户的期末贷方余额合计

31. 下列各项关于试算平衡的说法，错误的是（　　）。

A. 全部账户借方期初余额合计 = 全部账户贷方期初余额合计

B. 全部账户借方期末余额合计 = 全部账户贷方期末余额合计

C. 全部账户借方期初余额合计 = 全部账户贷方期末余额合计

D. 全部账户本期借方发生额合计＝全部账户本期贷方发生额合计

32. 借贷记账法的发生额试算平衡公式是（　　）。

A. 全部账户借方期初余额合计＝全部账户贷方期初余额合计

B. 全部账户借方期末余额合计＝全部账户贷方期末余额合计

C. 每个账户的借方发生额＝每个账户的贷方发生额

D. 全部账户本期借方发生额合计＝全部账户本期贷方发生额合计

33. 关于试算平衡法的说法中，不正确的是（　　）。

A. 试算平衡法包括发生额试算平衡法和余额试算平衡法

B. 试算不平衡，表明账户记录肯定有错误

C. 试算平衡，说明账户记录一定正确

D. 发生额试算平衡法理论的依据是“有借必有贷、借贷必相等”

34. 下列选项中，会导致试算不平衡的因素是（　　）。

A. 借贷科目用错　　B. 借方多记金额

C. 漏记某项经济业务　　D. 借贷方向记反

35. 下列记账错误中，可以通过试算平衡进行查找的是（　　）。

A. 一笔购入固定资产的业务登记了两次

B. 一笔销售商品的业务未被登记

C. 用银行存款 500 元购买办公用品，被错记为借记“银行存款”账户 500 元，贷记“管理费用”账户 500 元

D. 用现金支付差旅费借款 1 000 元，被错记为借记“其他应收款”账户 1 000 元，贷记“库存现金”账户 100 元

36. 下列错误中，能通过试算平衡查找的是（　　）。

A. 某项经济业务未入账　　B. 某项经济业务重复入账

C. 应借应贷账户中借贷金额不等　　D. 应借应贷账户中借贷方向颠倒

37. 下列记账错误中，能够通过试算平衡查找的是（　　）。

A. 重记某项经济业务　　B. 某项经济业务记错有关账户

C. 借贷方向相反　　D. 漏记某账户金额

38. 根据资产与权益的恒等关系以及借贷记账法的记账规则，检查所有账户记录是否正确的过程称为（　　）。

A. 记账　　B. 对账

C. 结账　　D. 试算平衡

39. 企业月末在编制试算平衡表时，全部账户的本月贷方发生额合计为 6 万元，除“银行存款”账户外的本月借方发生额合计为 4.2 万元，下列关于

“银行存款”账户的表述中，正确的是（　　）。

A. 借方发生额 1.8 万元　　B. 贷方发生额 1.8 万元

C. 借方余额 1.8 万元　　D. 贷方余额 1.8 万元

40. 下列记账错误中，不能通过试算平衡检查发现的是（　　）。

A. 将某一账户的借方发生额 600 元，误写成 6 000 元

B. 某一账户的借贷方向写反

C. 借方的金额误记到贷方，使得贷方金额大于借方金额

D. 漏记了借方的发生额

41. 发生额试算平衡法是根据（　　）来确定的。

A. 借贷记账法的记账规则　　B. 资产 = 负债 + 所有者权益

C. 收入 – 费用 = 利润　　D. 平行登记原则

42. 下列表述中，正确的是（　　）。

A. 从某家企业看，其全部账户的借方余额合计与贷方余额合计不一定相等

B. 从某个会计分录看，借方账户与贷方账户之间互为对应账户

C. 试算平衡的目的是验证企业的全部账户的借方发生额合计与借方余额合计是否相等

D. 企业不能编制多借多贷的会计分录

43. 下列错误会影响借贷双方平衡关系的是（　　）。

A. 漏记某项经济业务　　B. 重记某项经济业务

C. 记错方向，把借方记入贷方　　D. 借贷错误巧合，正好抵销

二、多项选择题

1. 在借贷记账法下，记账符号“借”表示（　　）。

A. 收入的增加　　B. 费用的增加

C. 成本的增加　　D. 负债的减少

2. 在借贷记账法下，贷方表示（　　）。

A. 资产的减少或权益的增加　　B. 资产的增加或权益的减少

C. 收入的增加或费用的减少　　D. 成本类账户的期末结转数

3. 在借贷记账法下，（　　）表明账户借方的登记内容。

A. 负债的减少　　B. 所有者权益的增加

C. 收入的减少或期末结转数　　D. 成本的增加

4. 下列账户中，期末余额在贷方的有（　　）。

A. 预收账款　　B. 应收账款

C. 应付账款　　D. 累计摊销

5. 下列账户中，期末结转后一般没有余额的有（　　）。

A. 实收资本　　B. 主营业务收入

C. 管理费用　　D. 本年利润

6. 期末结转后无余额的账户有（　　）。

A. 销售费用　　B. 主营业务收入

C. 所得税费用　　D. 应交税费

7. 损益类账户的借方登记（　　）。

A. 收入的增加　　B. 收入的减少或期末结转数

C. 费用的增加　　D. 费用的减少或期末结转数

8. 下列说法正确的是（　　）。

A. 资产类账户增加记贷方，减少记借方

B. 负债类账户增加记贷方，减少记借方

C. 收入类账户增加记贷方，减少记借方

D. 费用类账户增加记贷方，减少记借方

9. 在借贷记账法下，与资产类账户的记账方向相同的账户有（　　）。

A. 负债类　　B. 所有者权益类

C. 费用类　　D. 成本类

10. 在借贷记账法下，记入贷方的是（　　）。

A. 资产的增加额　　B. 负债的增加额

C. 所有者权益的增加额　　D. 费用的增加额

11. 某项经济业务发生后，一个资产账户记借方，则可能（　　）。

A. 另一个资产账户记贷方　　B. 另一个负债账户记贷方

C. 另一个所有者权益账户记贷方　　D. 涉及的其他账户都记借方

12. 借贷记账法“有借必有贷，借贷必相等”的记账规则，可具体表现为（　　）。

A. 任何一笔经济业务的发生，至少会同时导致两个账户金额发生变化

B. 不管借贷方涉及多少个账户，其借方总金额与贷方总金额必然相等

C. 经济业务发生后，所记入的账户必须至少包含一个账户借方和一个账户贷方

D. 可对一定时期内所发生的全部经济业务进行综合计算

13. 在借贷记账法下，当借记“银行存款”账户时，可能成为其对应账户的有（　　）。

A. 实收资本　　　　　　　　　　　　B. 库存现金

C. 制造费用　　　　　　　　　　　　D. 本年利润

14. 某企业“库存商品”总分类账户的本期借方发生额为 50 万元，贷方发生额为 30 万元，其所属的三个明细分类账中：甲商品本期借方发生额为 20 万元，贷方发生额为 9 万元；乙商品本期借方发生额为 15 万元，贷方发生额为 11 万元，则丙商品的本期借贷方发生额分别为（　　）。

A. 借方发生额为 85 万元　　　　　　B. 借方发生额为 15 万元

C. 贷方发生额为 50 万元　　　　　　D. 贷方发生额为 10 万元

15. 下列关于“有借必有贷，借贷必相等”记账规则的表述中，正确的有（　　）。

A. 记入一个账户的借方，必须同时记入该账户的贷方

B. 记入一个账户的借方，必须同时记入另一个或几个账户的贷方

C. 记入一个账户的贷方，必须同时记入另一个或几个账户的借方

D. 记入一个账户的贷方，必须同时记入另几个账户的贷方

16. 下列属于借贷记账法特点的有（　　）。

A. 以“借”“贷”作为记账符号

B. 根据账户所反映的经济内容，来决定记账的方向

C. 记账规则是“有借必有贷，借贷必相等”

D. 可以进行发生额试算平衡和余额试算平衡

17. 会计分录的要素具体包括（　　）。

A. 账户的名称　　　　　　　　　　　B. 记账方向

C. 记账符号　　　　　　　　　　　　D. 记账的金额

18. 下列各项中，编制会计分录时必须考虑的因素有（　　）。

A. 经济业务发生导致会计要素的变动是增加还是减少

B. 记入账户的借方还是贷方

C. 分析经济业务事项涉及的是资产（成本、费用）还是权益（收入）

D. 账户的余额是在借方还是贷方

19. 对于会计分录的描述正确的有（　　）。

A. 会计分录是指对某项经济交易或事项标明其应借应贷账户及其金额的记录

B. 编制会计分录的格式，一般是先借后贷、上借下贷或左借右贷

C. 可以编制一借一贷、一借多贷、一贷多借和多借多贷的会计分录

D. 不允许企业编制多借多贷的会计分录

20. 关于试算平衡表的编制，下列说法正确的有（　　）。

A. 试算平衡表通常是在期末结出各个账户的本期发生额合计和期末余额后编制的

B. 试算平衡表通常设置“期初余额”“本期发生额”和“期末余额”三大栏目

C. 试算平衡表的大栏目下设置“借方”和“贷方”两个小栏目

D. 试算平衡表必须填制各栏目的期初余额和期末余额

21. 甲企业月末编制试算平衡表，借方余额合计为 210 000 元，贷方余额合计为 180 000 元，经检查后发现，漏记了一个账户的余额为（　　）。

A. 借方余额　　B. 贷方余额

C. 15 000 元　　D. 30 000 元

22. 关于试算平衡法的说法中，正确的是（　　）。

A. 试算平衡法包括发生额试算平衡法和余额试算平衡法

B. 试算不平衡，表明账户记录肯定有错误

C. 试算平衡，不一定说明账户记录绝对正确

D. 试算平衡，说明账户记录一定正确

23. 借贷记账法的余额试算平衡公式是（　　）。

A. 全部账户借方期初余额合计 = 全部账户贷方期初余额合计

B. 全部账户借方期末余额合计 = 全部账户贷方期末余额合计

C. 每个账户的借方发生额 = 每个账户的贷方发生额

D. 全部账户本期借方发生额合计 = 全部账户本期贷方发生额合计

24. 试算平衡公式包括（　　）。

A. 全部账户借方期初余额合计 = 全部账户贷方期初余额合计

B. 全部账户借方期末余额合计 = 全部账户贷方期末余额合计

C. 全部账户借方期初余额合计 = 全部账户贷方期末余额合计

D. 全部账户本期借方发生额合计 = 全部账户本期贷方发生额合计

25. 下列记账错误，不能通过试算平衡检查发现的有（　　）。

A. 将某一会计分录的借贷方向写反了

B. 将某一账户的发生额 20 元，误写为 2 000 元

C. 将应记入“管理费用”账户的借方发生额，误记入“销售费用”账户的借方

D. 重复登记了某一账户的发生额

26. 不会影响借贷双方平衡关系的记账错误有（　　）。

A. 从开户银行提取现金 500 元，记账时重复登记一次

B. 收到现金 100 元，但没有登记入账

C. 收到某公司偿还欠款的转账支票 5 000 元，但会计分录的借方账户错记为“库存现金”

D. 到开户银行存入现金 1 000 元，但编制记账凭证时，误记为借记“库存现金”账户，贷记“银行存款”账户

27. 某企业月末编制试算平衡表时，因“原材料”账户的余额计算不正确，导致试算平衡中月末借方余额合计为 65 000 元，而全部账户月末贷方余额合计为 60 000 元，则“原材料”账户（　　）。

A. 余额多记 5 000 元　　B. 余额少记 5 000 元

C. 为贷方余额　　D. 为借方余额

28. 试算平衡表通常是在期末结出各账户的本期发生额合计和期末余额后编制的，试算平衡表中一般应设置（　　），其下分设“借方”和“贷方”两个小栏。

A. 期初余额　　B. 本期发生额

C. 期末余额　　D. 本期增加额

29. 下列选项中，能通过试算平衡查找的记账错误有（　　）。

A. 重记、漏记某项经济业务　　B. 漏记某一账户的金额

C. 账户记账方向相反　　D. 借贷方余额不一致

三、判断题

1. 费用的增加是在账户的贷方登记的。（　　）

2. 用来记录所有者权益的账户，其结构与负债类账户的结构相同，即所有者权益的增加额记入账户的借方，减少额记入账户的贷方。（　　）

3. 在所有账户中，借方均登记增加额，贷方均登记减少额。（　　）

4. 核算期间费用的各账户期末结转入“本年利润”账户后应无余额。（　　）

5. 在借贷记账法中，“贷”字表示收入的增加、费用的减少和负债的增加。（　　）

6. 损益类账户的期末余额 = 期初余额 + 本期贷方发生额 − 本期借方发生额。（　　）

7. 在借贷记账法下，所有者权益类账户与费用类账户的结构截然相反。（　　）

8. 某企业“银行存款”账户期初借方余额为10万元，本期借方发生额为5万元，本期贷方发生额为3万元，则期末该账户借方余额为8万元。(　　)

9. 资产类账户的期初余额一定在借方。(　　)

10. 会计期期末凡是没有余额的账户均为损益类账户。(　　)

11. 借贷记账法的记账规则为“有借必有贷，借贷必相等”。即对于每一笔经济业务只能在两个账户中以借方和贷方相等的金额进行登记。(　　)

12. 对于一项经济业务，总分类账户登记在借方，其所属明细分类账户可以登记在贷方。(　　)

13. 企业不宜编制多借多贷的会计分录，因为不便于进行试算平衡，检查账户记录是否正确。(　　)

14. 任何只在借方登记或贷方登记，而无对应的贷方或借方记录，或者借贷金额不相等的记录，都是错误的。(　　)

15. 企业购入一批材料，价款60 000元，其中40 000元以银行存款支付，另外20 000元尚未支付，该笔业务的发生一方面会引起资产增加60 000元，另一方面会引起负债增加20 000元。(　　)

16. 一般来说一个复合会计分录可以分解为若干个简单会计分录。(　　)

17. 一笔会计分录主要包括两个要素即会计科目和金额。(　　)

18. 在会计处理中，只能编制一借一贷、一借多贷、一贷多借的会计分录，而不能编制多借多贷的会计分录，以避免对应关系混乱。(　　)

19. 发生额试算平衡，是指某一个账户借方发生额等于贷方发生额(　　)。

20. 在编制会计分录时，一笔经济业务的借贷双方，金额上发生同样的错误，不会影响借贷平衡，所以不能通过试算平衡表来发现。(　　)

21. 只要结果试算平衡，则证明各账户的登记与计算正确无误。(　　)

22. 记账时，将借贷方向记反了，不会影响借贷双方的平衡关系。(　　)

23. 编制试算平衡表时，也应该包括只有期初余额而没有本期发生额的账户。(　　)

24. 记账时，漏记某项经济业务，不会影响借贷双方的平衡关系。(　　)

25. 记账时，重记某项经济业务，会影响借贷双方的平衡关系。(　　)

26. 余额试算平衡是由“资产=负债+所有者权益”恒等关系决定的。(　　)

27. 全部总分类账的月末借方余额合计数应当同月末贷方余额合计数核对相符。(　　)

28. 若企业所有总分类账户期初余额是平衡的，即使发生额试算不平衡，

期末余额试算也可能平衡。(　　)

四、计算分析题

某公司20×6年3月初的资产总额为1 800 000元，负债总额为1 000 000元。20×6年3月份发生下列交易或事项：

（1）公司行政办公室职工因公出差，预借差旅费2 000元，以现金支付；

（2）收到投资方投入设备一台，投资合同约定价值（该约定价值是公允价值）为400 000元（假定不考虑增值税）；

（3）开出面值为60 000元的商业汇票一份，抵付前欠某单位货款；

（4）之前欠甲单位货款200 000元，经协商转为甲单位对本公司的投资；

（5）以银行存款100 000元偿还前欠乙单位货款。

要求：根据本题资料，回答下列1~5小题。

1. 该公司20×6年3月份发生的前四项交易应编制的会计分录正确的有(　　)。

A. 借：管理费用——差旅费　　2 000
　　贷：库存现金　　2 000

B. 借：固定资产　　400 000
　　贷：资本公积　　400 000

C. 借：应付票据　　60 000
　　贷：预收账款　　60 000

D. 借：应付账款　　200 000
　　贷：实收资本　　200 000

2. 该公司20×6年3月份发生的第（5）笔交易或事项对基本会计等式的影响是(　　)。

A. 资产和负债同时减少100 000元，不破坏等式平衡

B. 资产和负债同时增加100 000元，不破坏等式平衡

C. 资产的不同项目此增彼减，资产总额不变

D. 负债与所有者权益此增彼减，权益总额不变

3. 该公司20×6年3月末的资产总额为(　　)元。

A. 2 100 000　　B. 2 098 000

C. 1 898 000　　D. 1 798 000

4. 该公司20×6年3月末的所有者权益总额为(　　)元。

A. 998 000　　B. 1 198 000

C. 1 398 000　　　　D. 1 400 000

5. 该公司 20×6 年 3 月份发生的交易或事项引起的会计要素变动有（　　）。

A. 资产月末比月初减少 300 000 元

B. 负债月末比月初减少 300 000 元

C. 负债月末比月初增加 300 000 元

D. 所有者权益月末比月初增加 300 000 元

第五章 借贷记账法下主要经济业务的账务处理

法规索引

1. 现金管理暂行条例
2. 人民币银行结算账户管理办法
3. 支付结算办法
4. 国内信用证结算办法
5. 中华人民共和国票据法
6. 票据管理实施办法
7. 银行卡业务管理办法
8. 企业会计准则——基本准则
9. 企业会计准则第 22 号——金融工具确认和计量
10. 企业内部控制应用指引第 6 号——资金活动
11. 中华人民共和国增值税法（草案）
12. 财政部、国家税务总局关于全国实施增值税转型改革若干问题的通知
13. 国家税务总局关于增值税 消费税与附加税费申报表整合有关事项的公告
14. 中华人民共和国公司法
15. 中华人民共和国企业法人登记管理条例
16. 中华人民共和国公司登记管理条例
17. 企业会计准则———应用指南
18. 企业会计准则第 4 号——固定资产
19. 企业内部控制应用指引第 8 号——资产管理

20. 企业内部控制应用指引第 11 号——工程项目
21. 企业会计准则第 1 号——存货
22. 企业内部控制应用指引第 7 号——采购业务
23. 企业会计准则第 14 号——收入
24. 企业内部控制应用指引第 9 号——销售业务
25. 企业会计准则第 16 号——政府补助
26. 企业会计准则第 18 号——所得税
27. 中华人民共和国企业所得税法
28. 中华人民共和国企业所得税法实施条例

请根据主教材《会计基础》(第三版)第五章的相关内容，理解和掌握各种银行结算方式的特点及应用，如表 5-1 所示。

▶▶表 5-1 各种银行结算方式的特点及应用

结算方式	使用者	使用区域范围	付款期限	特点	分类	会计核算使用账户
银行汇票	单位或个人	同城或异地	提示付款期限为自出票日起 1 个月内；取消 500 元起点限制	① 灵活，票随人到，兑现性好；② 可背书转让，但填明“现金”字样的银行汇票不得转让；申请银行汇票需向银行提交“汇票申请书”，缴纳手续费	—	其他货币资金——银行汇票存款
银行本票	单位或个人	同城	自出票日起最长不超过 2 个月，超过提示付款期限，经出具证明后，仍可请求出票银行付款	① 由银行签发并保证兑付，且见票即付，信誉高，支付功能强；② 可以背书转让（填明“现金”字样的银行本票不得背书转让）	不分定额	其他货币资金——银行本票存款
商业汇票	单位	同城或异地	最长不超过 6 个月	① 必须具备真实的交易关系或债权债务关系；② 可以背书转让；③ 信用较高，急需资金时，还可以向银行申请贴现；④ 签发人可以是收款人、付款人；承兑人可以是付款人、银行	按照承兑人不同分为商业承兑汇票和银行承兑汇票	应收票据 应付票据

续表

结算方式	使用者	使用区域范围	付款期限	特点	分类	会计核算使用账户
支票	单位或个人	同城	提示付款期限为自出票日起10日内	① 手续简便灵活；② 记名；③ 禁止签发空头支票；④ 支票限于见票即付，不得另行记载付款日期；⑤ 可以背书转让（用于支取现金的支票不得背书转让）；⑥ 不准签发空白支票。签发支票，不能超过银行存款的余额，超过的即为“空头支票”，银行将予以退票，并处以票面金额5%但不低于1 000元的罚款	支票分为现金支票、转账支票和普通支票。支票上未印有“现金”或“转账”字样的为普通支票，普通支票可以用于支取现金，也可以用于转账。在普通支票左上角划两条平行线的，为划线支票，划线支票只能用于转账，不得支取现金	银行存款
汇兑	单位或个人	异地		简便，灵活	汇兑分为信汇和电汇两种，由汇款人选择使用	银行存款
委托收款	单位或个人	同城或异地	付款期为3天	① 收款人办理委托收款，应填写银行印制的托收凭证和有关的债务证明并向开户银行提交；② 付款人在审查有关单证后，对收款人委托收取的款项如果全部或部分拒付，应在付款期内出具拒付理由书；③ 付款人在付款期满无款支付，银行于次日上午开始营业时，通知付款人将有关单证在2天内退回开户银行，由银行将有关凭证连同单证退回收款人开户银行转交收款人	款项的划回方式，分邮寄和电报两种，由收款人选用	银行存款
托收承付	国有企业、供销社、审查同意的集体企业	异地	验单付款的承付期为3天；验货付款的承付期为10天	① 每笔结算金额起点为10 000元，新华书店系统每笔金额起点为1 000元。② 收款人按合同发货后，填写托收凭证，盖章后连同发运证件或其他符合托收结算的有关证明和交易单证送交开户银行办理托收手续。③ 承付期内，如果购货人发现与购销合同不符，应在承付期满之前向银行提出拒付	① 款项的划回方式，分邮寄和电汇两种，由收款人选用；② 承付货款分为验单付款和验货付款两种，由收付双方商量，并在合同中明确规定	银行存款

续表

结算方式	使用者	使用区域范围	付款期限	特点	分类	会计核算使用账户
银行卡			① 贷记卡持卡人非现金交易时享受免息还款期待遇；免息还款期，为银行记账日至发卡行规定的到期还款日之间的日期，最长为60天。 ② 贷记卡透支按月计收复利，准贷记卡按月计收单利。透支利率为日利率0.05%	单位卡账户的资金，一律从其基本存款账户转账存入，不得交存现金，不得将销货收入的款项存入其账户；个人卡在使用过程中，需要向其账户续存资金的，只限于其持有的现金存入和工资性款项以及属于个人的劳务报酬收入转账存入。严禁将单位的款项存入个人卡账户	① 按使用对象分为单位卡和个人卡；② 按信誉等级分为金卡和普通卡；③ 按发行主体是否在境内分为境内卡和境外卡；④ 按是否给予持卡人授信额度分为信用卡和借记卡；⑤ 按账户币种的不同分为人民币卡、外币卡和双币种卡；⑥ 按信息载体不同分为磁条卡和芯片卡	其他货币资金——信用卡存款
国内信用证	单位	同城或异地		① 信誉较好；② 只限于转账结算，不能支取现金；③ 各有关当事人处理的只是单据，一切以单据为准；④ 用于国内企业之间商品交易产生的货款结算	略	其他货币资金——信用证保证金存款
网上支付	单位或个人	同城或异地		① 全面实现无纸化交易；② 服务方便、快捷、高效、可靠；③ 经营成本低廉；④ 简单易用	主要方式有网上银行和第三方支付两种	
备注	提示付款期，是提示付款的有效期。票据持有人向银行提交并要求银行付款的行为叫做提示付款。背书，是一种票据行为，是转让票据权利的重要方式，它的产生是票据成为流通证券的一个标志。背书是由持票人在汇票背面签上自己的名字，并将汇票交付给受让人的行为。这里的持票人称为背书人，受让人称为被背书人。背书是指在票据背面或者粘单上记载有关事项并签章的票据行为					

掌握借贷记账法下主要经济业务的财务处理。

1. 所有者投入资本业务的账务处理

所有者投入资本业务的账务处理如表5-2所示。

▶▶表 5-2　所有者投入资本业务的账务处理

<table>
<tr><th colspan="3">业务内容</th><th>账务处理</th></tr>
<tr><td rowspan="2">股份有限公司以外的企业设立时</td><td rowspan="2">实收资本</td><td>货币资产投资</td><td>借：银行存款
　贷：实收资本
　资本公积——资本溢价（实际收到的超过其注册资本中所占份额的部分）</td></tr>
<tr><td>非货币资产投资</td><td>借：固定资产（投资合同或协议约定价值）
　原材料（投资合同或协议约定价值）
　应交税费——应交增值税（进项税额）
　无形资产（投资合同或协议约定价值）
　贷：实收资本（在注册资本中所占份额）
　　资本公积（差额）</td></tr>
<tr><td>股份有限公司设立时</td><td>股本</td><td>货币资产投资</td><td>借：银行存款
　贷：股本
　　资本公积——股本溢价（发生溢价时）</td></tr>
</table>

2. 负债筹资业务的账务处理

负债筹资主要包括短期借款、长期借款以及结算形成的负债等。

（1）短期借款业务的账务处理，如表 5-3 所示。

▶▶表 5-3　短期借款业务的账务处理

业务内容	账务处理
取得短期借款	借：银行存款（实际收到的金额） 　贷：短期借款
计提短期借款利息	季度第 1 个月和第 2 个月计提利息： 借：财务费用 　贷：应付利息（借款金额 × 合同利率）
支付短期借款利息	季度第 3 个月计提并支付利息： 借：财务费用（未计提的第三个月利息） 　应付利息（原已计提的前 2 个月的利息，即“应付利息”账户的贷方金额） 　贷：银行存款
归还短期借款	借：短期借款 　贷：银行存款

（2）长期借款业务的账务处理，如表 5-4 所示。

▶▶ 表 5-4　长期借款业务的账务处理

业务内容	账务处理
取得长期借款	借：银行存款（实际收到的金额） 　　贷：长期借款——本金
长期借款利息 （注：长期借款利息费用应当在资产负债表日按照实际利率法计算确定，实际利率与合同利率差异较小的，也可以采用合同利率计算确定利息费用）	借：管理费用（不符合资本化条件的，且属于筹建期间） 　　在建工程（购建固定资产符合资本化条件的） 　　制造费用（生产产品符合资本化条件的） 　　研发支出（开发无形资产符合资本化条件的） 　　财务费用（生产经营期间的、不符合资本化条件的） 　　贷：长期借款——利息调整（差额） 　　　　应付利息（分期付息）/ 长期借款——应计利息（到期一次还本付息）
分期支付借款利息	借：应付利息 　　贷：银行存款
归还长期借款	借：长期借款——本金（归还的金额） 　　贷：银行存款 如属于到期一次还本付息： 借：长期借款——本金（归还的本金） 　　长期借款——应计利息（一次归还的到期付息） 　　贷：银行存款

（3）固定资产业务的账务处理，如表 5-5 所示。

▶▶ 表 5-5　固定资产业务的账务处理

业务内容	账务处理
购入不需要安装的固定资产	借：固定资产 　　应交税费——应交增值税（进项税额） 　　贷：银行存款等
固定资产折旧	企业按月计提的固定资产折旧，根据固定资产的用途计入相关资产的成本或者当期损益： 借：制造费用（生产车间使用的固定资产） 　　销售费用（销售部门使用的固定资产） 　　管理费用（未使用、不需用固定资产，或管理部门使用的固定资产） 　　研发支出（企业自行研发无形资产过程中使用的固定资产） 　　其他业务成本（经营租赁租出的固定资产） 　　贷：累计折旧

（4）外购材料实际成本核算的账务处理，如表 5-6 所示。

▶▶ 表 5-6　外购材料实际成本核算的账务处理

业务内容		账务处理
材料已经验收入库	货款已经支付	借：原材料 　　应交税费——应交增值税（进项税额） 　　贷：银行存款 / 预付账款
	收到相关发票凭证，货款尚未支付	借：原材料 　　应交税费——应交增值税（进项税额） 　　贷：应付账款 / 应付票据等
	未收到相关发票凭证	平时不入账，待发票账单等结算凭证收到后按“单到”情况处理；若月末，结算凭证仍未到达企业，本月月底先暂估入账，下月月初用红字冲回，再重新按正常程序入账。月末： 借：原材料 　　贷：应付账款——暂估应付账款
材料尚未验收入库	货款已经支付，发票账单已到	单到： 借：在途物资 　　应交税费——应交增值税（进项税额） 　　贷：银行存款 / 应付账款 / 应付票据 / 预付账款等 货到： 借：原材料 　　贷：在途物资

（5）生产业务的账务处理，如表 5-7 所示。

▶▶ 表 5-7　生产业务的账务处理

业务内容	账务处理
材料费用的归集与分配	借：生产成本（直接用于某种产品生产的材料费用，或者由多种产品共同耗用经分配后计入） 　　制造费用（间接消耗的各种材料费用，先归集） 　　管理费用（行政管理部门领用） 　　贷：原材料
职工薪酬的归集与分配（对于短期职工薪酬）	借：生产成本（生产工人） 　　制造费用（生产车间管理人员） 　　在建工程（应由在建工程负担） 　　无形资产（应由研发部门负担） 　　管理费用（企业行政管理部门人员） 　　销售费用（专设销售机构销售人员） 　　贷：应付职工薪酬

续表

业务内容	账务处理
制造费用的归集与分配	企业发生制造费用时： 借：制造费用 　　贷：累计折旧 / 银行存款 / 应付职工薪酬等 结转或分摊时：采取的分配标准包括机器工时、人工工时、计划分配率等 结转或分摊制造费用时： 借：生产成本等 　　贷：制造费用
完工产品生产成本的计算与结转	产品完工验收入库时： 借：库存商品 　　贷：生产成本 完工产品成本的基本计算公式为： 完工产品生产成本 = 期初在产品成本 + 本期发生的生产费用 - 期末在产品成本

（6）销售业务的账务处理，如表 5-8 所示。

►► 表 5-8　销售业务的账务处理

业务内容	账务处理
确认主营业务收入	借：银行存款 / 应收账款 / 应收票据 / 预收账款等 　　贷：主营业务收入 　　　　应交税费——应交增值税（销项税额） 注意：对于增值税销项税额，一般纳税人应贷记“应交税费——应交增值税（销项税额）”账户；小规模纳税人应贷记“应交税费——应交增值税”账户
结转主营业务成本	借：主营业务成本 　　贷：库存商品 注意：采用计划成本或售价核算库存商品的，平时的营业成本按计划成本或售价结转，月末，还应结转本月销售商品应分摊的产品成本差异或商品进销差价
确认其他业务收入	借：银行存款 / 应收账款 / 应收票据 / 预收账款等 　　贷：其他业务收入 　　　　应交税费——应交增值税（销项税额）
结转其他业务成本	借：其他业务成本 　　贷：原材料 / 累计折旧 / 应付职工薪酬等
确认税金及附加	借：税金及附加 　　贷：应交税费——应交消费税 　　　　　　　　——应交资源税 　　　　　　　　——应交城市维护建设税 　　　　　　　　——应交教育费附加

（7）期间费用的比较，如表 5-9 所示。

▶▶表 5-9 期间费用的比较

期间费用	含义	核算范围
管理费用	企业为组织和管理企业生产经营活动所发生的各种费用	① 企业在筹建期间内发生的开办费、董事会和行政管理部门在企业的经营管理中发生的或者应由企业统一负担的公司经费（包括行政管理部门职工工资及福利费、物料消耗、低值易耗品摊销、办公费和差旅费等）；② 工会经费；③ 董事会费（包括董事会成员津贴、会议费和差旅费等）；④ 聘请中介机构费；⑤ 咨询费（含顾问费）；⑥ 诉讼费；⑦ 业务招待费；⑧ 技术转让费；⑨ 矿产资源补偿费；⑩ 研究费用；⑪ 排污费等。 注意：商品流通企业管理费用不多的，可以将管理费用并入“销售费用”账户核算。企业生产车间（部门）和行政管理部门等发生的固定资产修理费用等后续支出也归属为管理费用
销售费用	企业销售商品和材料、提供劳务的过程中发生的各种费用	保险费、包装费、展览费和广告费、商品维修费、预计产品质量保证损失、运输费、装卸费以及为销售本企业商品而专设的销售机构（含销售网点、售后服务网点等）的职工薪酬、业务费、折旧费等经营费用。企业发生的与专设销售机构相关的固定资产修理费用等后续支出也归属于销售费用
财务费用	企业为筹集生产经营所需资金等而发生的筹资费用	企业为筹集生产经营所需资金等而发生的筹资费用，包括利息支出（减利息收入）、汇兑损益以及相关的手续费等。为购建或生产满足资本化条件的资产发生的应予资本化的借款费用，通过“在建工程”“制造费用”等账户核算

（8）管理费用的账务处理，如表 5-10 所示。

▶▶表 5-10 管理费用的账务处理

业务内容	账务处理
企业在筹建期间内发生的开办费，包括人员工资、办公费、培训费、差旅费、印刷费、注册登记费以及不计入固定资产成本的借款费用等	借：管理费用 　　贷：应付利息 / 银行存款等
行政管理部门人员的职工薪酬	借：管理费用 　　贷：应付职工薪酬
行政管理部门计提的固定资产折旧	借：管理费用 　　贷：累计折旧
行政管理部门发生的办公费、水电费、业务招待费、聘请中介机构费、咨询费、诉讼费、技术转让费、研究费用	借：管理费用 　　贷：银行存款 / 研发支出等

（9）销售费用的账务处理，如表 5-11 所示。

▶▶ 表 5-11　销售费用的账务处理

业务内容	账务处理
销售商品过程中发生保险费、包装费、展览费和广告费、运输费、装卸费等费用时	借：销售费用 　贷：库存现金 / 银行存款等
企业发生为销售本企业商品而专设的销售机构的职工薪酬、业务费等费用时	借：销售费用 　贷：应付职工薪酬 / 银行存款等账户
销售部门计提固定资产折旧时	借：销售费用 　贷：累计折旧

（10）财务费用的账务处理，如表 5-12 所示。

▶▶ 表 5-12　财务费用的账务处理

业务内容	账务处理
企业发生财务费用时	借：财务费用 　贷：银行存款 / 应付利息等
发生应冲减财务费用的利息收入、汇兑损益时	借：银行存款（利息收入） 　贷：财务费用

（11）结转利润的账务处理，如表 5-13 所示。

▶▶ 表 5-13　结转利润的账务处理

业务内容	账务处理
结转各项收入、利得	借：主营业务收入 　其他业务收入 　公允价值变动损益 　投资收益 　营业外收入 　贷：本年利润
结转各项费用、损失	借：本年利润 　贷：主营业务成本 　　其他业务成本 　　税金及附加

续表

业务内容	账务处理
结转各项费用、损失	销售费用 管理费用 财务费用 资产减值损失 信用减值损失 营业外支出
确认所得税费用	借：所得税费用 　贷：应交税费——应交所得税 注意：假设不存在纳税调整事项
结转所得税费用	借：本年利润 　贷：所得税费用

（12）利润分配业务的账务处理，如表 5-14 所示。

▸▸表 5-14　利润分配业务的账务处理

业务内容	账务处理	对所有者权益总额的影响
当期实现的净利润增加所有者权益	借：本年利润 　贷：利润分配——未分配利润	增加所有者权益
提取盈余公积	借：利润分配——提取法定盈余公积 　　　　　——提取任意盈余公积 　贷：盈余公积	不影响所有者权益总额变动
向投资者分配利润	借：利润分配——应付现金股利 　贷：应付股利	减少所有者权益，增加负债
盈余公积弥补亏损	借：盈余公积——法定盈余公积 　贷：利润分配——盈余公积补亏	不影响所有者权益总额变动
税后利润弥补以前年度亏损	借：本年利润 　贷：利润分配——未分配利润	不影响所有者权益总额变动
发放股票股利	借：利润分配——转作股本的股利 　贷：股本	不影响所有者权益总额变动
年终结转“利润分配”账户的其他明细分类账户	借：利润分配——未分配利润 　贷：利润分配——提取法定盈余公积 　　　　　　——提取任意盈余公积 　　　　　　——应付现金股利 　　　　　　——转作股本的股利	不影响所有者权益总额变动

第一节　企业的主要经济业务

一、单项选择题

下列各项中，不属于资产退出的是（　　）。

A. 上缴税金　　B. 固定资产的折旧费

C. 向所有者分配利润　　D. 经法定程序减少资本

二、多项选择题

1. 资金退出包括（　　）。

A. 偿还各项债务　　B. 支付职工工资

C. 上缴各项资金　　D. 固定资产折旧

2. 下列各项中，属于企业资金筹集来源的有（　　）。

A. 投资者的投资　　B. 向债权人借入的资金

C. 投资者投资的增值　　D. 向债权人结算形成的负债资金

3. 针对企业生产经营过程中发生的经济业务，账务处理的主要内容有（　　）。

A. 资金筹集业务的账务处理　　B. 固定资产业务的账务处理

C. 销售业务的账务处理　　D. 利润形成与分配的账务处理

第二节　资金筹集业务的账务处理

一、单项选择题

1. 股份有限公司采用溢价发行股票方式筹集资本，其“股本”账户所登记的金额是（　　）。

A. 实际收到的款项

B. 股票面值与发行股票总数的乘积

C. 发行总收入减去支付给证券商的费用

D. 发行总收入加上支付给证券商的费用

2. 某上市公司发行普通股 1 000 万股，每股面值 1 元，每股发行价格 5 元，支付咨询费 50 万元。该公司发行普通股计入股本的金额为（　　）万元。

A. 1 000　　B. 4 000

C. 3 980　　D. 5 000

3. 企业增资扩股时，投资者实际缴纳的出资额大于其按约定比例计算的在注册资本中所占的份额部分，应计入（　　）。

A. 资本溢价　　B. 实收资本

C. 盈余公积　　D. 营业外收入

4. 某企业发行 1 000 万股新股，每股面值为 1 元，每股发行价为 5 元，则计入资本公积的数额为（　　）万元。

A. 1 000　　B. 5 000

C. 4 000　　D. 2 000

5. 甲公司于设立时接受乙公司作为资本投入的原材料一批。该批材料投资合同约定的价值为 200 000 元，增值税进项税额为 26 000 元。乙公司已经开具了增值税专用发票。假设合同约定的价值和材料的公允价值相符，该进项税额允许抵扣，不考虑其他因素。乙公司在进行会计处理时应该记入“实收资本”账户的金额为（　　）元。

A. 200 000　　B. 226 000

C. 34 000　　D. 166 000

6. 甲企业收到乙企业作为资本投入的专利权一项，该专利权按照投资合同约定的价值为 200 000 元。假设合同约定价值和公允价值相符，不考虑其他因素。该企业在进行会计处理时，应编制的会计分录是（　　）。

A. 借：无形资产　　200 000
　　贷：资本公积　　200 000

B. 借：无形资产　　200 000
　　贷：盈余公积　　200 000

C. 借：无形资产　　200 000
　　贷：未分配利润　　200 000

D. 借：无形资产　　200 000
　　贷：实收资本　　200 000

7. 某企业为股份制企业，下列各项资金来源中，不属于企业所有者投入资本的有（　　）。

A. 长期借款　　B. 股本

C. 资本公积　　D. 国家投入资本

8. 企业接受非现金资产投资时，非现金资产价值根据（　　）确定。

A. 投资合同约定价值　　B. 评估确认价值

C. 公允价值　　D. 原账面价值

9. 假设企业每月月末计提利息，企业每季度末收到银行寄来的短期借款利息付款通知单时，应贷记（　　）账户。

A. 库存现金　　B. 银行存款

C. 财务费用　　D. 应付利息

10. 对于分期付息到期还本的长期借款，计提利息时，贷方应记入（　　）账户。

A. 财务费用　　B. 银行存款

C. 其他应付款　　D. 应付利息

11. 企业3月末支付本季短期借款利息3 000元（前两月已预提2 000元），正确的会计分录为（　　）。

A. 借：应付利息　　2 000
　　　管理费用　　1 000
　　贷：银行存款　　3 000

B. 借：应付利息　　2 000
　　　财务费用　　1 000
　　贷：银行存款　　3 000

C. 借：短期借款　　2 000
　　　财务费用　　1 000
　　贷：银行存款　　3 000

D. 借：财务费用　　3 000
　　贷：银行存款　　3 000

12. 关于短期借款，下列说法不正确的是（　　）。

A. 短期借款的期限在一年（含一年）或一个经营周期以内

B. “短期借款”账户借方登记短期借款本金的减少额

C. 短期借款利息一律记入“财务费用”账户的借方

D. 短期借款的利息必须预提

二、多项选择题

1. 下列属于所有者权益的有（　　）。

A. 资本公积　　B. 未分配利润

C. 盈余公积　　D. 股本

2. 下列所有者权益类科目中，不能用来反映投资者投入资本的科目有（　　）。

A. 资本公积　　B. 实收资本

C. 本年利润　　D. 利润分配

3. 按照资本公积的来源不同，设置的明细分类科目有（　　）。

A. 资本溢价　　B. 其他资本公积

C. 法定盈余公积　　D. 任意盈余公积

4. 下列关于“实收资本”账户的说法，正确的有（　　）。

A. 实收资本属于所有者权益类账户

B. 该账户的贷方登记投资者对企业投资的增加额

C. 期末贷方余额表示投资者对企业投资的实有数

D. 该账户应该按照投资者设置明细分类账户

5. 实收资本的来源有（　　）。

A. 投资者按照企业章程、合同或协议的约定，实际投入企业的资本金

B. 资本公积转增资本

C. 盈余公积转增资本

D. 投资者投入的超出其在企业注册资本中所占的份额

6. 下列各项中，应记入“资本公积”账户贷方的有（　　）。

A. 无法支付的应付账款

B. 以资本公积转增资本

C. 接受投资者以现金投资 200 万元，其中属于资本溢价的部分是 80 万元

D. 接受投资者投入一批材料，投资双方确认的价值超过该投资者在注册资本中所占的份额

7. 股份公司发行股票时，下列账户的余额可能发生变化的有（　　）。

A. 盈余公积　　B. 资本公积

C. 股本　　D. 利润分配

8. 企业接受投入不需要安装设备一台，价值 50 万元。该笔业务应当（　　）。

A. 借记“固定资产”账户 50 万元

B. 借记“在建工程”账户 50 万元

C. 贷记“资本公积”账户 50 万元

D. 贷记“实收资本”或“股本”账户 50 万元

9. 企业接受投资者投入的资本，可能涉及的账户有（　　）。

A. 银行存款　　B. 固定资产

C. 无形资产　　D. 长期股权投资

10. 核算短期借款利息时，可能涉及的账户有（　　）。

A. 应付利息　　B. 财务费用

C. 银行存款　　D. 短期借款

11. 长期借款利息核算所涉及的账户有（　　）。

A. 管理费用　　B. 财务费用

C. 在建工程　　D. 长期借款

12. 短期借款的利息处理方法包括（　　）。

A. 一次性计入财务费用

B. 一次性计入短期借款

C. 采用预提方法，分期计入短期借款

D. 采用预提方法，分期计入应付利息

三、判断题

1. 所有者权益是指企业的所有者对企业资产的要求权。（　　）

2. 个人资本金是指社会公众以个人合法财产投入企业形成的资本金。（　　）

3. 企业接受原材料投资，其增值税税额不计入实收资本。（　　）

4. “实收资本”“资本公积”账户反映了企业投入的资本，而“盈余公积”“利润分配”账户反映了企业的留存收益。（　　）

5. 我国目前实行的是注册资本制度，要求企业的实际资本与其注册资本不一致。（　　）

6. “实收资本”账户贷方登记所有者投入企业资本金的减少额，借方登记所有者投入企业资本金的增加额。期末余额在借方，表示企业期末实收资本（或股本）总额。（　　）

7. 对于企业收到的投资方投入的实物资产，如果确认的资产价值超过其在注册资本中所占的份额，差额应作为资本溢价，计入盈余公积。（　　）

8. 期限在一年以上（包括一年）的各种借款为长期借款。（　　）

9. 长期借款一般用于固定资产的购建、改扩建工程、大修理工程以及流动资产的正常需要等方面。(　　)

10. “长期借款”账户的期末账面余额，反映企业尚未偿还的各种长期借款的本金。(　　)

11. 短期借款的利息可以预提，也可以在实际支付时直接计入当期损益。(　　)

12. 如果长期借款用于构建固定资产，在固定资产达到预定可使用状态前后发生的所有利息支出，都应计入在建工程成本。(　　)

13. 企业向银行或其他金融机构借入的款项应通过“长期借款”账户进行核算。(　　)

14. “短期借款”账户借方登记短期借款本金的增加额，贷方登记短期借款本金的减少额。期末余额在借方，反映企业期末尚未归还的短期借款。(　　)

四、计算分析题

1. 甲公司由 A、B、C 三位股东于 20×6 年 8 月 31 日共同出资设立，注册资本 800 万元。出资协议规定：A、B、C 三位股东的出资比例分别为 40%、35% 和 25%。有关资料如下：

（1）20×6 年 8 月 31 日三位股东的出资方式及出资额如表 5-15 所示。

▶▶ 表 5-15　三位股东的出资方式及出资额

单位：万元

出资者	出货资金	实物资产	无形资产	合计
A	270		50（专利权）	320
B	130	150（设备）		280
C	170	30（轿车）		200
合计	570	180	50	800

（2）20×6 年甲公司实现净利润 400 万元，决定分配利润 100 万元，计划在 20×7 年 2 月 10 日支付。

（3）20×7 年 6 月 30 日，吸收 D 股东加入本公司，将甲公司注册资本由原 800 万元增加到 1 000 万元。D 股东以银行存款 150 万元出资，占增资后注册资本 10% 的股份；其余的 100 万元增资由 A、B、C 三位股东按原持股比例以银行存款出资。20×7 年 6 月 30 日，四位股东的出资已全部到位，有关的法律手续已经办妥。

假定不考虑其他因素。要求：答案中的金额单位用万元表示。

（1）编制甲公司20×6年8月31日收到出资者投入资本时的会计分录。

（2）编制甲公司20×6年决定分配利润时的会计分录。

（3）计算甲公司20×7年6月30日吸收D股东出资时产生的资本公积。

（4）编制甲公司20×7年6月30日收到A、B、C股东追加投资和D股东出资时的会计分录。

（5）计算甲公司20×7年6月30日增资扩股后各股东的持股比例。

2. 20×6年1月1日，某公司借入一笔短期借款，共计40万元，期限6个月，年利率为4.5%，该借款的本金到期后一次归还，利息分月预提，按季支付。

要求：

（1）编制该公司取得短期借款时的会计分录。

（2）编制该公司1月月末计提利息时的会计分录。

（3）编制该公司2月月末计提利息时的会计分录。

（4）编制该公司3月月末支付第一季度银行借款利息时的会计分录。

（5）编制该公司7月1日到期归还本金的会计分录。

第三节　固定资产业务的账务处理

一、单项选择题

1. 自有固定资产和租入固定资产是按照（　　）来划分的。

A. 经济用途　　　　B. 使用情况

C. 所有权　　　　D. 综合

2. 能在“固定资产”账户核算的有（　　）。

A. 购入正在安装的设备　　　　B. 经营性租入的设备

C. 融资租入的正在安装的设备　　　　D. 购入的不需安装的设备

3. 不作为本企业的固定资产核算的是（　　）。

A. 经营租出的固定资产　　　　B. 投资者投入的固定资产

C. 融资租入的固定资产　　　　D. 融资租出的固定资产

4. 投资者投入的固定资产应该按照（　　）作为入账价值。

A. 重置成本

B. 投资合同或协议约定的价值确定，但合同或协议约定价值不公允的除外

C. 双方确认的价值

D. 历史成本

5. 大华公司于20×6年3月6日购入一台需要安装的生产用设备，取得的增值税专用发票上注明的设备买价为100 000元，增值税税额为13 000元，支付的运输费为2 000元，设备安装时领用工程用材料价值为10 000元，购入该批工程用材料的增值税税额为1 300元，设备安装时支付有关人员的工资为5 000元。该固定资产的成本为（　　）元。

A. 117 000　　B. 134 000

C. 135 700　　D. 107 000

6. 固定资产达到预定可使用状态后发生的长期借款利息支出，应记入（　　）账户核算。

A. 制造费用　　B. 财务费用

C. 在建工程　　D. 固定资产

7. 甲公司为增值税一般纳税人，购入一台不需要安装即可投入使用的生产设备，取得的增值税专用发票上注明的价款为200 000元，增值税税额为26 000元，发生运杂费5 000元。假定不考虑其他相关税费，该设备的取得成本为（　　）元。

A. 244 000　　B. 205 000

C. 234 000　　D. 209 300

8. 企业20×6年3月5日购买不需要安装的机器设备一台，价款为40 000元，增值税税额5 200元，发生运输费用1 200元，保险费600元，全部款项已用银行存款付讫，则该固定资产的入账价值为（　　）元。

A. 48 600　　B. 48 000

C. 41 200　　D. 41 800

9. “工程物资”账户是用于核算企业库存的用于建造或修理本企业固定资产工程项目的各种物资的（　　）。

A. 采购成本　　B. 发出成本

C. 实际成本　　D. 预算成本

10. 关于“工程物资”账户，说法不正确的是（　　）。

A. 该账户借方登记购入工程物资的成本

B. 该账户贷方登记领用工程物资的成本

C. 该账户期末余额在贷方，反映企业期末登记领用工程物资的成本

D. 该账户期末余额在借方，反映企业期末为在建工程准备的各种物资的成本

11. 固定资产改建中取得的变价收入，应记入（　　）账户。

A. 固定资产清理　　B. 营业外收入

C. 在建工程　　D. 管理费用

12. 下列项目中通过“固定资产清理”账户贷方核算的是（　　）。

A. 转入清理的固定资产的净值　　B. 发生的清理费用

C. 结转的固定资产清理净损失　　D. 结转的固定资产清理净收益

13. 固定资产转入清理时，按清理固定资产原值，贷记（　　）账户。

A. 固定资产　　B. 累计折旧

C. 固定资产清理　　D. 固定资产减值准备

14. 对在建工程项目发生的净损失，如为非正常原因造成的报废或毁损，应将其净损失计入当期（　　）。

A. 固定资产　　B. 营业外支出

C. 在建工程　　D. 管理费用

15. 在所建造的固定资产达到预定可使用状态之前发生的一切合理、必要的支出，进行会计处理时，应借记（　　）账户。

A. 固定资产　　B. 工程物资

C. 在建工程　　D. 管理费用

16. “累计折旧”账户，属（　　）账户，用以核算企业固定资产计提的累计折旧。

A. 资产类备抵　　B. 负债类备抵

C. 损益类　　D. 共同类

17. 企业采用出包方式建造固定资产，按合同约定向建造商支付工程进度款时，应（　　）。

A. 借记“在建工程”账户　　B. 贷记“在建工程”账户

C. 借记“固定资产”账户　　D. 贷记“固定资产”账户

18. 企业购入生产用机器设备一台，价格为60 000元，增值税税额为7 800元，运达该企业的运输费为2 000元；安装耗用材料5 000元，耗用人工工资4 000元；该设备已安装完毕，并交付使用，下列会计分录正确的是（　　）。

A. 借：固定资产　　78 800
　　贷：管理费用　　2 000
　　　　原材料　　5 000
　　　　应付职工薪酬　　4 000
　　　　银行存款　　67 800

B. 借：在建工程　　69 800
　　贷：银行存款　　69 800
　借：在建工程　　9 000
　　贷：原材料　　5 000
　　　　应付职工薪酬　　4 000
　借：固定资产　　67 800
　　贷：在建工程　　67 800

C. 借：在建工程　　62 000
　　应交税费——应交增值税（进项税额）　　7 800
　　贷：银行存款　　69 800
　借：在建工程　　9 000
　　贷：原材料　　5 000
　　　　应付职工薪酬　　4 000
　借：固定资产　　71 000
　　贷：在建工程　　71 000

D. 借：固定资产　　62 000
　　应交税费——应交增值税（进项税额）　　7 800
　　贷：银行存款　　69 800
　借：管理费用　　9 000
　　贷：原材料　　5 000
　　　　应付职工薪酬　　4 000

19. 甲有限责任公司收到乙企业以一台设备投入的资本。该公司的注册资本为 500 万元。该设备的原价为 600 万元，已提折旧 230 万元，投资合同约定该设备的价值为 400 万元（假定是公允的，不考虑增值税等相关税费），占原注册资本的 40%，则该公司应作的会计处理为（　　）。

A. 借：固定资产　　6 000 000
　　贷：实收资本　　6 000 000

B. 借：固定资产　　4 000 000

贷：实收资本　　4 000 000

C. 借：固定资产　　4 000 000

贷：实收资本　　2 000 000

资本公积　　2 000 000

D. 借：固定资产　　6 000 000

贷：累计折旧　　2 300 000

实收资本　　3 700 000

20. 下列账户中，企业在计提固定资产折旧时不可能涉及的是（　　）。

A. 固定资产　　B. 累计折旧

C. 制造费用　　D. 管理费用

二、多项选择题

1. 对购建固定资产而专门借入的款项，所发生的利息可以记入（　　）账户核算。

A. 制造费用　　B. 财务费用

C. 在建工程　　D. 固定资产成本

2. 购入不动产的入账价值包括（　　）。

A. 买价　　B. 运杂费

C. 途中保险费　　D. 进口关税

3. 下列各项中，企业能够确认为固定资产的有（　　）。

A. 经营租出的设备　　B. 经营租入的设备

C. 融资租出的设备　　D. 融资租入的设备

4. 能使企业在较短的时间内收回大部分固定资产投资的折旧方法是（　　）。

A. 工作量法　　B. 年限平均法

C. 年数总和法　　D. 双倍余额递减法

5. 按照现行会计制度的规定，企业可以采用的固定资产折旧方法有（　　）。

A. 工作量法　　B. 年限平均法

C. 年数总和法　　D. 双倍余额递减法

6. 影响固定资产折旧额的因素有（　　）。

A. 固定资产的使用寿命　　B. 固定资产的原值

C. 固定资产的净残值　　D. 固定资产的使用部门

7. 下列说法正确的有（　　　　）。

A. 固定资产提足折旧之后，不管能否继续使用，均不再提取折旧

B. 提前报废的固定资产，也不再补提折旧

C. 生产车间的固定资产的维修费用应该计入管理费用

D. 对于盘亏或毁损的固定资产的净损失计入当期营业外支出

8. 下列固定资产中，需要计提折旧的是（　　　　）。

A. 未使用的机器设备

B. 以经营租赁方式租出的生产线

C. 按照规定单独估价入账的土地

D. 以融资租赁方式租入的机器设备

9. 企业发生（　　　　）经济业务时，一般通过“固定资产清理”账户核算。

A. 出售固定资产　　B. 报废固定资产

C. 盘盈固定资产　　D. 盘亏固定资产

10. 购入不需要安装的固定资产，按实际支付的价款（　　　　）。

A. 借记“工程物资”账户　　B. 贷记“银行存款”账户

C. 借记“固定资产”账户　　D. 贷记“实收资本”账户

11. 下列项目中，通过“固定资产清理”账户借方核算的是（　　　　）。

A. 转入清理固定资产净值　　B. 发生的清理费用

C. 结转的固定资产清理净损失　　D. 结转的固定资产清理净收益

12. 企业计提固定资产折旧时，可能涉及的账户有（　　　　）。

A. 制造费用　　B. 管理费用

C. 销售费用　　D. 其他业务成本

13. 固定资产报废的会计处理中，最终的损益应作为（　　　　）处理。

A. 资产处置损益　　B. 营业外收入

C. 其他业务收入　　D. 营业外支出

14. 固定资产在满足（　　　　）条件时，可予以终止确认。

A. 大修理停用

B. 处于出售状态

C. 预期通过使用或处置不能产生经济利益

D. 对外投资

15. 企业对固定资产清理进行核算时，可能涉及的账户有（　　　　）。

A. 累计折旧　　B. 资产处置损益

C. 营业外收入　　　　　　　　　　D. 营业外支出

16. 下列固定资产的后续性支出应该费用化的是（　　　）。

A. 使产品成本实质性降低的后续性支出

B. 使产品质量实质性提高的后续性支出

C. 固定资产的大修理支出

D. 固定资产的中小修理支出

17. 公司支付银行存款 30 000 元购入需安装的生产用设备一台，安装过程中领用原材料 5 000 元，设备安装完毕交付使用（不考虑增值税），应编制的会计分录为（　　　）。

A. 借：在建工程　　30 000
　　贷：银行存款　　30 000

B. 借：固定资产　　30 000
　　贷：银行存款　　30 000

C. 借：在建工程　　5 000
　　贷：原材料　　5 000

D. 借：固定资产　　35 000
　　贷：在建工程　　35 000

三、判断题

1. 为购建固定资产而借入的专门借款的利息应全部计入固定资产的成本。（　　）

2. 为取得该固定资产而发生的支出必须能够可靠计量。（　　）

3. 只要使用寿命超过一个会计年度的有形资产均属于固定资产。（　　）

4. 虽然固定资产尚可使用，但使用后产生大量不合格产品的固定资产，不能全额计提减值准备。（　　）

5. 固定资产报废、毁损以及盘亏，均应通过“待处理财产损溢”账户核算。（　　）

6. “在建工程”账户属于资产类账户，用以核算企业基建、更新改造等在建工程发生的支出。（　　）

7. “固定资产”账户的期末借方余额，反映期末实有固定资产的净值。（　　）

8. 企业变卖闲置设备的净损益应计入生产费用。（　　）

9. “工程物资”账户可按“专用材料”“专用设备”“工器具”等进行明细

核算。(　　)

10. 企业购入需要安装的固定资产，按应购买固定资产的金额，借记“固定资产”账户，贷记“银行存款”账户。(　　)

11. 固定资产清理净收益，属于生产经营期间的，应记入“其他业务收入”账户。(　　)

12. 企业购入需要安装的固定资产，应将购入时发生的成本和安装过程中发生的相关支出，先通过“在建工程”账户核算。(　　)

四、计算分析题

1. 公司出售一台已过时的机器设备，原值 82 000 元，已提折旧 43 000 元，已提减值准备 9 000 元，支付清理费用 1 000 元，出售价款为 25 000 元，增值税税率 13%。编制该企业此业务的会计分录。

2. 甲企业 20×6 年 10 月发生如下经济业务：

（1）购入一台需要安装的设备，价款 20 000 元，增值税税额 2 600 元，支付运费 500 元，保险费 150 元，安装费 2 000 元，款项均以银行存款支付。

（2）自行建造厂房一栋，领用工程物资 100 000 元，在建工程人员工资 50 000 元，厂房已经达到了预定可使用状态。

（3）投资者投入汽车一辆，双方确认的价值为 250 000 元。

（4）接受某企业捐赠设备一台，根据有关发票确定其入账价值为 20 000 元。

（5）计提本月固定资产折旧：基本生产车间 5 000 元，行政管理部门 2 000 元，专设销售机构 3 000 元。

（6）对管理用固定资产进行维修，支付维修费用 1 000 元，已付款。

（7）收取出租固定资产的租金 15 000 元，款项已存入银行。

要求：根据上述给定资料（1）~（7），编制甲企业的会计分录。

第四节　材料采购业务的账务处理

一、单项选择题

1. 某工业企业为增值税小规模纳税人，20×6 年 3 月 9 日购入材料一批，取得的增值税专用发票上注明的不含税价款为 21 200 元，增值税税额为 2 756 元。该企业适用的增值税税率为 3%，材料入库前的挑选整理费为 200 元，材料已验收入库，则该企业取得的材料的入账价值应为（　　）元。

A. 20 200　　B. 21 400

C. 23 804　　D. 24 156

2. 甲企业为增值税一般纳税人，本期外购原材料一批，购买价格为 10 000 元，增值税税额为 1 300 元，已取得增值税专用发票，入库前发生的挑选费用为 500 元，则该批原材料的入账价值为（　　）元。

A. 10 000　　B. 11 300

C. 10 500　　D. 12 200

3. 下列项目中，不属于外购存货成本的是（　　）。

A. 运杂费　　B. 入库前的挑选整理费

C. 运输途中的合理损耗　　D. 入库后的保管费用

4. 某企业为增值税一般纳税人，外购一批原材料，实际支付的价款为 3 000 元，支付增值税税额为 390 元，取得增值税专用发票可以抵扣，同时发生运杂费 50 元，合理损耗 20 元，入库前的挑选整理费 30 元，则原材料的入账价值为（　　）。

A. 3 080　　B. 3 100

C. 3 490　　D. 3 000

5. 某小规模纳税企业销售产品一批，所开出的普通发票中注明的价款为 6 180 元（含税），适用的增值税税率为 3%，则该企业此项业务应交的增值税为（　　）元。

A. 6 000　　B. 180

C. 185.4　　D. 1 050.6

6. 丙公司购买甲材料 200 千克，单价 90 元，增值税进项税额 2 340 元，另支付运费 800 元。材料已全部验收入库，则丙公司验收入库甲材料的实际采购成本为（　　）元。

A. 18 000　　B. 21 060

C. 18 800　　D. 21 860

7. 某企业为增值税一般纳税人，本期购入原材料一批，增值税专用发票注明的价款为 10 000 元，增值税税额为 1 300 元；发生的运杂费用为 1 500 元，运输途中合理损耗为 100 元，材料尚未到达。则该批原材料的入账价值为（　　）元。

A. 11 600　　B. 11 300

C. 11 500　　D. 13 300

8. 甲公司20×6年1月1日销售商品，并于当日收到面值100 000元、期限3个月的不带息银行承兑汇票一张。2月10日，将该票据背书转让给乙公司以购买材料。所购材料的价格为90 000元，增值税税率为13%，运杂费700元。则甲公司还应补付的银行存款为（　　）元。

A. 10 000　　B. 9 000

C. 2 400　　D. 5 300

9. 某企业为增值税一般纳税人，购入材料一批，增值税专用发票上标明的价款为1 000 000元，增值税税额为130 000元，另支付材料的保险费20 000元、包装物押金30 000元。该批材料的采购成本为（　　）元。

A. 1 000 000　　B. 1 020 000

C. 1 170 000　　D. 1 050 000

10. “应交税费”账户期末余额一般在贷方，反映的是（　　）。

A. 企业多缴的税费　　B. 企业多缴或尚未抵扣的税费

C. 企业尚未缴纳的税费　　D. 企业尚未抵扣的税费

11. 实际成本法核算适用于（　　）的企业。

A. 材料收发业务较多　　B. 材料收发业务较少

C. 存货收发业务较多　　D. 存货收发业务较少

12. 实际成本法下，付款在先，收料在后的业务，应该通过（　　）账户进行核算。

A. 材料采购　　B. 原材料

C. 工程物资　　D. 在途物资

13. 下列有关应付票据处理的表述中，不正确的是（　　）。

A. 企业开出并承兑商业汇票时，应按票据的到期值贷记“应付票据”账户

B. 企业支付的银行承兑手续费，记入当期“财务费用”账户

C. 应付票据到期支付时，按账面余额结转

D. 企业到期无力支付的商业承兑汇票，应按账面余额转入“应付账款”账户

14. 冲销无法支付的应付账款时，应该借记（　　）账户。

A. 应付账款　　B. 应收账款

C. 营业外支出　　D. 营业外收入

15. “在途物资”账户借方发生额核算的内容是（　　）。

A. 已入库材料的实际成本　　B. 在途物资的实际成本

C. 已入库材料的计划成本　　D. 在途物资的计划成本

16. 企业出租包装物收取的押金应该通过（　　）账户核算。

A. 应付账款　　B. 预收账款

C. 其他应付款　　D. 其他业务收入

17. A 公司为一般纳税企业，采用实际成本法进行存货的日常核算。20×6 年 3 月 8 日购入一批原材料，取得的增值税专用发票上记载的货款是 200 万元，增值税税额为 26 万元，全部款项已用银行存款支付，材料已验收入库。下列有关购入材料的会计分录正确的是（　　）。

A. 借：在途物资　2 260 000
　贷：银行存款　2 260 000

B. 借：原材料　2 000 000
　应交税费——应交增值税（进项税额）　260 000
　贷：银行存款　2 260 000

C. 借：原材料　2 260 000
　贷：银行存款　2 260 000

D. 借：在途物资　2 000 000
　应交税费——应交增值税（进项税额）　260 000
　贷：银行存款　2 260 000

18. 某企业购入材料一批，价款 50 000 元，增值税税率 13%，付款条件为“2/10，n/30”，材料已经验收入库，货款以一张不带息商业承兑汇票支付。该公司对此的会计处理应该是（　　）。

A. 借：原材料　50 000
　应交税费——应交增值税（销项税额）　6 500
　贷：应付账款　56 500

B. 借：材料采购　50 000
　应交税费——应交增值税（销项税额）　6 500
　贷：应付账款　56 500

C. 借：原材料　50 000
　应交税费——应交增值税（销项税额）　6 500
　贷：应付票据　56 500

D. 借：材料采购　50 000
　应交税费——应交增值税（销项税额）　6 500
　贷：应付票据　56 500

19. 企业开出并承兑的商业汇票到期无力支付时，正确的会计处理是将该应付票据（　　）。

A. 转作短期借款　　B. 转作应付账款

C. 转作其他应付款　　D. 仅做备查登记

二、多项选择题

1. 下列项目中，属于企业存货的有（　　）。

A. 低值易耗品　　B. 在建工程

C. 在途物资　　D. 工程物资

2. 下列不能计入存货采购成本的有（　　）。

A. 运输途中的合理损耗　　B. 材料采购过程中发生的保险费

C. 入库后发生的仓储费　　D. 非正常消耗的直接材料费

3. 关于“应付账款”账户错误的说法有（　　）。

A. “应付账款”账户的余额一般在借方

B. “应付账款”账户应按照采购商品设置明细分类科目

C. “应付账款”账户核算购买商品或接受劳务等应支付的款项

D. “应付账款”账户的借方余额表示尚未偿还的款项

4. 关于“预付账款”账户说法正确的有（　　）。

A. “预付账款”账户是负债类账户

B. 预付账款业务不多的企业，可不设“预付账款”账户，发生的少量预付账款业务在“应付账款”账户核算

C. 该账户借方登记预付的货款，贷方登记收到货物应结转的预付款

D. 该账户的余额一般在贷方，表示已预付但尚未到达的款项

5. 下列项目中，应通过“应付票据”账户核算的有（　　）。

A. 银行汇票　　B. 银行承兑汇票

C. 商业承兑汇票　　D. 银行本票

6. 企业缴纳的下列税金，应通过“应交税费”账户核算的有（　　）。

A. 所得税　　B. 增值税

C. 印花税　　D. 耕地占用税

7. 下列应通过“应付账款”账户核算的是（　　）。

A. 租入固定资产应付未付的租金　　B. 应付购入包装物款项

C. 应付存入保证金　　D. 购买固定资产应付未付的款项

8. 下列关于“应付账款账户”的说法，正确的是（　　）。

A. “应付账款账户”核算购买商品接受劳务等应支付的款项

B. “应付账款账户”应该按照供应单位设置明细分类科目

C. “应付账款账户”的余额一般在贷方

D. “应付账款账户”的借方余额表示尚未偿还的款项

9. 下列各项中，不通过“其他应付款”账户核算的是（　　　）。

A. 租入包装物支付的押金　　B. 应交城市维护建设税

C. 存入保证金　　D. 应付销售人员工资

10. 企业对存货采用实际成本法核算，一般需要设置（　　　）账户进行核算。

A. 原材料　　B. 在途物资

C. 材料采购　　D. 材料成本差异

11. 甲公司为增值税一般纳税人。20×6 年 3 月 1 日，从乙公司购入一批材料，货款 20 000 元，增值税税额 2 600 元，对方代垫运杂费 600 元。材料已运到并验收入库，款项尚未支付。3 月 27 日，通过转账偿付乙公司货款。应编制的会计分录为（　　　）。

A. 借：原材料　20 600
　　应交税费——应交增值税（进项税额）　2 600
　　贷：应付账款——乙公司　23 200

B. 借：原材料　20 000
　　应交税费——应交增值税（进项税额）　2 600
　　贷：应付账款——乙公司　22 600

C. 借：应付账款——乙公司　23 200
　　贷：银行存款　23 200

D. 借：应付账款——乙公司　22 600
　　贷：银行存款　22 600

三、判断题

1. 材料的采购成本是指企业物资采购至出售的全过程中所发生的全部支出，包括购买价款、相关税费、运输费、装卸费、保险费以及其他可归属于采购成本的费用。（　　）

2. 包装物和低值易耗品不属于存货。（　　）

3. 在盘存日期，只有存放在本企业内的存货才视为企业的存货。（　　）

4. 委托其他单位或个人代销的商品仍属于本企业的存货。（　　）

5. 企业在采购材料时，收料在先，付款在后；若材料发票凭证都已收到，可通过“应收账款”账户核算。(　　)

6. “预付账款”账户属于资产类账户，用以核算企业按照合同规定预付的款项。预付款项情况不多的，也可以不设置该账户，将预付的款项直接记入“应付账款”账户。(　　)

7. 预收账款情况不多的，也可以不设置“预收账款”账户，将预收的款项直接记入“应付账款”账户。(　　)

8. “预收账款”账户属于债权结算账户，“预付账款”账户属于债务结算账户。(　　)

9. “应交税费”账户核算企业按照税法规定计算应缴纳的各种税费，包括增值税、消费税、所得税、印花税、耕地占用税等。(　　)

10. 企业应付租入包装物的租金，应在“应付账款”账户中核算。(　　)

11. 实际成本法下一般通过“材料采购”“原材料”“材料成本差异”等账户进行核算。(　　)

12. 甲企业将一台设备出租给乙企业，租期为1年，收取押金10 000元。则甲企业应该借记“银行存款”账户10 000元，贷记“应付账款”账户10 000元。(　　)

四、计算分析题

1. 某制造企业为增值税一般纳税人，原材料按实际成本核算，20×6年1月份发生以下交易与事项：

（1）1月1日从甲公司购入A材料一批，货款600 000元，增值税税额78 000元，款项尚未支付，材料尚未验收入库。

（2）1月3日，以库存现金支付装卸费500元。

（3）1月5日，材料已运到并验收入库。

（4）1月12日，开出商业承兑汇票抵付货款。

（5）1月24日，购买生产用B材料一批，材料已经验收入库，至月末发票账单未到，款项未付。估计该批B材料的价值为10 000元。

要求：编制相关的会计分录。

2. 甲制造企业为增值税一般纳税人，20×6年发生下列交易事项：

（1）3月1日，接受乙公司投入的银行存款1 000 000元，甲股份有限公司本次增资的注册资本额为900 000元。

（2）3月2日，从丙公司购入材料8 000千克，单价25元，增值税专用发票列示货款金额为 200 000 元，增值税税额为 26 000 元，款项未付，材料尚未验收入库。甲公司原材料核算采用实际成本法。

（3）3 月 3 日，以库存现金支付材料装卸费 1 000 元。

（4）3 月 25 日，材料运达并验收入库。

（5）3 月 29 日，用转账支票偿还所欠丙公司款项。

要求：逐笔编制以上经济业务的会计分录。（除应交税费外，其他科目不要求设置明细科目。）

3. 乙工业生产企业为增值税一般纳税人，存货采用实际成本法计价。20×6 年 3 月发生如下业务：

（1）3 月 1 日采购材料，价款为 2 000 元，增值税税额为 260 元，未发生其他费用，款项上月已经支付。

（2）3 月 2 日购入材料一批，买价为 5 000 元，增值税税额为 650 元，途中发生运费、保险费等 200 元，各种款项已经通过银行存款支付，材料已经验收入库。

（3）3 月 10 日购入材料一批，买价为 2 000 元，增值税税额为 260 元，对方代垫运费 300 元，款项已经通过银行存款支付，但材料尚未入库。

（4）3 月 25 日根据本月“发料凭证汇总表”分配原材料费用：基本生产车间领用原材料 5 000 元，行政管理部门领用原材料 200 元，在建工程领用原材料 1 000 元。

（5）3 月 30 日收到采购的材料，但是发票账单未到，款项也尚未支付。企业暂估价为 2 000 元。

要求：编制上述业务的会计分录。

第五节　生产业务的账务处理

一、单项选择题

1. 能够计入产品成本的工资费用是（　　）。

A. 车间管理人员的工资　　B. 在建工程人员工资

C. 专设销售机构人员工资　　D. 企业管理部门人员工资

2. 下列费用中，不构成产品成本，而应直接计入当期损益的是（　　）。

A. 直接材料　　B. 期间费用

C. 直接人工　　D. 制造费用

3. 企业本期发生的下列支出中，不能直接或间接归入营业成本，而是直接计入当期损益的费用是（　　）。

A. 车间管理人员工资　　B. 业务招待费

C. 生产车间水电费　　D. 在建工程人员工资

4. 下列各项中，不应该计入企业产品成本的是（　　）。

A. 销售产品过程中发生的运输费　　B. 车间管理人员工资

C. 生产设备折旧费　　D. 生产领用的原材料成本

5. 某企业只生产和销售甲产品，20×6 年 3 月 1 日期初在产品成本 5 万元。3 月份发生如下费用：领用材料 6 万元，生产工人工资 2 万元，制造费用 1 万元，行政管理部门物料消耗 1.5 万元，专设销售机构固定资产折旧费 0.5 万元。月末在产品成本 3 万元。该企业 3 月份完工甲产品的生产成本为（　　）万元。

A. 9　　B. 13

C. 16　　D. 11

6. 以下对于“生产成本”账户期末借方余额的描述中，正确的是（　　）。

A. 完工成本

B. 未完工的在产品和半成品的成本

C. 未完工的在产品和生产费用的合计

D. 生产费用和半成品的成本总和

7. 生产车间管理人员的工资应记入（　　）账户。

A. 管理费用　　B. 制造费用

C. 生产成本　　D. 库存商品

8. 车间生产工人的工资，记入（　　）账户借方。

A. 生产成本　　B. 制造费用

C. 管理费用　　D. 应付职工薪酬

9. 关于“制造费用”账户，下列说法正确的是（　　）。

A. 该账户的借方归集生产过程中发生的间接费用

B. 分配给某个产品的制造费用从该账户贷方转出

C. 本账户期末一般无余额

D. 本账户可以按不同的车间、部门设置明细分类账

10. 下列各项中，不属于职工薪酬核算内容的是（　　）。

A. 住房公积金

B. 工会经费和职工教育经费

C. 职工因工出差的差旅费

D. 因解除与职工的劳动关系给予的补偿

11. 应在“应付职工薪酬”账户贷方登记的是（　　）。

A. 本月实际支付的工资数　　B. 本月应分配的工资总额

C. 本月结转的代扣款项　　D. 本月多支付的工资数

12. 甲公司分配结转本月应付职工薪酬 700 000 元，其中：生产 A 产品的工人工资 380 000 元，生产 B 产品的工人工资 240 000 元，车间管理人员的工资 45 000 元，公司总部管理人员的工资 35 000 元。则甲公司应当编制的会计分录是（　　）。

A. 借：生产成本——A 产品　　380 000
　　　　　　　——B 产品　　240 000
　　　制造费用　　45 000
　　　管理费用　　35 000
　　　贷：应付职工薪酬　　700 000

B. 借：应付职工薪酬　　700 000
　　　贷：生产成本——A 产品　　380 000
　　　　　　　　——B 产品　　240 000
　　　　　制造费用　　45 000
　　　　　管理费用　　35 000

C. 借：生产成本——A 产品　　380 000
　　　　　　　——B 产品　　240 000
　　　管理费用　　80 000
　　　贷：应付职工薪酬　　740 000

D. 借：应付职工薪酬　　740 000
　　　贷：生产成本——A 产品　　400 000
　　　　　　　　——B 产品　　260 000
　　　　　制造费用　　80 000

13. 20×6 年 3 月，某生产企业“发料凭证汇总表”的记录显示，生产车间生产产品领用甲材料 20 000 元，车间管理部门领用甲材料 5 000 元，企业行政管理部门领用甲材料 2 000 元。则该企业的会计处理正确的是（　　）。

A. 借：生产成本　　25 000
　　　管理费用　　2 000

贷：原材料　　27 000

B. 借：生产成本　　20 000

管理费用　　7 000

贷：原材料　　27 000

C. 借：生产成本　　20 000

制造费用　　5 000

管理费用　　2 000

贷：原材料　　27 000

D. 借：生产成本　　27 000

贷：原材料　　27 000

14. 甲公司20×6年1月初“生产成本”账户余额为1 000万元，本期发生生产成本8 000万元，期末“生产成本”账户余额3 000万元。假设生产成本的减少额全部是因为完工入库导致的，则完工入库时的账务处理为（　　）。

A. 借：主营业务成本　　110 000 000

贷：生产成本　　110 000 000

B. 借：库存商品　　60 000 000

贷：生产成本　　60 000 000

C. 借：主营业务成本　　60 000 000

贷：库存商品　　60 000 000

D. 借：库存商品　　110 000 000

贷：生产成本　　110 000 000

15. 企业从应付职工薪酬中代扣代缴的个人所得税，应借记的账户是（　　）。

A. 应付职工薪酬　　B. 管理费用

C. 其他应收款　　D. 其他应付款

16. 企业向职工支付职工福利费，应借记的账户是（　　）。

A. 应付职工薪酬　　B. 管理费用

C. 银行存款　　D. 其他应付款

17. 计提基本生产车间所使用的生产设备折旧时，应编制的会计分录是（　　）。

A. 借：生产成本

贷：累计折旧

B. 借：生产成本

贷：固定资产

C. 借：制造费用

贷：累计折旧

D. 借：制造费用

贷：固定资产

18. 某企业发放3月份工资时，有10名员工因回乡探亲未领取，金额总计30 000元。财务部门收回未领取的工资时，应当借记“库存现金”账户，贷记（　　）账户。

A. 应付职工薪酬　　B. 应付账款

C. 其他应付款　　D. 其他应收款

二、多项选择题

1. 下列能作为生产费用核算的是（　　）。

A. 已销产品的成本

B. 直接从事产品生产的工人的职工薪酬

C. 构成产品实体的原材料以及有助于产品形成的主要材料和辅助材料

D. 企业为生产产品和提供劳务而发生的各项间接费用

2. 下列各项中，应直接或间接计入产品生产成本的有（　　）。

A. 管理费用　　B. 直接材料

C. 制造费用　　D. 直接人工

3. 下列各项中，应通过“应付职工薪酬”账户核算的项目有（　　）。

A. 离退休人员工资　　B. 解除劳务关系给予的补偿

C. 职工的社会保险费　　D. 提供给职工的非货币性福利

4. 下列属于职工薪酬核算内容的有（　　）。

A. 职工福利费　　B. 住房公积金

C. 对困难职工的补助　　D. 非货币性福利

5. 下列各项开支中，不通过“应付职工薪酬”账户反映的是（　　）。

A. 诉讼费　　B. 职工生活困难补助

C. 职工食堂补助费　　D. 业务招待费

6. 下列各项中，应该在“制造费用”账户中核算的有（　　）。

A. 生产车间固定资产折旧　　B. 生产车间固定资产修理费

C. 生产工人职工薪酬　　D. 生产车间水电费

7.“生产成本”账户属于成本类账户，用以核算企业生产各种（　　）

等发生的各项生产成本。

A. 产成品　　B. 自制材料

C. 自制工具　　D. 自制设备

8. 企业根据职工提供服务的受益对象进行职工薪酬分配时，可能涉及的账户有（　　）。

A. 生产成本　　B. 制造费用

C. 销售费用　　D. 管理费用

9. 按照工资用途分配工资费用，所涉及的账户有（　　）。

A. 生产成本　　B. 制造费用

C. 销售费用　　D. 在建工程

10. 甲公司需支付生产车间管理人员工资 40 000 元，生产车间电费 20 000 元，企业行政部门电费 20 000 元，款项尚未支付，所涉及的账户有（　　）。

A. 制造费用　　B. 管理费用

C. 应付账款　　D. 生产成本

11. 领用原材料的会计分录通常涉及的借方账户有（　　）。

A. 制造费用　　B. 管理费用

C. 财务费用　　D. 生产成本

三、判断题

1. 直接人工是指生产车间所有工作人员的职工薪酬。（　　）

2. 生产费用是指与企业日常生产经营活动有关的费用，按其经济用途可分为直接材料、直接人工和制造费用。（　　）

3. 产品的生产成本包括为生产该种产品而发生的直接人工费、直接材料费、制造费用以及期间费用。（　　）

4. 住房公积金不属于应付职工薪酬核算的范围。（　　）

5. 职工薪酬中的“职工”是指与企业订立劳动合同的所有人员，含全职、兼职和临时职工，但不包括虽未与企业订立劳动合同但由企业正式任命的人员。（　　）

6. 生产用固定资产发生的折旧费，属于间接费用，应记入“制造费用”账户。（　　）

7. 企业应付给因解除与职工的劳务关系给予的补偿不应通过“应付职工薪酬”账户核算。（　　）

8. 生产车间管理人员的福利费用计入管理费用。（　　）

9. 企业本期发生的各项制造费用都应分配转入“生产成本”账户，“制造费用”账户期末一般无余额。(　　)

10. 生产部门人员的职工薪酬，借记“生产成本”“制造费用”“劳务成本”等账户，贷记“应付职工薪酬”账户。(　　)

11. 对于生产几种产品共同发生的生产费用，应按照权责发生制的原则采用适当的方法和程序分配计入相关的生产成本。(　　)

12. 企业向职工食堂、职工医院、生活困难职工等支付职工福利费，应借记“应付福利费”账户，贷记“应付职工薪酬”账户。(　　)

13. 企业将自产的产品发放给职工作为福利，应视同销售物资计算应交增值税，借记“应付职工薪酬”账户，贷记“主营业务收入”“应交税费——应交增值税（销项税额）”等账户，同时结转产品成本。(　　)

14. 对于直接用于某种产品生产的材料费用，要先通过“制造费用”账户进行归集，期末再同其他间接费用一起按照一定的标准分配计入有关产品成本。(　　)

四、计算分析题

1. 某企业生产甲、乙两种产品，6月份发生制造费用138 600元。甲、乙产品生产人员工资分别为60 000元、80 000元。某企业计算本月应付职工薪酬总额为211 000元，当月支付生产工人工资140 000元，车间管理人员工资35 000元，厂部管理部门人员工资30 200元，销售人员工资5 800元，代扣代缴个人所得税3 000元，实发工资208 000元。

要求：

（1）企业根据生产工人工资计算分配本月制造费用。

（2）根据（1）的计算结果，编制相关会计分录。

（3）编制该企业计算应付职工薪酬的相关会计分录。

（4）编制该企业代扣代缴个人所得税的相关会计分录。

（5）编制该企业实发工资的相关会计分录。

2. 某企业根据当月“工资结算汇总表”列示，应付工资总额为680 000元，扣除企业已为职工代垫的医药费2 000元和受房管部门委托代扣的职工房租26 000元，实发工资总额为652 000元。上述工资总额中，根据“工资费用分配表”列示的产品生产人员工资为560 000元，车间管理人员工资为50 000元，企业行政管理人员工资为60 000元。

要求：（1）编制向银行提取现金的会计分录。

（2）编制发放工资的会计分录。

（3）编制代扣款项的会计分录。

（4）编制将有关工资费用结转至生产成本的会计分录。

（5）编制将有关工资费用结转至制造费用的会计分录。

3. 20×6 年 3 月，甲公司某生产车间生产完成 A 产品 200 件和 B 产品 300 件，月末完工产品全部入库。有关生产资料如下：

（1）领用原材料 6 000 吨，其中 A 产品耗用 4 000 吨，B 产品耗用 2 000 吨，该原材料单价为每吨 150 元；

（2）生产 A 产品发生的直接生产工人工时为 5 000 小时，B 产品为 3 000 小时，每工时的标准工资为 20 元；

（3）生产车间发生管理人员工资、折旧费、水电费等 100 000 元，该车间本月仅生产了 A 和 B 两种产品，甲公司采用生产工人工时比例法对制造费用进行分配。假定月初、月末均不存在任何在产品。

要求：

（1）计算 A 产品应分配的制造费用；

（2）计算 B 产品应分配的制造费用；

（3）计算 A 产品当月生产成本；

（4）计算 B 产品当月生产成本；

（5）计算并结转完工产品的总成本。

第六节　销售业务的账务处理

一、单项选择题

1. 企业 20×6 年 2 月 1 日销售商品一批，售价为 20 000 元，增值税税额为 2 600 元，销售过程中支付运费 200 元。企业于 2 月 5 日收到了商品款，则应该确认的收入为（　　）元。

A. 20 000　　B. 22 600

C. 19 800　　D. 23 200

2. 甲企业 20×6 年 1 月 1 日销售一批商品，并于当日收到面值 6 000 元、期限 3 个月的银行承兑汇票一张。2 月 28 日，该应收票据的账面价值为（　　）元。

A. 6 000　　B. 6 025

C. 6 050　　D. 6 075

3. 某企业销售商品一批，增值税专用发票上注明的价款为 60 万元，适用的增值税税率为 13%，为购买方代垫运杂费 2 万元，款项尚未收回。该企业确认的应收账款为（　　）万元。

A. 60　　B. 62

C. 70.2　　D. 69.8

4. 某企业 20×6 年 2 月份增加银行存款 80 000 元。其中：出售商品收入 30 000 元；增值税税额 3 900 元；出售固定资产收入 20 000 元；接受捐赠收入 10 000 元；出租固定资产收入 14 900 元。则该月收入为（　　）元。

A. 33 900　　B. 64 900

C. 50 000　　D. 44 900

5. 下列项目中，不通过"应收账款"账户核算的是（　　）。

A. 销售商品应收的款项　　B. 销售原材料应收的款项

C. 提供劳务应收的款项　　D. 应收的各种赔款

6. "坏账准备"账户在期末结账前如果为贷方余额，反映的内容是（　　）。

A. 提取的坏账准备

B. 收回以前已经确认并转销的坏账损失

C. 已经发生的坏账损失

D. 已确认的坏账损失超出坏账准备的余额

7. 企业计提坏账准备时应该借记（　　）账户。

A. 应收账款　　B. 坏账准备

C. 信用减值损失　　D. 销售费用

8. 企业计提坏账准备，应贷记的账户是（　　）。

A. 管理费用　　B. 营业外支出

C. 信用减值损失　　D. 坏账准备

9. 企业应收的各种罚款，会计上应当记入（　　）账户。

A. 应收账款　　B. 其他应收款

C. 预付账款　　D. 应收票据

10. 下列票据中，应通过"应收票据"账户核算的是（　　）。

A. 现金支票　　B. 银行汇票

C. 商业汇票　　D. 银行本票

11. 企业出租包装物收取的租金应当记入（　　）账户。

A. 主营业务收入　　B. 其他业务收入

C. 营业外收入　　D. 管理费用

12. 下列各项中，(　　)不应计入营业成本。

A. 商品销售成本　　B. 原材料销售成本

C. 出租包装物的成本　　D. 计提应收账款坏账准备

13. 下列业务中，应该记入“其他业务成本”账户的是(　　)。

A. 自用无形资产的摊销额　　B. 结转出售原材料的成本

C. 转让固定资产所有权的净损益　　D. 提供劳务的收入

14. 下列项目不属于“其他业务成本”账户核算的内容是(　　)。

A. 出租的固定资产计提的折旧

B. 出租无形资产支付的服务费

C. 销售材料结转的材料成本

D. 出售无形资产结转的无形资产成本

15. 甲公司月初“应付账款”账户贷方余额为400万元。本月发生下列业务：① 赊购原材料一批并已验收入库，取得增值税专用发票上记载的价款为100万元，增值税税额13万元；② 偿付上月所欠货款280万元。月末甲公司“应付账款”账户余额为(　　)万元。

A. 借方233　　B. 贷方233

C. 借方536　　D. 贷方536

16. 企业收到上月销售产品的货款3 000元。这笔经济业务应编制的会计分录为(　　)。

A. 借：银行存款　　3 000
　　贷：主营业务收入　　3 000

B. 借：银行存款　　3 000
　　贷：预收账款　　3 000

C. 借：银行存款　　3 000
　　贷：其他应收款　　3 000

D. 借：银行存款　　3 000
　　贷：应收账款　　3 000

17. A公司与B公司签订销售合同，销货金额10 000元，增值税税额1 300元，B公司先预付全部款项40%，余款等收货后付清。A公司收到B公司预付货款时，应借记“银行存款”账户，贷记(　　)账户。

A. 预收账款　　B. 其他应收款

C. 预付账款　　　　D. 主营业务收入

18. 甲企业与乙企业签订购货合同规定：销货金额为 200 000 元，增值税税额为 26 000 元；乙企业先支付全部账款的 60%，余款在货物交付后补付。甲企业收到乙企业补付的款项时，应编制的会计分录为（　　）。

A. 借：银行存款　　90 400
　　贷：预收账款　　90 400

B. 借：银行存款　　90 400
　　贷：主营业务收入　　90 400

C. 借：银行存款　　90 400
　　贷：应付账款　　90 400

D. 借：银行存款　　80 000
　　贷：主营业务收入　　80 000

19. 某企业销售产品一批，货款 100 000 元，增值税税额为 13 000 元。款项尚未收到，产品成本为 80 000 元。那么该企业应做的会计处理是（　　）。

A. 借：应收账款　　113 000
　　贷：主营业务收入　　100 000
　　　　应交税费——应交增值税（销项税额）　　13 000
　借：主营业务成本　　80 000
　　贷：库存商品　　80 000

B. 借：应收账款　　113 000
　　贷：主营业务收入　　100 000
　　　　应交税费——应交增值税（销项税额）　　13 000

C. 借：应收账款　　100 000
　　贷：主营业务收入　　100 000
　借：主营业务成本　　80 000
　　贷：库存商品　　80 000

D. 借：应收账款　　100 000
　　贷：主营业务收入　　100 000

20. 根据合同规定，甲公司向本地乙公司预付货款 30 000 元用于采购材料，在预付该货款时，甲公司以下会计分录正确的是（　　）。

A. 借：预付账款　　30 000
　　贷：银行存款　　30 000

B. 借：银行存款　　30 000

贷：预付账款　　30 000

C. 借：原材料　　30 000

贷：银行存款　　30 000

D. 借：原材料　　30 000

贷：预付账款　　30 000

21. 企业确认坏账损失时的会计分录为（　　）。

A. 借：信用减值损失

贷：应收账款

B. 借：销售费用

贷：应收账款

C. 借：营业外支出

贷：应收账款

D. 借：坏账准备

贷：应收账款

22. 长江公司 20×6 年年初“应收账款”账户余额为 100 000 元，20×6 年年末“应收账款”账户余额为 30 000 元，按照 5%计提坏账准备，则本期计提坏账准备的分录，正确的是（　　）。

A. 借：坏账准备　　3 500

贷：信用减值损失　　3 500

B. 借：信用减值损失　　3 500

贷：坏账准备　　3 500

C. 借：坏账准备　　1 500

贷：信用减值损失　　1 500

D. 借：信用减值损失　　1 500

贷：坏账准备　　1 500

23. 坏账准备的提取方法不包括（　　）。

A. 应收账款余额百分比法　　B. 账龄分析法

C. 现销百分比法　　D. 销货百分比法

二、多项选择题

1. 下列关于商业折扣和现金折扣的说法正确的是（　　　）。

A. 商业折扣的目的是多销商品，而现金折扣的目的是提前收回货款

B. 商业折扣属于“先打折后销售”，而现金折扣属于“先销售后打折”

C. 现金折扣在实际发生时计入销售费用

D. 现金折扣在实际发生时计入财务费用

2. 下列可作为企业商品销售处理的是（　　）。

A. 销售原材料　　B. 销售包装物

C. 商品对外捐赠　　D. 正常情况下以商品抵偿债务

3. 商品销售收入确认的条件包括（　　）。

A. 企业已将商品所有权上的主要风险和报酬转移给买方

B. 企业既没有保留通常与所有权相联系的继续管理权，也没有对已售出的商品实施控制

C. 与交易相关的经济利益很可能流入企业

D. 相关的收入和成本能可靠计量

4. 应收账款的入账价值包括（　　）。

A. 增值税销项税额　　B. 增值税进项税额

C. 代购货方垫付的包装费　　D. 销售商品价款

5. 下列税金中，应记入“税金及附加”账户的有（　　）。

A. 消费税　　B. 车船税

C. 城市维护建设税　　D. 资源税

6. 下列各项中，属于“其他应收款”账户核算的有（　　）。

A. 存出保证金　　B. 企业应收的各种赔款

C. 应向职工收取的各种垫付款项　　D. 备用金

7. 下列各项应通过“其他业务成本”账户核算的有（　　）。

A. 销售原材料的成本　　B. 出租固定资产的累计折旧

C. 出租包装物的成本　　D. 出租无形资产的累计摊销

8. 对于工业企业而言，属于主营业务收入的有（　　）。

A. 产成品销售收入　　B. 自制半成品销售收入

C. 工业性劳务收入　　D. 材料销售收入

9. 下列各项中，应记入“坏账准备”账户贷方的项目有（　　）。

A. 经批准转销的坏账

B. 年末按应收账款余额的一定比例计提的坏账准备

C. 确实无法支付的应付账款

D. 收回过去已经确认并转销的坏账

10. 甲企业为乙企业代加工生产设备 300 台，每台收取加工费 100 元，适用的增值税税率为 13%，加工完成后，款项已收到并存入银行。下列叙述中正

确的是（　　）。

A. 借记“银行存款”账户 33 900 元

B. 贷记“主营业务收入”账户 30 000 元

C. 贷记“应交税费——应交增值税（进项税额）”账户 3 900 元

D. 借记“应交税费——应交增值税（销项税额）”账户 3 900 元

11. 企业出售多余材料获得现金收入 4 000 元，此笔业务涉及的账户有（　　）。

A. 库存现金　　B. 其他业务收入

C. 营业外收入　　D. 其他应收款

12. 某企业销售自产产品一批，该产品售价 100 000 元，成本 70 000 元，款项已经收到，存入银行。假设不考虑增值税等相关税费，下列关于此业务的账务处理正确的有（　　）。

A. 借：银行存款　　100 000

　　贷：主营业务收入　　100 000

B. 借：库存商品　　70 000

　　贷：主营业务成本　　70 000

C. 借：银行存款　　10 000

　　贷：预收账款　　10 000

D. 借：主营业务成本　　70 000

　　贷：库存商品　　70 000

13. 甲公司按合同规定销售产品一批，开出增值税专用发票上标明价款为 10 000 元，增值税税额为 1 300 元，产品已发出。之前已预收购货单位货款 8 000 元，预收款不足部分购货单位暂欠。对于该交易的下列会计处理中，正确的有（　　）。

A. 贷记“主营业务收入”账户 10 000 元

B. 借记“预收账款”账户 11 300 元

C. 贷记“应交税费”账户 1 300 元

D. 借记“预收账款”账户 8 000 元

14. 下列说法正确的有（　　）。

A. 企业向购货单位预收的款项，记入“预收账款”账户的贷方

B. 企业实现的其他业务收入，记入“其他业务收入”账户的贷方

C. 企业收到的应收票据的面值，记入“应收票据”账户的贷方

D. 期末转入“本年利润”账户的主营业务成本，记入“主营业务成本”

账户的贷方

15. 企业收到已转销的坏账时，以下会计处理不正确的是（　　）。

A. 借记“应收账款”账户，贷记“坏账准备”账户

B. 借记“坏账准备”账户，贷记“应收账款”账户

C. 借记“应收账款”账户，贷记“银行存款”账户

D. 借记“银行存款”账户，贷记“应收账款”账户

16. 企业 20×6 年首次计提坏账准备，年末“应收账款”账户余额为 40 万元，坏账准备的提取比例为 8%，则下列各项中正确的是（　　）。

A. 借记“坏账准备”账户 32 000 元

B. 贷记“坏账准备”账户 32 000 元

C. 借记“信用减值损失”账户 32 000 元

D. 贷记“信用减值损失”账户 32 000 元

17. 对于应收账款，下列说法正确的是（　　）。

A. 提取坏账准备时，借记“信用减值损失”账户，贷记“坏账准备”账户

B. 发生坏账损失时，借记“坏账准备”账户，贷记“应收账款”账户

C. 已确认并转销的坏账又收回时，借记“银行存款”账户，贷记“坏账准备”账户

D. 已确认并转销的坏账又收回时，借记“应收账款”账户，贷记“坏账准备”账户；同时借记“银行存款”账户，贷记“应收账款”账户

18. 某公司 20×6 年 2 月 1 日取得应缴纳消费税的销售商品收入 100 万元，该产品适用的消费税税率为 5%。下列说法正确的有（　　）。

A. 计算应交消费税时：

借：税金及附加　　50 000

　　贷：应交税费——应交消费税　　50 000

B. 计算应交消费税时：

借：应交税费——应交消费税　　50 000

　　贷：银行存款　　50 000

C. 缴纳消费税时：

借：应交税费——应交消费税　　50 000

　　贷：银行存款　　50 000

D. 期末应将“税金及附加”账户的余额从贷方结转至“本年利润”账户

三、判断题

1. 一般来说，应收账款拖欠的时间越长，发生坏账的可能性越大。(　　)

2. 应收账款入账价值包括销售货物或提供劳务的价款、增值税以及代购货方垫付的包装费、运杂费等。(　　)

3. “应收账款”账户的余额必须在借方，表示尚未收回的应收账款数。(　　)

4. “税金及附加”账户属于损益类账户。(　　)

5. 房产税、车船税、土地使用税、印花税通过“税金及附加”账户核算。(　　)

6. 在同一家企业，不同期间的主营业务和其他业务的内容是固定不变的。(　　)

7. “税金及附加”账户主要核算企业经营活动发生的增值税、消费税、所得税等相关税费。(　　)

8. 销售商品取得的收入均属于主营业务收入，而提供劳务取得的收入则属于其他业务收入。(　　)

9. 营业外支出是指跟主营业务相关的支出。(　　)

10. 其他应收款不需要计提坏账准备。(　　)

11. “主营业务成本”账户核算企业主要经营业务而发生的实际成本，借方登记本期发生的销售成本，贷方登记销货退回、销售折让和期末结转“本年利润”账户的本期销售成本，结转之后无余额。(　　)

12. 在应收账款余额百分比法下，坏账准备的期末余额应该等于期末应收账款余额乘以坏账准备计提比例。(　　)

13. “税金及附加”账户在期末结转时，借记“税金及附加”账户，贷记“本年利润”账户。(　　)

14. 对已确认为坏账的应收账款，意味着企业放弃了追索权。(　　)

15. 已确认为坏账的应收账款重新收回时，应借记“坏账准备”账户，贷记“信用减值损失”账户。(　　)

16. 企业取得的带息商业汇票，在期末计提利息收入时，借记“应收利息”账户，贷记“财务费用”账户。(　　)

17. 发生销售折让时，如按规定允许扣减当期销项税额的，应贷记“应交税费——应交增值税（销项税额）”账户，并用红字冲减“应交税费——应交增值税”账户的“销项税额”专栏。(　　)

四、计算分析题

1. 甲企业采用应收账款余额百分比法核算坏账损失，坏账准备的提取比例为 5%，有关资料如下：

（1）该企业从 20×6 年开始提取坏账准备，该年末“应收账款”账户余额为 200 000 元。

（2）20×7 年年末“应收账款”账户余额为 240 000 元，20×7 年未发生坏账损失。

（3）20×8 年 4 月，经有关部门确认发生一笔坏账损失，金额为 15 000 元。

（4）20×8 年年末“应收账款”账户余额为 220 000 元。

（5）20×9 年 6 月上述已核销的坏账又收回 10 000 元。

（6）20×9 年年末“应收账款”账户余额为 250 000 元。

要求：根据上述资料编制有关会计分录。

2. 甲公司为增值税一般纳税人，适用的增值税税率为 13%，20×6 年 3 月 1 日销售一批商品给乙公司，售价为 1 000 000 元，代垫运费 5 000 元。乙公司于 3 月 9 日付款。3 月 20 日，企业出售不需用的原材料，售价 90 000 元，款已收到存入银行。该批原材料成本为 70 000 元。

要求：（销售商品时不考虑成本的结转，单位以元表示）

（1）编制该企业实现销售收入的会计分录。

（2）编制该企业代垫运费的相关会计分录。

（3）编制该企业收到价款时的会计分录。

（4）编制该企业出售原材料取得收入的会计分录。

（5）编制该企业出售原材料时结转成本的会计分录。

第七节　期间费用的账务处理

一、单项选择题

1. 甲企业 20×6 年 3 月份发生的费用有：计提车间管理人员工资 40 万元，发生管理部门人员工资 30 万元，支付广告宣传费用 25 万元，筹集外币资金发生汇兑损失 10 万元，支付固定资产维修费用 15 万元。则该企业当期的期间费用总额（　　）万元。

A. 120　　　　B. 105

C. 95　　D. 80

2. 下列属于期间费用的是（　　）。

A. 财务费用　　B. 生产费用

C. 营业成本　　D. 制造费用

3. 计算工资时，企业专设销售机构人员的工资应记入（　　）。

A. “销售费用”账户的借方　　B. “销售费用”账户的贷方

C. “管理费用”账户的借方　　D. “管理费用”账户的贷方

4. 下列各项中，不属于财务费用的是（　　）。

A. 利息支出　　B. 金融手续费

C. 财务部门人员的工资　　D. 汇兑损益

5. 下列项目中，不应计入企业销售费用的是（　　）。

A. 销售部门人员工资　　B. 销售部门设备折旧费

C. 销售产品广告费　　D. 销售产品代垫运杂费

6. 下列不通过“管理费用”账户核算的是（　　）。

A. 工会经费　　B. 业务招待费

C. 广告费　　D. 诉讼费

7. 已经确认收入的销售商品发生销售折让的时候应该（　　）。

A. 计入当期的财务费用　　B. 冲减主营业务收入

C. 冲减其他业务收入　　D. 计入其他业务支出

8. 对于未使用的固定资产，计提的折旧应计入（　　）。

A. 管理费用　　B. 销售费用

C. 财务费用　　D. 制造费用

9. 小章向公司借款 3 000 元，出差回来报销差旅费 2 600 元，交回多余现金 400 元。下列关于该报销业务的会计分录中，正确的是（　　）。

A. 借：库存现金　　400
　　　管理费用　　2 600
　　　贷：银行存款　　3 000

B. 借：库存现金　　400
　　　管理费用　　2 600
　　　贷：其他应收款　　3 000

C. 借：管理费用　　3 000
　　　贷：其他应收款　　3 000

D. 借：管理费用　　3 000

贷：应收账款　　3 000

10. 某企业 20×6 年 3 月份发生下列支出：

（1）年初支付本年度保险费 2 400 元，本月摊销 200 元；

（2）支付下年第一季度房屋租金 3 000 元；

（3）支付本月办公开支 800 元，则本月费用为（　　）元。

A. 1 000　　B. 800

C. 3 200　　D. 3 000

二、多项选择题

1. 下列各项中，应记入“财务费用”账户中的有（　　）。

A. 诉讼费　　B. 业务招待费

C. 汇兑损失　　D. 利息收入

2. 下列计入管理费用的有（　　）。

A. 企业在筹建期间内发生的开办费

B. 销售部门人员的职工薪酬

C. 行政管理部门计提的固定资产折旧

D. 财务部门人员的职工薪酬

3. 下列费用中，属于销售费用的有（　　）。

A. 广告费　　B. 销售网点人员工资

C. 展览费　　D. 专设销售机构的房屋租金

4. “财务费用”账户的贷方登记（　　）。

A. 期末结转到“本年利润”的本期各项筹资费用

B. 汇兑收益

C. 应冲减财务费用的利息收入

D. 发行股票溢价收入

5. 为购建或生产满足资本化条件的资产发生的应予以资本化的费用，应通过（　　）等账户核算。

A. 财务费用　　B. 管理费用

C. 在建工程　　D. 制造费用

6. 下列费用应计入管理费用的有（　　）。

A. 厂部管理人员的工资　　B. 车间管理人员的工资

C. 厂部房屋的折旧费　　D. 厂部的办公费

7. 期间费用是指企业日常活动中不能直接归属于某个特定成本核算对象

的，在发生时应直接计入当期损益的各种费用。期间费用包括（　　　　）。

A. 管理费用　　　　B. 制造费用

C. 销售费用　　　　D. 财务费用

8. 以银行存款支付应由本公司负担的销售产品运输费 30 000 元，下列账务处理中错误的有（　　　　）。

A. 借：管理费用　　30 000

　　贷：银行存款　　30 000

B. 借：销售费用　　30 000

　　贷：银行存款　　30 000

C. 借：财务费用　　30 000

　　贷：银行存款　　30 000

D. 借：制造费用　　30 000

　　贷：银行存款　　30 000

三、判断题

1. 管理费用是企业行政管理部门为组织和管理生产经营活动而发生的各项费用，包括行政人员的工资和福利费、办公费、折旧费、广告宣传费、借款利息等。（　　）

2. 企业支付的银行承兑汇票的手续费通过“财务费用”账户进行核算。（　　）

3. 利息支出、汇兑差额以及相关的手续费通过“财务费用”账户核算。（　　）

4. 企业用库存现金支付业务招待费 800 元，应确认销售费用 800 元。（　　）

5. 车间管理人员工资应纳入“管理费用”账户核算。（　　）

6. 管理费用的发生额会直接影响到当期产品成本和当期利润总额。（　　）

7. 管理费用是指企业销售商品和材料、提供劳务的过程中发生的各种费用。（　　）

8. 企业经营期间向银行或其他金融机构借入的各种款项所发生的利息均应记入“财务费用”账户。（　　）

第八节　利润形成与分配业务的账务处理

一、单项选择题

1. 某公司3月份发生如下业务：销售商品收入20万元，已经收款15万元，收回上月欠货款2万元，则本月结转至本年利润的主营业务收入金额为（　　）。

A. 15万元　　B. 22万元

C. 17万元　　D. 20万元

2. 某企业本月主营业务收入为1 000 000元，其他业务收入为80 000元，营业外收入为90 000元，主营业务成本为600 000元，其他业务成本为60 000元，税金及附加为30 000元，营业外支出为70 000元，管理费用为40 000元，销售费用为30 000元，财务费用为20 000元，所得税费用为80 000元。则该企业本月营业利润为（　　）元。

A. 300 000　　B. 280 000

C. 200 000　　D. 320 000

3. 会计期期末，将"主营业务收入"账户贷方余额100 000元和"主营业务成本"账户借方余额60 000元进行结转，正确的分录是（　　）。

A. 借：主营业务成本　　60 000
　　贷：本年利润　　60 000
借：本年利润　　100 000
　　贷：主营业务收入　　100 000

B. 借：主营业务收入　　100 000
　　贷：净利润　　100 000
借：净利润　　60 000
　　贷：主营业务成本　　60 000

C. 借：主营业务收入　　100 000
　　贷：本年利润　　100 000
借：本年利润　　60 000
　　贷：主营业务成本　　60 000

D. 借：主营业务成本　　60 000
　　贷：净利润　　60 000
借：净利润　　100 000

贷：主营业务收入 100 000

4. 下列各项中，(　　) 不会影响营业利润金额的增减。

A. 信用减值损失　　B. 财务费用

C. 投资收益　　D. 营业外收入

5. 下列各项中，不能影响营业利润的项目是 (　　)。

A. 已销商品成本　　B. 原材料销售收入

C. 出售固定资产净收益　　D. 出租包装物租金收入

6. 企业取得的政府补助，应计入 (　　)。

A. 主营业务收入　　B. 营业外收入

C. 其他业务收入　　D. 补贴收入

7. 冲销无法支付的应付账款，应该贷记 (　　) 账户。

A. 应付账款　　B. 应收账款

C. 营业外支出　　D. 营业外收入

8. 某企业在 2 月 5 日，转让无形资产使用权收入 5 000 元，出租固定资产收入 7 000 元，取得政府补助 4 000 元，则本企业在 2 月 5 日共取得营业外收入为 (　　) 元。

A. 4 000　　B. 5 000

C. 7 000　　D. 16 000

9. 下列各项中，(　　) 不应计入营业外支出。

A. 应收账款的坏账损失　　B. 出售固定资产净损失

C. 非常损失　　D. 公益性捐赠支出

10. 某企业用银行存款支付捐赠款 20 000 元。正确的会计分录为 (　　)。

A. 借：资本公积 20 000

　　贷：银行存款 20 000

B. 借：其他业务成本 20 000

　　贷：银行存款 20 000

C. 借：管理费用 20 000

　　贷：银行存款 20 000

D. 借：营业外支出 20 000

　　贷：银行存款 20 000

11. 下列各项中，不会引起利润总额增减变化的是 (　　)。

A. 资产减值损失　　B. 投资收益

C. 所得税费用　　D. 营业外支出

12. 企业计算应交所得税时，下列会计分录中，正确的是（　　）。

A. 借：所得税费用
　　贷：税金及附加

B. 借：所得税费用
　　贷：应交税费——应交所得税

C. 借：所得税费用
　　贷：银行存款

D. 借：所得税费用
　　贷：本年利润

13. 某企业年初所有者权益总额160万元。当年以其中的资本公积转增资本50万元，实现净利润300万元，提取盈余公积30万元，向投资者分配利润20万元。该企业年末所有者权益总额为（　　）万元。

A. 360　　B. 410

C. 440　　D. 460

14. 下列会计事项中，会引起所有者权益总额发生变化的是（　　）。

A. 从净利润中提取盈余公积　　B. 用盈余公积补亏

C. 用盈余公积转增资本　　D. 向投资者分配现金股利

15. 企业实现的净利润，应按照国家的规定和投资者的决议进行合理的分配，在下列各项中首先应做的是（　　）。

A. 弥补以前年度尚未弥补的亏损　　B. 提取法定盈余公积

C. 提取任意盈余公积　　D. 向投资者分配利润

16. 某公司20×6年年初未分配利润为借方余额800万元，本年净利润为700万元。若按10%计提法定盈余公积，则本年应提取的法定盈余公积金为（　　）万元。

A. 80　　B. 70

C. 10　　D. 0

17. 某企业年初未分配利润为100万元，本年净利润为1 000万元，按10%计提法定盈余公积，按5%计提任意盈余公积，宣告发放现金股利为80万元，该企业年末未分配利润为（　　）万元。

A. 855　　B. 867

C. 870　　D. 874

18. 某企业年初未分配利润为100万元，本年实现的净利润为200万元，按10%和5%分别提取法定盈余公积和任意盈余公积。则该企业可供投资者分配的利润为（　　）万元。

A. 200　　B. 225

C. 270　　D. 300

19. 企业经股东大会批准，向投资者宣告分配现金股利 1 600 万元，下列会计分录中正确的是（　　）。

A. 借：本年利润　　16 000 000
　　贷：应付股利　　16 000 000

B. 借：应付股利　　16 000 000
　　贷：银行存款　　16 000 000

C. 借：利润分配——应付现金股利　　16 000 000
　　贷：应付股利　　16 000 000

D. 借：利润分配——应付现金股利　　16 000 000
　　贷：银行存款　　16 000 000

20. “利润分配”账户的年末借方余额表示（　　）。

A. 本期实现的净利润　　B. 本期发生的净亏损

C. 企业的未分配利润　　D. 累计尚未弥补的亏损

21. 下列关于利润分配的顺序正确的是（　　）。

A. 计算可供分配利润、提取法定盈余公积、提取任意盈余公积、向投资者分配利润

B. 提取法定盈余公积、计算可供分配利润、提取任意盈余公积、向投资者分配利润

C. 提取任意盈余公积、提取法定盈余公积、计算可供分配利润、向投资者分配利润

D. 向投资者分配利润、提取法定盈余公积、提取任意盈余公积、计算可供分配利润

22. “利润分配”账户的对应账户可能是（　　）。

A. 实收资本　　B. 资本公积

C. 应付股利　　D. 投资利润

23. 关于盈余公积，下列说法不正确的是（　　）。

A. 盈余公积可以用于发放现金股利或利润

B. 盈余公积可以用于弥补亏损

C. 盈余公积可以用于转增资本

D. 盈余公积可以用于偿还负债

24. 盈余公积在转增资本时，按规定保留的余额不应少于注册资本的（　　）。

A. 20%　　B. 10%

C. 25%　　D. 30%

25. 企业用盈余公积弥补亏损时，应贷记（　　）账户。

A. 盈余公积——法定盈余公积　　B. 盈余公积——任意盈余公积

C. 本年利润　　D. 利润分配——盈余公积补亏

二、多项选择题

1. 利润金额取决于（　　）金额的计量。

A. 收入

B. 直接计入当期利润的利得和损失

C. 费用

D. 直接计入所有者权益的利得和损失

2. 下列项目中，通过“营业外支出”账户核算的是（　　）。

A. 计提的存货跌价损失　　B. 公益性捐赠支出

C. 盘亏损失　　D. 非常损失

3. 企业用现金捐赠灾区，会计分录借贷科目分别为（　　）。

A. 借：投资损失　　B. 借：管理费用

C. 贷：库存现金　　D. 借：营业外支出

4. 企业的利润总额的计算中需要考虑的项目有（　　）。

A. 营业利润　　B. 投资收益

C. 营业外收入　　D. 所得税费用

5. 下列各项中，不影响营业利润只影响利润总额的有（　　）。

A. 出租包装物租金收入　　B. 存货盘盈

C. 现金长款　　D. 非常损失

6. 20×6 年 3 月 31 日，某公司有关账户期末余额及相关经济业务如下：本月实现营业收入 2 000 000 元，营业成本为 1 000 000 元，税金及附加为 200 000 元，期间费用为 300 000 元，营业外收入 20 000 元，适用所得税税率 25%。则该公司该月营业利润、利润总额和净利润的金额分别是（　　）元。

A. 500 000　　B. 520 000

C. 390 000　　D. 130 000

7. 能结转入“本年利润”账户借方的是（　　）。

A. 生产成本　　　　　　　　B. 主营业务成本

C. 其他业务成本　　　　　　D. 营业外收入

8. 某企业 20×6 年损益类账户期末结账的余额如下："主营业务收入"账户贷方 50 000 元、"主营业务成本"账户借方 20 000 元、"税金及附加"账户借方 3 000 元、"销售费用"账户借方 2 000 元、"其他业务收入"账户贷方 10 000 元、"其他业务成本"账户借方 5 000 元、"所得税费用"账户借方 5 000 元。年末结转各损益类账户应编制的分录有（　　）。

A. 借：主营业务收入　　50 000
　　　其他业务收入　　10 000
　　贷：本年利润　　　　25 000
　　　　主营业务成本　　20 000
　　　　税金及附加　　　3 000
　　　　销售费用　　　　2 000
　　　　其他业务成本　　5 000
　　　　所得税费用　　　5 000

B. 借：主营业务收入　　50 000
　　　其他业务收入　　10 000
　　贷：本年利润　　　　60 000

C. 借：本年利润　　　　35 000
　　贷：主营业务成本　　20 000
　　　　税金及附加　　　3 000
　　　　销售费用　　　　2 000
　　　　其他业务成本　　5 000
　　　　所得税费用　　　5 000

D. 借：本年利润　　　　60 000
　　贷：主营业务收入　　50 000
　　　　其他业务收入　　10 000

9. 留存收益包括（　　）。

A. 法定盈余公积　　　　　　B. 资本公积

C. 任意盈余公积　　　　　　D. 未分配利润

10. 下列符合法定盈余公积提取要求的有（　　）。

A. 按照净利润减弥补以前年度亏损的 10% 提取

B. 计提的累计金额已达到注册资本的 50% 时，可不再提取

C. 在计算提取法定盈余公积的基数时，应包括年初未分配利润

D. 非公司制的企业也可以按照超过 10% 的比例提取

11. 下列各项中，会引起年末未分配利润数额变化的是（　　）。

A. 用盈余公积转增资本　　B. 用资本公积转增资本

C. 本年利润转入　　D. 提取盈余公积

12. 下列业务中，使所有者权益总额发生变化的有（　　）。

A. 向股东分配现金股利　　B. 以资本公积转增资本金

C. 收到投资者投入资金　　D. 按净利润的 10% 提取盈余公积

13. 关于利润分配的核算，下列表述正确的有（　　）。

A. 企业应设置“利润分配”账户，其贷方登记企业已分配的利润数额

B. 企业应设置“盈余公积”账户，其贷方登记提取的盈余公积数额

C.“应付股利”账户用来反映和监督企业向投资者支付股利的情况，期末余额一般在贷方

D. 企业在向投资者分配利润后，剩余部分可以按规定提取盈余公积

14. 关于亏损弥补，下列说法正确的是（　　）。

A. 亏损只能用税后利润来弥补

B. 企业发生亏损时，可以在 5 年内用税前利润来弥补

C. 超过 5 年的亏损，应该用税后利润来弥补

D. 经股东大会批准，也可以用盈余公积来弥补亏损

15. 关于利润分配，下列说法正确的有（　　）。

A. 公司制企业的法定盈余公积应该按照税后利润的 10% 计提

B. 法定盈余公积可以转增资本

C. 任意盈余公积的计提比例由企业自己决定

D. 未分配利润是没有指定用途的利润

16. 关于“利润分配——未分配利润”账户，下列说法正确的有（　　）。

A. 未分配利润的期末贷方余额表示本年净利润减去分配的利润

B. 未分配利润的期末贷方余额表示累计未分配的利润

C. 未分配利润的期末借方余额表示本年超额分配的利润

D. 未分配利润的期末借方余额表示累计未弥补亏损

17. 某企业 20×6 年年初未分配利润余额为 0 元，20×6 年年末实现净利润 800 000 元，按净利润的 10% 提取法定盈余公积，以 5% 计提任意盈余公积，向投资者宣告分配利润 200 000 元，下列说法中正确的有（　　）。

A. 宣告分配现金股利的账务处理为：

借：利润分配　　200 000

　　贷：应付股利　　200 000

B. 提取任意盈余公积的账务处理为：

借：利润分配——提取法定盈余公积　　40 000

　　贷：盈余公积——法定盈余公积　　40 000

C. 结转利润时的账务处理为：

借：本年利润　　800 000

　　贷：利润分配——未分配利润　　800 000

D. 提取法定盈余公积的账务处理为：

借：利润分配——提取法定盈余公积　　80 000

　　贷：盈余公积——法定盈余公积　　80 000

三、判断题

1. 管理费用、资产减值损失、税金及附加和营业外收入都会影响企业的营业利润。(　　)

2. 净利润是指营业利润减去管理费用、销售费用、财务费用和所得税费用后得到的净额。(　　)

3. “其他业务收入”账户用以核算企业发生的各项营业外收入，主要包括非流动资产处置利得、非货币性资产交换利得、债务重组利得、政府补助、盘盈利得、捐赠利得等。(　　)

4. 企业获得的捐赠利得应该计入营业外收入中，影响利润总额。(　　)

5. 企业的盘亏损失、捐赠支出、非常损失都是通过“营业外支出”账户核算。(　　)

6. 营业利润减去管理费用、销售费用、财务费用和所得税费用后即得到净利润。(　　)

7. 利润总额 = 营业利润 + 投资净收益 + 营业外收支净额 − 所得税费用。(　　)

8. 企业的利润一般分为营业利润、利润总额和净利润三个部分。(　　)

9. 企业的利得和损失指的是可以直接计入所有者权益的利得和损失。(　　)

10. 盈余公积不可以用来弥补企业的亏损。(　　)

11. 企业在对利润进行分配时，可根据实际发展对其利润进行分配，以满足企业长期、健康、稳定发展。(　　)

12. 资本公积可以转增资本，盈余公积不可以转增资本。(　　)

13. 企业以前年度亏损未弥补完时，不能提取法定盈余公积。(　　)

14. 未分配利润有两层含义：一是留待以后年度分配的利润；二是未指定用途的利润。(　　)

15. “利润分配——未分配利润”账户年末贷方余额表示未弥补的亏损数。(　　)

16. 企业的未弥补亏损，不可以用以后年度实现的税前利润进行弥补。(　　)

17. 企业在提取法定盈余公积金前不得向投资者分配利润。(　　)

18. 企业年末资产负债表中的未分配利润金额一定等于“利润分配”账户的年末余额。(　　)

19. 在某些情况下，当企业累积的盈余公积比较多，而未分配利润比较少时，对于符合条件的企业，也可以用盈余公积分配现金股利或利润。(　　)

四、计算分析题

1. 甲公司属于工业企业，20×6 年 12 月 31 日损益类有关账户的余额如表 5-16 所示：

表 5-16　损益类有关账户余额

单位：万元

账户名称	借方余额	账户名称	贷方余额
主营业务成本	1 000	主营业务收入	1 750
税金及附加	15	其他业务收入	50
其他业务成本	30	投资收益	40
销售费用	40	营业外收入	30
管理费用	250	公允价值变动损益	20
财务费用	20		
资产减值损失	80		
营业外支出	15		

要求：计算甲公司 20×6 年度利润表中下列指标：

(1) 营业利润；

（2）利润总额；

（3）净利润。

2. 甲股份有限公司 20×6 年相关资料如下：

（1）全年实现净利润 1 000 000 元；

（2）“利润分配——未分配利润”账户期初借方余额为 200 000 元；

（3）经批准 20×6 年公司的利润分配方案为按照实现净利润的 10% 提取法定盈余公积、5% 提取任意盈余公积、向股东分配现金股利 300 000 元。

要求：

（1）结转本年实现的净利润；

（2）进行利润分配的核算；

（3）结转利润分配的明细账户；

（4）计算未分配利润。

第六章 会计凭证

法规索引

1. 中华人民共和国会计法
2. 企业会计准则——基本准则
3. 会计档案管理办法

学习指导

请根据主教材《会计基础》(第三版)第六章的相关内容，总结并填写表6-1。

▶▶表6-1　会计凭证内容

<table>
<tr><td rowspan="5">一、会计凭证概述</td><td colspan="2">要点</td><td>内容</td></tr>
<tr><td>概念</td><td colspan="2"></td></tr>
<tr><td>作用</td><td colspan="2"></td></tr>
<tr><td rowspan="2">种类</td><td>原始凭证</td><td></td></tr>
<tr><td>记账凭证</td><td></td></tr>
<tr><td rowspan="3">二、原始凭证</td><td colspan="2">要点</td><td>内容</td></tr>
<tr><td rowspan="2">取得来源不同</td><td>自制原始凭证</td><td></td></tr>
<tr><td>外来原始凭证</td><td></td></tr>
</table>

续表

<table>
<tr><td rowspan="14">二、原始凭证</td><td colspan="2">要点</td><td colspan="3">内容</td></tr>
<tr><td rowspan="2">格式不同</td><td>通用凭证</td><td colspan="3"></td></tr>
<tr><td>专用凭证</td><td colspan="3"></td></tr>
<tr><td rowspan="3">填制手续及内容不同</td><td>一次凭证</td><td colspan="3"></td></tr>
<tr><td>累计凭证</td><td colspan="3"></td></tr>
<tr><td>汇总凭证</td><td colspan="3"></td></tr>
<tr><td>基本内容</td><td colspan="4"></td></tr>
<tr><td>填制基本要求</td><td colspan="4"></td></tr>
<tr><td rowspan="3">自制原始凭证的填制要求</td><td>一次凭证的填制</td><td colspan="3"></td></tr>
<tr><td>累计凭证的填制</td><td colspan="3"></td></tr>
<tr><td>汇总凭证的填制</td><td colspan="3"></td></tr>
<tr><td>外来原始凭证的填制要求</td><td colspan="4"></td></tr>
<tr><td rowspan="2">原始凭证审核内容</td><td>6 个性质</td><td></td><td></td><td></td></tr>
<tr><td>处理</td><td></td><td></td><td></td></tr>
<tr><td rowspan="9">三、记账凭证</td><td colspan="2">要点</td><td colspan="3">内容</td></tr>
<tr><td rowspan="2">按凭证用途分类</td><td>专用记账凭证</td><td colspan="3"></td></tr>
<tr><td>通用记账凭证</td><td colspan="3"></td></tr>
<tr><td rowspan="2">按凭证填制方式分类</td><td>单式凭证</td><td colspan="3"></td></tr>
<tr><td>复式凭证</td><td colspan="3"></td></tr>
<tr><td>基本内容</td><td colspan="4"></td></tr>
<tr><td>填制基本要求</td><td colspan="4"></td></tr>
<tr><td>收款、付款、转账凭证的编制要求</td><td colspan="4"></td></tr>
<tr><td>记账凭证审核</td><td colspan="4"></td></tr>
<tr><td rowspan="4">四、会计凭证的传递与保管</td><td colspan="2">要点</td><td colspan="3">内容</td></tr>
<tr><td rowspan="2">会计凭证的传递</td><td>定义</td><td colspan="3"></td></tr>
<tr><td>要求</td><td colspan="3"></td></tr>
<tr><td>会计凭证保管要求</td><td colspan="4"></td></tr>
</table>

第一节　会计凭证概述

一、单项选择题

1. 会计核算工作的起点是（　　）。

A. 设置会计科目　　B. 填制和审核会计凭证

C. 设置账户　　D. 登记账簿

2. 关于会计凭证的意义和种类，下列表述不正确的是（　　）。

A. 会计凭证用以记录经济业务，提供记账依据

B. 填制会计凭证可以明确经济责任，强化内部控制

C. 合理地取得、正确地填制和审核会计凭证，是会计核算的基本方法之一

D. 会计凭证按照填制程序和经济业务内容不同，可分为原始凭证和记账凭证两类

3. 会计凭证按其（　　）的不同，分为原始凭证和记账凭证两类。

A. 填制程序和用途　　B. 填制的手续

C. 来源　　D. 反映经济业务的数量

4. 在每项经济业务发生或完成时直接取得或自行填制的，用以记录经济业务发生或完成情况的书面证明是（　　）。

A. 转账凭证　　B. 付款凭证

C. 收款凭证　　D. 原始凭证

5. 下列单证中，属于原始凭证的是（　　）。

A. 限额领料单　　B. 材料请购单

C. 生产计划　　D. 购销合同

6. 下列关于记账凭证与原始凭证间区别的表述，错误的是（　　）。

A. 原始凭证应由经办人员填制，而记账凭证由本单位出纳填制

B. 原始凭证根据发生或完成的经济业务填制，而记账凭证则根据审核后的原始凭证填制

C. 原始凭证仅用以记录、证明经济业务已经发生或完成，而记账凭证则

依据会计科目对已经发生或完成的经济业务进行归类、整理编制

D. 原始凭证是记账凭证的附件，是填制记账凭证的依据，而记账凭证是登记账簿的直接依据

二、多项选择题

1. 下列各项中，（　　）不能作为原始凭证。

A. 购货合同　　B. 车间派工单

C. 材料请购单　　D. 工资表

2. 下列关于原始凭证和记账凭证的表述中正确的是（　　）。

A. 原始凭证记录的是经济信息

B. 原始凭证是编制记账凭证的依据

C. 记账凭证记录的是会计信息

D. 记账凭证是会计核算的基础

3. 填制和审核会计凭证的作用有（　　）。

A. 及时正确地反映各项经济业务的完成情况

B. 可以有效地发挥会计监督的作用

C. 便于分清经济责任

D. 便于编报、输出会计信息

三、判断题

1. 记账凭证是登记明细分类账的依据，原始凭证是登记总分类账的依据。（　　）

2. 记账凭证和原始凭证同属于会计凭证，二者没有什么差别。（　　）

3. 会计凭证是用以记录经济业务发生或者完成情况的书面证明。（　　）

第二节　原始凭证

一、单项选择题

1. 下列各项中，不属于自制原始凭证的是（　　）。

A. 限额领料单　　B. 产品出库单

C. 收款单位开出的收款收据　　D. 物资发放明细表

2. 限额领料单按来源分，属于（　　）。

A. 外来原始凭证　　B. 累计凭证

C. 自制原始凭证　　D. 汇总原始凭证

3. 在下列各项中，不能作为原始凭证的是（　　）。

A. 发货票　　B. 领料单

C. 工资结算汇总表　　D. 银行存款余额调节表

4. 制造费用分配表属于（　　）。

A. 转账凭证　　B. 自制原始凭证

C. 收款凭证　　D. 付款凭证

5. 差旅费报销单按填制的手续及内容分类，属于原始凭证中的（　　）。

A. 通用凭证　　B. 累计凭证

C. 汇总凭证　　D. 专用凭证

6. 原始凭证按（　　）可分为通用凭证和专用凭证。

A. 形式不同　　B. 内容不同

C. 项目不同　　D. 格式不同

7. 下列各项中，属于通用凭证的是（　　）。

A. 收料单　　B. 差旅费报销单

C. 增值税专用发票　　D. 折旧计算表

8. 原始凭证的格式和内容因经济业务和经营管理的不同而有所区别，以下不属于原始凭证基本内容的是（　　）。

A. 凭证的名称　　B. 填制凭证的日期

C. 经济业务内容　　D. 凭证的编号

9. 填制原始凭证时，不符合书写要求的是（　　）。

A. 原始凭证上阿拉伯数字分开填写，不得连写

B. 小写金额前要标明货币币种符号或货币名称缩写，金额一般要标至“分”，无角分的，可直接标至“元”

C. 大写金额与小写金额要相符

D. 凭证中有书写错误的，应采用正确的方法更正

10. 下列做法中，符合《会计基础工作规范》规定的是（　　）。

A. 自制原始凭证无须经办人签名或盖章

B. 外来原始凭证金额错误，可在原始凭证上更正但需签名或盖章

C. 凡是账簿记录金额错误，都可以采用“划线”更正法

D. 销售商品 1 000.84 元，销售发票大写金额为：壹仟元零捌角肆分

11. 原始凭证所记录的经济业务是否符合有关的计划、预算，这属于审核原始凭证的（　　）

A. 合法性　　　　B. 真实性

C. 完整性　　　　D. 合理性

12. 下列不属于原始凭证审核内容的是（　　）。

A. 凭证反映的内容是否真实

B. 凭证是否符合有关计划和预算

C. 会计科目的使用是否正确

D. 凭证是否有填制单位的公章和填制人员的签章

13. 发现原始凭证金额错误，下列各项中，正确的处理方法是（　　）。

A. 由本单位经办人更正，并由单位财务负责人签名盖章

B. 由出具单位重开

C. 由出具单位更正，更正处应当加盖出具单位印章

D. 由本单位会计人员按划线更正法更正，并在更正处签章

14. 会计机构、会计人员对于不真实、不合法的原始凭证，应当（　　）。

A. 予以受理

B. 不予接受，并向单位负责人报告

C. 予以反映

D. 予以退回，要求更正、补充

二、多项选择题

1. 原始凭证按照填制的手续和内容可以分为（　　　）。

A. 一次凭证　　　　B. 汇总凭证

C. 专用凭证　　　　D. 累计凭证

2. 下列各项中，属于外来原始凭证的有（　　　）。

A. 外单位开具盖有公章的证明　　　　B. 购货发票

C. 火车票　　　　D. 销售发票

3. 下列各项中，属于汇总原始凭证的有（　　　）。

A. 差旅费报销单　　　　B. 工资结算汇总表

C. 限额领料单　　　　D. 发料凭证汇总表

4. 20×6 年 3 月 10 日，某公司材料仓库根据领料单发出甲材料一批。其中：车间生产产品用材料 1 500 件，车间管理用材料 50 件，企业管理部门用材料 160 件。该领料单属于（　　　）。

A. 外来原始凭证　　B. 自制原始凭证

C. 执行凭证　　D. 一次凭证

5. 购入原材料一批，取得对方开具的增值税专用发票，材料入库，开出转账支票一张用于支付货款，这笔经济业务涉及的会计凭证有（　　）。

A. 付款凭证　　B. 增值税专用发票

C. 收料单　　D. 支票存根

6. 原始凭证应具备的基本内容有（　　）。

A. 填制日期　　B. 经济业务涉及的会计科目

C. 经济业务的内容　　D. 所附原始凭证的张数

7. 填制原始凭证时，符合书写要求的有（　　）。

A. 阿拉伯金额数字前面应当书写货币币种符号

B. 币种符号与阿拉伯金额数字之间不得留有空白

C. 大写金额有分的，“分”字后面要写“整”或“正”字

D. 汉字大写金额可以用简化字代替

8. 关于原始凭证的审核，下列表述正确的有（　　）。

A. 外来原始凭证必须有填制单位公章和填制人员的签章

B. 自制原始凭证必须有经办部门和经办人员的签名或者盖章

C. 审核原始凭证时应审核所记录的经济业务是否符合企业生产经营活动的需要，是否符合有关计划和预算等

D. 对于不真实、不合法的原始凭证，会计机构和会计人员有权不予接受，并向单位负责人报告

9. 下列关于原始凭证审核的说法中，正确的有（　　）。

A. 合法性审核主要审查原始凭证所反映的经济业务内容是否符合企业生产经营活动的需要

B. 完整性审核主要审查原始凭证的内容是否完整，手续是否齐备

C. 正确性审核主要审核原始凭证的填制方法和数字的计算是否正确

D. 及时性审核主要审查原始凭证是否在经济业务发生或完成时及时填制，并及时进行传递

10. 根据《中华人民共和国会计法》的规定，对原始凭证进行审核时，应包括的内容有（　　）。

A. 审核记账凭证所记账的经济业务是否真实、可靠

B. 合法性、合规性、合理性审核

C. 完整性审核

D. 正确性审核

11. 下列各项中符合《中华人民共和国会计法》规定的更正原始凭证错误的具体要求的有（　　）。

A. 原始凭证记载内容有错误的，应当由开具单位重开或更正，并在更正处加盖出具单位印章

B. 原始凭证金额出现错误的，不得重开，只能由原始凭证出具单位更正

C. 原始凭证所记载的各项内容不得涂改

D. 对于不真实、不合法的原始凭证，应当由开具单位重开或更正，并在更正处加盖出具单位印章

三、判断题

1. 由中国人民银行统一制定的支票、商业汇票等结算凭证属于专用凭证。（　　）

2. 累计凭证是指在一定时期内多次记录发生的同类型经济业务的原始凭证。（　　）

3. 限额领料单属于一次凭证。（　　）

4. 在证明经济业务发生，据以编制记账凭证的作用方面，自制原始凭证与外来原始凭证具有同等效力。（　　）

5. 从外单位取得的原始凭证，可以没有公章，但必须有经办人员的签名或盖章。（　　）

6. 填制原始凭证，汉字大写金额数字一律用正楷或行书体书写，汉字大写金额数字到元位或角位为止的，后面必须写“正”或“整”，分位后面不写“正”或“整”。（　　）

7. 审核原始凭证的正确性，就是要审核原始凭证所记录的经济业务是否符合企业生产经营活动的需要、是否符合有关的计划和预算。（　　）

8. 原始凭证金额有错误的，应当由出具单位重开或更正，更正处加盖出具单位印章。（　　）

9. 审核无误的各类原始凭证是账簿登记的直接依据。（　　）

10. 原始凭证是记录经济业务发生和完成情况的书面证明，也是登记账簿的唯一依据。（　　）

11. 对不真实、不合法的原始凭证，会计人员有权不予接受，对记载不准确、不完整的原始凭证，会计人员有权要求其重填。（　　）

第三节　记账凭证

一、单项选择题

1. 某公司出纳小郑到开户银行提取现金 5 000 元，单位记账人员应根据有关原始凭证编制（　　）。

A. 现金收款凭证　　B. 现金付款凭证

C. 银行付款凭证　　D. 银行收款凭证

2. 某公司出纳小郑将公司现金交存开户银行，应编制（　　）。

A. 现金收款凭证　　B. 现金付款凭证

C. 银行收款凭证　　D. 银行付款凭证

3. 购入材料一批，一部分货款用银行存款支付，一部分货款暂欠，该业务或事项应填制的记账凭证是（　　）。

A. 付款凭证和转账凭证　　B. 两张转账凭证

C. 收款凭证和付款凭证　　D. 收款凭证和转账凭证

4. 收款凭证左上角“借方科目”应填列的会计科目是（　　）。

A. 银行存款或库存现金　　B. 库存现金

C. 银行存款　　D. 主营业务收入

5. 用来作为编制会计分录的依据的是（　　）。

A. 原始凭证　　B. 一次凭证

C. 记账凭证　　D. 累计凭证

6. 根据同一原始凭证编制几张记账凭证的，应（　　）。

A. 编制原始凭证分割单

B. 采用分数编号的方法

C. 打印该原始凭证

D. 在未附原始凭证的记账凭证上注明所附原始凭证的记账凭证的种类和编号

7. 某单位会计部门第 10 号记账凭证的会计事项需要编制 3 张记账凭证，则这 3 张记账凭证的正确编号应为（　　）。

A. 10—0、10—1、10—2

B. 10—1、10—2、10—3

C. 10 1/3、10 2/3、10 3/3

D. 1/10、2/10、3/10

8. 某会计人员在审核记账凭证时，发现误将 1 000 元写成 100 元，尚未入账，应（　　）。

A. 采用划线更正法更正　　B. 采用红字更正法更正

C. 采用补充登记法更正　　D. 重新填制记账凭证

9. 下列关于记账凭证填制的基本要求，不正确的是（　　）。

A. 记账凭证各项内容必须完整，并且应当连续编号

B. 填制记账凭证时若发生错误，应当重新填制

C. 记账凭证在填制完经济业务事项后，如有空行，应当自金额栏最后一笔金额数字下的空行处至合计数上的空行处划线注销

D. 所有的记账凭证都必须附原始凭证

10. 下列关于记账凭证的说法中，错误的是（　　）。

A. 记账凭证是登记账簿的直接依据

B. 记账凭证的编号要以月为单位，即每月月初从 1 号编起

C. 记账凭证的日期必须是填制记账凭证当天的日期

D. 如果第 7 号记账凭证有两张，则第一张标号为 7，第二张编号 7

11. 填制凭证时，下列关于“¥20 050.07”的大写写法的表述中，正确的是（　　）。

A. 人民币二万零五十元七分　　B. 人民币贰万零伍拾元零柒分

C. 人民币二万零五十元七分整　　D. 人民币贰万零伍拾元柒分整

12. 企业在采用专用记账凭证时，涉及库存现金和银行存款之间的收付款业务应编制（　　）。

A. 收款凭证　　B. 付款凭证

C. 转账凭证　　D. 通用凭证

13. 关于记账凭证的审核，下列表述不正确的是（　　）。

A. 如果在填制记账凭证时发生错误，应当重新填制

B. 发现以前年度记账凭证有错误的，应当用红字填制一张更正的记账凭证

C. 必须审核会计科目是否正确

D. 必须审核记账凭证项目是否齐全

14. 在审核记账凭证时，如发现记账凭证有误，则应由（　　）及时更正。

A. 审核人员　　B. 记账人员

C. 制证人员　　D. 出纳人员

二、多项选择题

1. 记账凭证按照填列方式不同，可以分为（　　　　）。

A. 专用记账凭证　　　　B. 通用记账凭证

C. 复式记账凭证　　　　D. 单式记账凭证

2. 下列项目中，属于记账凭证的有（　　　　）。

A. 收款凭证　　　　B. 科目汇总表

C. 汇总收款凭证　　　　D. 转账凭证

3. 下列人员中，应在记账凭证上签章的有（　　　　）。

A. 单位负责人　　　　B. 会计主管

C. 记账人员　　　　D. 制单人员

4. 关于记账凭证的填制要求，除内容完整、书写清楚规范以外，还必须做到（　　　　）。

A. 记账凭证应连续编号

B. 填制记账凭证时若发生错误但尚未入账，应当重新填制

C. 所有记账凭证都必须附有原始凭证

D. 记账凭证填制完全部经济事项后，如有空行，应当自金额栏最后一笔金额数字下的空行处至合计上的空行处划线注销

5. 记账凭证必须有（　　　　）的签名或盖章。

A. 会计主管　　　　B. 审核人员

C. 记账人员　　　　D. 制单人员

6. 按照规定，除（　　　　）的记账凭证可以不附原始凭证外，其他记账凭证必须附有原始凭证。

A. 提取现金　　　　B. 结账

C. 更正错误　　　　D. 现金存入银行

7. 在填制记账凭证时，下列做法正确的有（　　　　）。

A. 一个月内的记账凭证连续编号

B. 更正错账的记账凭证可以不附原始凭证

C. 将不同类型业务的原始凭证合并编制一张记账凭证

D. 从银行提取现金时只填制现金收款凭证

8. 记账凭证审核的内容有（　　　　）。

A. 内容是否真实　　　　B. 书写是否规范

C. 手续是否完备　　　　D. 项目是否齐全

9. 审核记账凭证的金额是否正确，包括以下内容（　　　　）。

A. 记账凭证与原始凭证的有关金额是否一致

B. 记账凭证的应借、应贷科目是否正确

C. 原始凭证汇总表的金额与记账凭证的金额是否相符

D. 所附原始凭证是否齐全，内容是否合法

三、判断题

1. 汇总凭证可以将所有的经济业务汇总填列在一张汇总原始凭证上。(　　)

2. 发料凭证汇总表是记账凭证。(　　)

3. 收款凭证属于记账凭证，转账凭证属于原始凭证。(　　)

4. 所有的记账凭证都必须附有原始凭证，但结账和更正错账除外。(　　)

5. 原始凭证可以由非财会部门和人员编制，但记账凭证只能由财会部门和人员填制。(　　)

6. 对于涉及现金和银行存款之间的收、付款业务，一般编制转账凭证。(　　)

7. 如果几笔内容相同的经济业务，需要填列在一张记账凭证时，可采用分数编号法。(　　)

8. 转账凭证与收、付款凭证的相同点在于转账凭证左上角没有设置相关科目。(　　)

9. 记账凭证填制完经济业务事项后，如有空行，应当自金额栏最后一笔金额数字下的空行处至合计数上的空行处划线注销。(　　)

10. 在编制记账凭证时，可以只填会计科目编号，不填会计科目的名称，以简化核算工作。(　　)

11. 某单位购入甲材料 50 000 元，货款以银行存款支付 40 000 元，其余 10 000 元暂欠，该笔业务应编一笔转账凭证。(　　)

12. 记账凭证是否附有原始凭证、所附原始凭证的张数是否齐全，是审核记账凭证的一项内容。(　　)

13. 记账凭证是根据审核后的合法原始凭证填制的。对会计凭证进行审核，是保证会计信息质量，发挥会计监督的重要手段。(　　)

四、计算分析题

请填写记账凭证（1）~（6）处：

资料一：某企业 20×6 年 1 月 7 日销售甲产品一批，价款 30 000 元，增

值税税率 13%，收到购买单位支票一张，收讫后存入银行。出纳人员根据审核无误的原始凭证填制如表 6-2 所示的银行存款收款凭证。

▶▶表 6-2 收 款 凭 证

付 款 凭 证

借方科目：银行存款　　　　20×6 年 1 月 7 日　　　　银收字第 1 号

摘要	贷方科目		金额	记账
	总账科目	明细科目		
销售甲产品	主营业务收入	甲产品	（1）	
	应交税费	应交增值税（销项税额）	（2）	
合计			（3）	

会计主管：　　记账：　　出纳：　　审核：　　制单：

资料二：某企业 20×6 年 1 月 10 日购入甲材料一批，买价 10 000 元，增值税税率 13%，材料已验收入库，开出支票一张支付购料款。出纳人员根据审核无误的原始凭证填制如表 6-3 所示的银行存款付款凭证。

▶▶表 6-3 付 款 凭 证

付 款 凭 证

贷方科目：银行存款　　　　20×6 年 1 月 10 日　　　　银付字第 1 号

摘要	贷方科目		金额	记账
	总账科目	明细科目		
购买原材料	原材料	甲材料	（4）	
	应交税费	应交增值税（进项税额）	（5）	
合计			（6）	

会计主管：　　记账：　　出纳：　　复核：　　制证：

第四节　会计凭证的传递与保管

一、单项选择题

1. 会计凭证的传递，是指（　　），在单位内部有关部门及人员之间的传递程序。

A. 从会计凭证的填制到登记账簿止

B. 从会计凭证的填制或取得时起到归档保管止

C. 从会计凭证审核后到归档止

D. 从会计凭证的填制或取得到汇总登记账簿止

2. 关于会计凭证的装订和保管，下列表述不正确的是（　　）。

A. 会计凭证必须按照归档制度，妥善整理和保管，形成会计档案，便于随时查阅

B. 对检查无误的会计凭证，要按顺序号排列，折叠整齐装订成册，并加具封面

C. 如果某些记账凭证的原始凭证数量过多，也可以单独装订保管，但应在其封面及有关记账凭证上加注说明

D. 合同、契约、押金收据等重要原始凭证，必须装订成册，不得单独保管，以防散失

3. 关于会计凭证的归档保管，下列表述中错误的是（　　）。

A. 每月记账完毕，应将会计凭证按顺序号排列，装订成册

B. 原始凭证不得外借

C. 从外单位取得的原始凭证遗失时，应由开具单位重开

D. 重要的原始凭证可以单独保管

4. 其他单位如果因特殊原因需要使用原始凭证时，经本单位会计机构负责人（会计主管人员）批准，（　　）。

A. 可以借出　　B. 只可以查阅不能复制

C. 不可查阅或复制　　D. 可以查阅或复制

5. 关于会计凭证的保管，错误的说法是（　　）。

A. 未设立档案机构的，应当在会计机构内部指定专人保管

B. 原始凭证可以外借

C. 会计凭证不得任意销毁

D. 出纳人员不得监管会计档案

二、多项选择题

1. 下列有关会计凭证保管的规定中，不正确的有（　　）。

A. 会计凭证应定期装订成册，防止散失

B. 原始凭证不得外借，更不可以复制

C. 会计凭证保管期限未满前不得任意销毁

D. 会计凭证封面注明凭证种类、凭证张数、时间日期并装订好即可

2. 关于会计凭证的内容，以下说法正确的有（　　）。

A. 会计凭证是指记录经济业务发生或者完成情况的书面证明，是登记账簿的依据

B. 只有经过审核无误的会计凭证才能作为登记账簿的依据

C. 单位的档案部门可以出借原始凭证

D. 单位的管理阶层可以出借原始凭证

3. 下列各项中，属于会计凭证的归档保管注意事项的是（　　）。

A. 原始凭证不得外借，其他单位如有特殊原因确实需要使用时，可以复制

B. 原始凭证较多时，可单独装订，但应在凭证封面注明所属记账凭证的日期、编号和种类

C. 每年装订成册的会计凭证，在年度终了时可暂由单位会计机构保管一年，期满后应当移交本单位档案机构统一保管

D. 出纳人员可以兼管会计档案

4. 制定科学的会计凭证传递程序时，应着重考虑（　　）。

A. 会计凭证的传递流程

B. 会计凭证在每个传递环节上停留的时间

C. 会计凭证交接的验收制度

D. 会计凭证的整理、归类和装订成册

三、判断题

1. 当记账凭证所附的原始凭证数量过多时，也可以单独装订保管，但应在其封面及有关记账凭证上加注说明。（　　）

2. 发现从外单位取得的原始凭证遗失时，应取得原签发单位盖有公章的证明，并注明原始凭证的号码、金额、内容等，由经办单位会计机构负责人审核签章后，才能代作原始凭证。（　　）

3. 从外单位取得的原始凭证如果丢失，确实无法证明的，可由当事人写出

详细情况，由经办单位会计机构负责人、会计主管人员和单位负责人批准后，代作原始凭证。(　　)

4. 会计凭证的传递是指会计凭证从取得或填制时起至归档保管过程中，在单位内部有关 会计部门和人员之间的传递程序。(　　)

第七章 会计账簿

法规索引

1. 中华人民共和国会计法
2. 企业会计准则——基本准则
3. 会计档案管理办法

学习指导

请根据主教材《会计基础》（第三版）第七章的相关内容，总结并填写表7-1。

▶▶表 7-1　会计账簿内容

<table>
<tr><th rowspan="9">一、会计账簿概述</th><th colspan="2">要点</th><th>内容</th></tr>
<tr><td>概念</td><td colspan="2"></td></tr>
<tr><td>作用</td><td colspan="2"></td></tr>
<tr><td>基本内容</td><td colspan="2"></td></tr>
<tr><td rowspan="5">会计账簿与账户的关系</td><td>概念</td><td></td></tr>
<tr><td>分类</td><td></td></tr>
<tr><td>账户基本结构</td><td></td></tr>
<tr><td>账户的 4 个金额要素</td><td></td></tr>
<tr><td>关系</td><td></td></tr>
</table>

续表

	要点		内容		
一、会计账簿概述	会计账簿种类	按用途分类			
		按账页格式分类			
		按外形特征分类			

	要点	内容
二、会计账簿的启用与登记要求	启用	
	登记要求	

	要点		内容	
三、会计账簿的格式与登记方法	日记账登记方法	库存现金日记账	三栏式	
			多栏式	
		银行存款日记账	格式	
			登记方法	
	总分类账登记方法	格式		
		登记方法		
	明细分类账登记方法	概述		
		分类	三栏式	
			多栏式	
			数量金额式	
			横线登记式	
	总分类账户与明细分类账户的登记	概述		
		登记要点		

	要点	内容	
四、对账与结账	对账	概念	
		账证核对	
		账账核对	
		账实核对	
	结账	概念	
		结账程序	
		结账方法	

续表

<table>
<tr><th rowspan="13">五、错账查找与更正方法</th><th colspan="2">要点</th><th colspan="2">内容</th></tr>
<tr><td rowspan="4">错账查找方法</td><td>差数法</td><td colspan="2"></td></tr>
<tr><td>尾数法</td><td colspan="2"></td></tr>
<tr><td>除 2 法</td><td colspan="2"></td></tr>
<tr><td>除 9 法</td><td colspan="2"></td></tr>
<tr><td rowspan="6">错账更正方法</td><td rowspan="2">划线更正法</td><td>适用范围</td><td></td></tr>
<tr><td>方法</td><td></td></tr>
<tr><td rowspan="2">红字更正法</td><td>适用范围</td><td></td></tr>
<tr><td>方法</td><td></td></tr>
<tr><td rowspan="2">补充登记法</td><td>适用范围</td><td></td></tr>
<tr><td>方法</td><td></td></tr>
<tr><th rowspan="3">六、会计账簿的更换与保管</th><th>要点</th><th colspan="3">内容</th></tr>
<tr><td>会计账簿更换概述</td><td colspan="3"></td></tr>
<tr><td>会计账簿保管概述</td><td colspan="3"></td></tr>
</table>

第一节　会计账簿概述

一、单项选择题

1. 关于会计账簿的说法中，下列各项中不正确的是（　　）。

A. 设置和登记会计账簿是连接会计凭证与会计报表的中间环节

B. 会计账簿是以经过审核的记账凭证为依据，全面、系统、连续地记录各项经济业务的簿籍

C. 各单位应该按照国家统一的会计制度的规定和会计业务的需要设置会计账簿

D. 登记会计账簿是会计核算的一种专门方法

2. 会计账簿按（　　）的不同，可分为序时账簿、分类账簿、备查账簿。

A. 用途　　B. 外表形式

C. 格式　　D. 启用时间

3. 按经济业务发生时间的先后顺序，逐日逐笔进行登记的会计账簿是（　　）。

A. 明细分类账　　B. 总分类账

C. 序时账簿　　D. 备查账簿

4. 下列四类会计账簿中，（　　）不是依据记账凭证登记的。

A. 明细分类账　　B. 总分类账

C. 日记账　　D. 备查账簿

5. 一般而言，成本计算账簿和收入、费用账簿均采用（　　）。

A. 多栏式账簿　　B. 两栏式账簿

C. 三栏式账簿　　D. 数量金额式账簿

6. 登记存货的明细分类账一般情况下采用（　　）账簿。

A. 三栏式　　B. 数量金额式

C. 借方多栏式　　D. 贷方多栏式

7. 固定资产明细账一般采用（　　）账簿。

A. 活页式　　B. 订本式

C. 多栏式　　D. 卡片式

8. 现金日记账和银行存款日记账的外表形式一般采用（　　）账簿。

A. 活页式　　B. 订本式

C. 多栏式　　D. 卡片式

9. 对经营租入的固定资产应在（　　）中进行登记。

A. 序时账簿　　B. 总分类账

C. 备查账簿　　D. 明细分类账

10. 库存商品明细账一般采用（　　）账簿。

A. 两栏式　　B. 三栏式

C. 多栏式　　D. 数量金额式

11. 费用明细账比较适合使用的账簿格式是（　　）账簿。

A. 两栏式　　B. 三栏式

C. 多栏式　　D. 数量金额式

12. 订本式账簿主要适用于（　　）。

A. 债权、债务明细账　　B. 收入、费用明细账
C. 材料、商品明细账　　D. 总分类账、日记账

二、多项选择题

1. 会计账簿设置和登记的作用，概括起来主要有（　　）。
A. 记载和储存会计信息　　B. 分类和汇总会计信息
C. 检查和校正会计信息　　D. 编报和输出会计信息

2. 各种会计账簿都应具备的内容有：封面，扉页和账页。扉页的内容主要包括（　　）。
A. 使用者名称（单位名称）　　B. 账簿名称
C. 启用日期　　D. 经管人员及交接日期

3. 三栏式明细账账簿一般适宜于（　　）账户。
A. 应收账款　　B. 本年利润
C. 原材料　　D. 材料采购

4. 下列项目中，属于备查账簿的有（　　）。
A. 住房基金登记簿　　B. 租入固定资产登记簿
C. 受托加工材料登记簿　　D. 固定资产卡片

5. 会计账簿按其用途不同，可以分为（　　）。
A. 数量金额式账簿　　B. 分类账簿
C. 序时账簿　　D. 备查账簿

6. 订本式账簿主要适用于（　　）。
A. 固定资产明细账　　B. 总分类账
C. 销售收入明细账　　D. 银行存款日记账

7. 会计账簿按账页格式分为（　　）账簿。
A. 三栏式　　B. 横线登记式
C. 订本式　　D. 数量金额式

8. 按会计账簿的外表形式分类，可以分为（　　）账簿。
A. 卡片式　　B. 备查
C. 订本式　　D. 活页式

9. 下列会计账簿中，一般采用数量金额式的有（　　）。
A. 制造费用明细账　　B. 库存商品明细账
C. 应收票据明细账　　D. 原材料明细账

10. 下列应该使用订本式账簿的有（　　）。

A. 固定资产明细账　　B. 总分类账

C. 银行存款日记账　　D. 库存现金日记账

11. 下列各项中，在明细核算时不可以采用卡片账的有（　　）。

A. 银行存款日记账　　B. 库存现金日记账

C. 材料明细核算　　D. 固定资产明细账

三、判断题

1. 会计账簿与账户是形式与内容的关系。（　　）

2. 现金日记账和银行存款日记账属于特种日记账。（　　）

3. 总分类账必须采用订本式的三栏式账户。（　　）

4. 常见的特种日记账包括现金日记账、银行存款日记账和转账日记账。（　　）

5. 备查账簿也是编制企业会计报表的直接依据。（　　）

6. 企业原材料的核算一般采用卡片账的格式。（　　）

7. 设置和登记会计账簿是编制会计报表的基础，是连接会计凭证与会计报表的中间环节。（　　）

第二节　会计账簿的启用与登记要求

一、单项选择题

1. 不需要在会计账簿扉页上的启用表中填列的内容是（　　）。

A. 账簿页数　　B. 单位公章

C. 账户名称　　D. 启用日期

2. 关于会计账簿的记账规则，下列表述不正确的是（　　）。

A. 各种账簿应按页次顺序连续登记，不得跳行、隔页

B. 账页登记满时，应办理转页手续

C. 记账时应使用蓝、黑墨水的钢笔或相同颜色的圆珠笔书写，不得使用铅笔，以防涂改

D. 在不设借贷等栏的多栏式账页中，登记减少数时，可以使用红色墨水记账

3. 账簿中的文字或数字不要顶格书写，一般占格宽的（　　）

A. 1/2　　B. 3/4

C. 2/3　　D. 3/5

4. 下列关于会计账簿记账规则的表述中，不正确的是（　　）。

A. 账簿中书写的文字和数字上面要留有适当空格，不要写满格，一般应占格距的三分之二

B. 各种账簿应按页次顺序连续登记，不得跳行、隔页

C. 凡需结出余额的账户，结出余额后，应在“借或贷”栏内写明“借”或“贷”字样。没有余额的账户，应在“借或贷”栏内写“平”字，并在余额栏内用“0”表示

D. 账页记满时，应办理转页手续

二、多项选择题

1. 下列各项中，会计账簿的账页包括的内容有（　　）。

A. 记账凭证的种类和号数　　B. 总页次和分户次

C. 账户名称　　D. 摘要栏

2. 登记会计账簿的基本要求包括（　　）等内容。

A. 账页记满时，应办理转页手续

B. 用蓝黑或碳素墨水书写，不得用圆珠笔或铅笔

C. 不得用红色墨水记账

D. 按顺序连续登记，不得跳行、隔页

3. 下列各项中，可以使用红色墨水记账的情况有（　　）。

A. 按照红字冲账的记账凭证，冲销错误记录

B. 在三栏式账户的余额栏前，如未印明余额方向的，在余额栏内登记负数余额

C. 在不设借贷等栏的多栏式账页中，登记增加数

D. 根据国家统一的会计制度的规定可以用红字登记的其他会计分录

4. 每一账页登记完毕，进行过次页和承前页的目的有（　　）。

A. 便于对账和结账　　B. 明确经济责任

C. 保持账簿记录的连续性　　D. 防止凭证丢失

5. 记账时不得漏页、跳行登记，如果发生漏页、跳行时，不得随意涂改，应（　　）。

A. 将账页撕下并装入档案保管　　B. 将空页、空行用红线对角划掉

C. 加盖“作废”字样　　D. 由记账人员签字盖章

三、判断题

1. 各单位在更换旧会计账簿、启用新会计账簿时，应当填制会计账簿启用表。(　　)

2. 会计账簿中书写的文字和数字上面要留有适当空间，不要写满格，一般应占格距的三分之一。(　　)

3. 会计账簿登记应使用蓝、黑墨水和圆珠笔书写，不能使用红色笔或铅笔书写。(　　)

4. 各种会计账簿应按页次顺序连续登记，不得跳行、隔页。如果发生跳行、隔页，应当将空行、空页划线注销，或者注明“此行空白”“此页空白”字样，并由记账人员签名或者盖章。(　　)

5. 登记会计账簿时，发生的空行、空页一定要补充登记，不得注销。(　　)

6. 登记会计账簿时一般用蓝黑或碳素墨水顶格书写，不得使用圆珠笔或铅笔，也不得使用红色墨水记账。(　　)

第三节　会计账簿的格式与登记方法

一、单项选择题

1. 库存现金日记账和银行存款日记账适用的登记方法是(　　)。

A. 合并登记　　B. 序时登记

C. 汇总登记　　D. 定期登记

2. 必须逐日结出余额的会计账簿是(　　)。

A. 现金总账　　B. 银行存款总账

C. 现金日记账　　D. 应收账款总账

3. 现金日记账应该(　　)结出发生额和余额。

A. 每月　　B. 每笔

C. 每隔 3~5 天　　D. 每日

4. 不能作为总分类账登记依据的是(　　)。

A. 记账凭证　　B. 科目汇总表

C. 汇总记账凭证　　D. 备查账簿

5. 在三栏式总分类账中，必须设有(　　)专栏。

A. 数量　　　　　　　　　　　B. 金额

C. 借贷　　　　　　　　　　　D. 对方科目

6. 材料明细账登记的依据是审核无误的（　　）。

A. 原始凭证　　　　　　　　　B. 会计凭证

C. 付款凭证　　　　　　　　　D. 转账凭证

7. 下列四类会计账簿中，不是依据记账凭证登记的是（　　）。

A. 明细分类账　　　　　　　　B. 总分类账

C. 日记账　　　　　　　　　　D. 备查账簿

8. 关于明细分类账的登记方法，下列表述错误的是（　　）。

A. 不同类型经济业务的明细分类账，可根据管理需要，依据记账凭证、原始凭证或汇总原始凭证逐日逐笔或定期汇总登记

B. 固定资产、债权、债务等明细账可以定期汇总登记

C. 库存商品、原材料、产成品收发明细账可以逐笔登记

D. 收入、费用明细账可以定期汇总登记

9. 关于明细分类账格式正确的是（　　）。

A. 三栏式明细分类账设有数量、单价和金额三个栏目

B. 三栏式明细分类账适用于收入、费用和利润分配明细账的核算

C. 数量金额式明细分类账适用于既要进行金额核算又要进行数量核算的账户

D. 多栏式明细分类账适用于应收账款、应付账款等科目的明细分类核算

10.（　　）不是总分类账户与明细分类账户的平行登记要点。

A. 期间相同　　　　　　　　　B. 方向相同

C. 金额相等　　　　　　　　　D. 账簿相同

11. 下列关于总分类账户与明细分类账户关系的说法不正确的是（　　）。

A. 两者所反映的经济业务的内容相同

B. 登记会计账簿的原始依据不同

C. 反映经济业务内容的详细程度不同

D. 总分类账户对所属明细分类账户起着统驭控制作用

12. 关于总分类科目与明细分类科目的平行登记，下列说法不正确的是（　　）。

A. 其可以实现补充说明

B. 其可检查会计科目记录的正确性

C. 其可根据明细科目汇总登记总分类科目

D. 其可检查会计科目记录的完整性

二、多项选择题

1. 现金日记账是根据（　　）凭证，按经济业务发生的先后顺序进行登记的。

A. 现金收款　　B. 现金付款

C. 银行收款　　D. 银行付款

2. 关于登记总分类账的做法正确的有（　　）。

A. 总分类账可以根据原始凭证逐笔登记

B. 总分类账可以根据科目汇总表或汇总记账凭证等进行登记

C. 月终，总分类账应当在全部经济业务事项登记入账后，结出各个账户期末余额

D. 总分类账的登记方法因登记依据的不同而不同

3. 明细分类账的账页格式包括（　　）。

A. 数量金额式　　B. 平行式

C. 多栏式　　D. 三栏式

4. 下列（　　）明细账既可逐日逐笔登记，也可定期汇总登记。

A. 预收账款　　B. 原材料

C. 主营业务收入　　D. 管理费用

5. 下列各项中，（　　）明细账应逐日逐笔登记。

A. 原材料　　B. 应收账款

C. 应付账款　　D. 管理费用

6. 总分类账户与明细分类账户的关系，下列叙述正确的有（　　）。

A. 二者反映的经济内容相同

B. 登记会计账簿的原始依据相同

C. 总分类账户提供总括资料

D. 明细分类账户对总分类账户起补充说明的作用

7. 关于总分类账户与明细分类账户，下列说法中正确的有（　　）。

A. 总分类账户提供交易或事项综合性的价值指标

B. 明细分类账户只能提供数量指标

C. 总分类账户具有统驭控制作用

D. 明细分类账户具有补充说明作用

8. 运用平行登记法登记总分类账和明细分类账时，必须做到（　　）。

A. 详简程度相同

B. 记账方向相同

C. 总分类账账户的本期贷方发生额＝所属明细分类账户本期贷方发生额合计

D. 同时登记

三、判断题

1. 现金日记账是由出纳人员根据审核无误的现金收、付款凭证和转账凭证按照经济业务的发生顺序，逐日、逐笔登记的。(　　)

2. 出纳员应在现金日记账每笔业务登记完毕后，即结出余额，并与库存现金进行核对。(　　)

3. 银行存款日记账是由出纳人员根据审核后的收款凭证、付款凭证逐日逐笔登记的账簿。(　　)

4. 总分类账一般采用订本式的三栏式账页。(　　)

5. 总分类账提供总括核算资料，所以不是序时登记经济业务。(　　)

6. 登记总分类账的直接依据只能是记账凭证。(　　)

7. 明细分类账一般采用卡片式账簿，有时也会采用活页式账簿。(　　)

8. 明细分类账必须逐日逐笔登记，总分类账必须定期汇总登记。(　　)

9. 原始凭证是登记明细分类账的依据，记账凭证是登记总分类账的依据。(　　)

10. 在明细分类账的核算中，只需要进行金额核算的，必须使用三栏式明细账。(　　)

11. 在平行登记法下，总分类科目和明细分类科目要同时间登记。(　　)

12. 总分类账户与明细分类账户登记的核算对象不同。(　　)

13. 通过平行登记，可以使总分类账户与其所属明细分类账户保持统驭关系，便于核对与检查，纠正错误与遗漏。(　　)

四、计算分析题

A 公司 20×6 年 1 月发生的经济业务如下，登记的总分类账和明细分类账如表 7-2 和表 7-3 所示。根据经济业务计算表 7-2 和表 7-3 中序号处应填的数据。

（1）3 日，向 B 公司购入甲材料 800 千克，单价 22 元，价款 17 600 元；购入乙材料 700 千克，单价 16 元，价款 11 200 元。货物已验收入库，款项尚

未支付。（不考虑增值税，下同）

（2）6日，向C公司购入丙材料1 000千克，单价20元，货物已验收入库，款项尚未支付。

（3）12日，生产车间为生产产品领用材料，其中领用甲材料1 200千克，单价22元；领用乙材料1 100千克，单价16元。

（4）21日，向B公司偿还前欠货款30 000元，向C公司偿还前欠货款10 000元，用银行存款支付。

（5）25日，向B公司购入乙材料1 100千克，单价16元，价款已用银行存款支付，货物同时验收入库。

▶▶表7-2　总分类账

总分类账

会计科目：应付账款　　　　单位：元

20×6年		凭证编号	摘要	借方	贷方	借或贷	余额
月	日						
1	1	（略）	月初余额			贷	36 000
	3		购入材料		28 800	贷	64 800
	6		购入材料		（1）	贷	84 800
	21		归还前欠货款	（2）		贷	（3）
	31		本月合计		48 800	贷	

▶▶表7-3　应付账款明细分类账

应付账款明细分类账

会计科目：B公司　　　　单位：元

20×6年		凭证编号	摘要	借方	贷方	借或贷	余额
月	日						
1	1	（略）	月初余额			贷	（4）
	3		购入材料		（5）	贷	54 800
	21		归还前欠货款	30 000		贷	24 800
	31		本月合计			贷	

第四节 对账与结账

一、单项选择题

1. 对账即核对账目，包括（ ）。

A. 账实核对、账表核对、账账核对

B. 账账核对、账证核对、账表核对

C. 账账核对、账证核对、表表核对

D. 账证核对、账账核对、账实核对

2. 下列各项中，不属于账账核对内容的是（ ）。

A. 所有总分类账账户的借方发生额合计与所有总分类账账户的贷方发生额合计核对

B. 本单位的应收账款账面余额与对方单位的应付账款账面余额之间核对

C. 会计部门有关财产物资明细账余额与保管、使用部门的财产物资明细账余额之间核对

D. 现金日记账和银行存款日记账的余额与其总分类账账户余额核对

3. 下列对账工作，属于账实核对的是（ ）。

A. 总分类账与序时账簿核对

B. 总分类账与所属明细分类账核对

C. 会计部门存货明细账与存货保管部门明细账核对

D. 银行存款日记账账目余额与银行对账单核对

4. 下列关于对账的表述，不正确的是（ ）。

A. 建立健全对账制度，有利于提高会计核算质量

B. 对账的内容包括账证核对、账账核对、账实核对、账表核对

C. 账证核对是指账簿记录与原始凭证、记账凭证的核对

D. 账实核对是指各项财产物资的账面数与实有数之间的核对

5. 账账核对，是指不同账簿记录之间的核对。主要内容不包括（ ）核对。

A. 所有总分类账账户的借方发生额合计与所有总分类账账户的贷方发生额合计

B. 本单位的应收账款账户与对方单位的应付账款账户之间

C. 总分类账账户的余额与现金、银行存款日记账的余额之间

D. 财务部门的财产明细账与保管、使用部门的财产明细账之间

6. 期末，企业将有关债权债务明细账账面余额与对方单位的账面记录进行核对，这种对账属于（　　）的内容。

A. 账证核对　　B. 账账核对

C. 账实核对　　D. 账表核对

7. 明细分类账应与记账凭证或原始凭证相核对属于（　　）。

A. 账证核对　　B. 账账核对

C. 账实核对　　D. 余额核对

8. 现金日记账账面余额应与现金实际库存数逐日核对相符属于（　　）。

A. 账证核对　　B. 账账核对

C. 账实核对　　D. 余额核对

9. 下列不属于账证核对的是（　　）。

A. 日记账应与收、付款凭证相核对

B. 总分类账全部账户的借方期末余额合计数应与贷方期末余额合计数核对相符

C. 总分类账应与记账凭证核对

D. 明细分类账应与记账凭证或原始凭证相核对

10. 下列关于对账的意义，说法不正确的是（　　）。

A. 对账能够保证账簿记录的准确无误和编制会计报表数字的真实可靠

B. 对账能够发现会计工作中的薄弱环节，有利于会计核算质量的不断提高

C. 对账能够加强单位内部控制，建立健全经济责任制

D. 对账能够提高会计人员的工作效率

11. 下列关于结账的说法中错误的是（　　）。

A. 结账前，应将本期内发生的经济业务全部计入有关账簿，若预计本期不会再发生任何业务可以提前结账

B. 结账前应根据权责发生制要求调整有关账项

C. 结账前要将损益类科目全部转入“本年利润”账户

D. 在本期全部经济业务登记入账的基础上，需要结算出资产、负债和所有者权益类科目的本期发生额和余额，并结转至下期

12. 年终结账，将余额结转下年时（　　）。

A. 不需要编制记账凭证，但应将上年账户的余额结平

B. 应编制记账凭证，并将上年账户的余额结平

C. 不需要编制记账凭证，只要将上年账户的余额直接结转下年即可

D. 应编制记账凭证予以结转

13. 下列各项中，需要划双红线的有（　　）。

A. 在“本月合计”的下面

B. 在月末最后一笔业务的下面

C. 在 12 月月末的“本月累计”的下面

D. 在“本年合计”的下面

二、多项选择题

1. 下列对账事项，属于账实核对的有（　　　　）。

A. 有关账簿记录与原始凭证的核对

B. 银行存款日记账与开户银行对账单的核对

C. 财产物资明细账与占有该项财产物资部门的有关明细分类账的核对

D. 债权债务明细账与对方单位明细账的核对

2. 对账的主要内容包括（　　　　）。

A. 账证核对　　B. 账账核对

C. 账实核对　　D. 账表核对

3. 账账核对是指核对不同会计账簿之间的账簿记录是否相符，包括（　　　　）。

A. 总分类账簿有关账户的余额核对

B. 总分类账簿与所属明细分类账簿核对

C. 总分类账簿与序时账簿核对

D. 明细分类账簿之间的核对

4. 账实核对是指账簿记录与财产等实有数额间的核对，具体包括（　　　　）核对。

A. 现金日记账余额与实际库存现金数

B. 银行存款日记账余额与银行对账单

C. 各种财物明细账余额与实存数

D. 债权、债务明细账余额与对方单位的账簿记录（往来款项对账单）

5. 账账核对包括（　　　　）。

A. 总分类账有关账户的余额核对

B. 总分类账与明细分类账核对

C. 总分类账与日记账核对

D. 会计部门的财产物资明细账与财产物资保管和使用部门的有关明细分

类账核对

6. 结账包括（　　　　）。

A. 日结　　　　B. 月结

C. 季结　　　　D. 年结

7. 关于结账，以下说法正确的有（　　　　）。

A. 总分类账账户平时只需结出月末余额

B. 年度终了结账时，有余额的账户，要将其余额结转下年

C. 对不需按月结计本期发生额的账户，每月最后一笔余额为月末余额

D. 库存现金日记账需要按月结计发生额和余额

8. 下列结账方法，正确的有（　　　　）。

A. 现金、银行存款日记账，每月要结出本月发生额和余额，在摘要栏内注明“本月合计”字样，并在下面通栏划单红线

B. 需要结计本年累计发生额的明细分类账，每月结账时，应在“本月合计”行下结出自年初起至本月月末的累计发生额

C. 总分类账账户平时只需结出月末余额。年终结账时，将所有总分类账账户结出全年发生额和年末余额，在摘要栏内注明“本年合计”字样，并在合计数下通栏划双红线

D. 年度终了时，对有余额的账户，要将其余额结转下年，并在摘要栏注明“结转下年”字样

三、判断题

1. 任何单位，对账工作应该每年至少进行一次。（　　）

2. 账证核对就是指核对会计账簿的记录与有关会计凭证的时间、凭证字号、内容、金额是否一致，记账方向是否一致。（　　）

3. 现金日记账和银行存款日记账期末余额与总分类账的库存现金、银行存款期末余额核对属于总分类账与序时账簿的核对。（　　）

4. 会计部门的财产物资明细账期末余额与财产物资使用部门的财产物资明细账期末余额相核对，属于账实核对。（　　）

5. 年终结账时，各账户所记的年末余额都要以同方向直接记入新账的账户中，并注明“上年结转”字样，无须编制记账凭证。（　　）

6. 新旧账簿有关账户之间的结转余额，需要编制记账凭证。（　　）

7. 年度结账时，需要在12月月末的本年累计的下面划通栏双红线。（　　）

8. 期末根据账簿记录，计算并记录出各账户的本期发生额和期末余额，在会计上叫结账。（　　）

第五节　错账查找与更正的方法

一、单项选择题

1. 记账后，发现记账凭证上应借、应贷的会计科目并无错误，但所填金额有错，致使账簿记录错误，正确的更正方法是（　　）。

A. 若所填金额大于应填金额，则应采用红字更正法

B. 若所填金额小于应填金额，则应采用红线更正法

C. 若所填金额大于应填金额，则应采用补充登记法

D. 若所填金额小于应填金额，则应采用划线更正法

2. 某会计人员在审核记账凭证时，发现误将 1 000 元写成 100 元，尚未入账，一般应采用（　　）进行改正。

A. 重新编制记账凭证　　B. 红字更正法

C. 补充登记法　　D. 冲账法

3. 某会计人员在填制记账凭证时，误将科目名称“应付账款”写成“应收账款”，并已入账，查账时发现，更正的方法是（　　）。

A. 划线更正法　　B. 红字更正法

C. 补充登记法　　D. 重做

4. 凡在结账前发现记账凭证正确而登记账簿发生错误的，可用（　　）更正。

A. 划线更正法　　B. 补充登记法

C. 红字更正法　　D. 涂改法

5. 已经登记入账的记账凭证，在当年内发现有误，可以用红字填写一张与原内容相同的记账凭证，在摘要栏注明（　　）字样，再用蓝字做一张正确的记账凭证。

A. 注销某月某日某号凭证　　B. 订正某月某日某号凭证

C. 经济业务的内容　　D. 对方单位

6. 收回货款 2 000 元存入银行，记账凭证错误填写为 20 000 元，并已入账。正确的更正方法是（　　）。

A. 采用划线更正法，借记“银行存款”账户 18 000 元，贷记“应收账款”账户 18 000 元

B. 用红字借记“银行存款”账户 20 000 元，贷记“应收账款”账户 20 000 元

C. 用蓝字借记“应收账款”账户 18 000 元，贷记“银行存款”账户 18 000 元

D. 用红字借记“银行存款”账户 18 000 元，贷记“应收账款”账户 18 000 元

7. 记账后发现记账凭证填写的会计科目无误，只是所登记的金额大于应记金额，应采用的错账更正方法为（　　）。

A. 涂改法　　B. 划线更正法

C. 红字更正法　　D. 补充登记法

8. 登账后发现，会计人员在分配工资费用时，将车间管理人员的工资记入了“管理费用”账户。此时应采用的更正方法是（　　）。

A. 划线更正法　　B. 红字更正法

C. 补充更正法　　D. 编制相反分录冲减

9. 根据记账凭证登账，误将 100 元记为 1 000 元，应采用（　　）进行更正。

A. 红字更正法　　B. 补充登记法

C. 划线更正法　　D. 平行登记法

10. 企业开出转账支票 1 790 元购买办公用品，编制记账凭证时，误记金额为 1 970 元，科目及方向无误并已记账，应采用的更正方法是（　　）。

A. 补充登记 180 元　　B. 红字冲销 180 元

C. 在凭证中划线更正　　D. 把错误凭证撕掉重编

二、多项选择题

1. 错账查找方法具体分为（　　）。

A. 全面检查　　B. 局部抽查

C. 定期检查　　D. 不定期检查

2. 采用红字更正法更正错误的情况有（　　）。

A. 记账之后，发现当年的记账凭证中的会计科目使用错误

B. 记账之后，发现当年的记账凭证所列金额大于正确金额

C. 记账之后，发现记账凭证所列金额小于正确金额

D. 结账之前，发现账簿记录有文字错误，而记账凭证正确

3. 下列各种工作的错误，应当用红字更正法予以更正的有（　　）。

A. 在账簿中将 2 500 元误记为 2 550 元，记账凭证正确无误

B. 在填制记账凭证时，误将“应收账款”科目填为“其他应收款”，并已登记入账

C. 在填制记账凭证时，误将 3 000 元填作 300 元，尚未入账

D. 记账凭证中的借贷方向用错，并已入账

4. 记账后，发现记账凭证中的金额有错误，导致账簿记录错误，不能采用的错账更正法有（　　）。

A. 划线更正法　　B. 补充登记法

C. 红字更正法　　D. 重新抄写法

5. 可用于更正因记账凭证错误而导致账簿登记错误的错账更正方法有（　　）。

A. 划线更正法　　B. 红字更正法

C. 补充登记法　　D. 顺查法

6. 填制记账凭证时若发生错误，且已经登记入账，下面更正方法正确的有（　　）。

A. 用涂改液进行更正

B. 先用红字填写一张与原内容相同的记账凭证，在摘要栏注明“注销某月某日某号凭证”字样。同时再用蓝字重新填制一张正确的记账凭证

C. 如果会计科目没有错误，只是金额错误，也可将正确数字与错误数字之间的差额，另编一张调整的记账凭证，调增金额用蓝字，调减金额用红字

D. 发现以前年度记账凭证有错误的，不涉及损益类科目，科目正确，金额少记，应当按少记的金额用蓝字填制一张与原记账凭证应借、应贷科目完全相同的记账凭证

7. 错账的查找方法有（　　）。

A. 差数法　　B. 尾数法

C. 除 2 法　　D. 除 9 法

三、判断题

1. 在审查当年的记账凭证时，发现某记账凭证应借应贷的科目正确，但所记的金额小于实际金额，尚未入账，应用红字更正法更正。（　　）

2. 记账后，如果发现记账凭证中的会计科目有错，致使账簿记录错误的，

可采用补充登记法更正。(　　)

3. 在期末结账前发现账簿记录中文字出现错误，可以用红字更正法更正。(　　)

4. 补充登记法就是把原来未登记完的业务登记完毕的方法。(　　)

5. 发现以前年度记账凭证有错误，不必用红字冲销，直接用蓝字填制一张更正的记账凭证即可。(　　)

6. 结账前，某企业发现会计账簿记录有错误，经查确定相关记账凭证没有错误，只是过账时不慎，属于笔误，应采用划线更正法更正。(　　)

7. 划线更正法是在错误的文字或数字上划一红线注销，然后在其上端用红字填写正确的文字或数字，并由记账人员加盖印章，以明确责任。(　　)

8. 已经登记入账的记账凭证，在当年内发现科目、金额有误，可以用红字填写一张与原内容相同的记账凭证，在摘要栏注明“冲销某月某日某号凭证”字样，再用蓝字做一张正确的记账凭证登记入账。(　　)

四、计算分析题

某公司会计人员在结账前进行对账时，查找出以下错账（以下凭证都已入账）：

（1）用银行存款支付建造固定资产的工程价款 50 000 元，编制的会计分录为：

借：在建工程　　　　50 000

　　贷：银行存款　　　　50 000

在记账后结账前，账簿中“在建工程”账户记录为 5 000 元

（2）用库存现金支付职工生活困难补助 600 元，编制的会计分录为：

借：管理费用　　　　600

　　贷：库存现金　　　　600

（3）计提车间生产用固定资产折旧 20 000 元，编制的会计分录为：

借：制造费用　　　　2 000

　　贷：累计折旧　　　　2 000

（4）用银行存款支付工人工资 30 000 元，编制的会计分录为：

借：应付职工薪酬　　　　300 000

　　贷：银行存款　　　　300 000

要求：指出对上述错账应采用何种更正方法，并编制错账更正的会计分录至表 7-4。

▶▶ 表 7-4　错账更正的方法与会计分录

序号	应采用的更正方法	错账更正的会计分录
（1）		
（2）		
（3）		
（4）		

第六节　会计账簿的更换与保管

一、单项选择题

1. 下列会计账簿中，可以跨年度连续使用的是（　　）。

A. 总分类账　　B. 日记账

C. 固定资产卡片账　　D. 费用明细账

2. 下列账簿中，仍可延用上年账簿的是（　　）。

A. 现金日记账　　B. 银行日记账

C. 总分类账　　D. 固定资产明细账

3. 根据财政部、国家档案局《会计档案管理办法》的规定，企业的银行存款日记账的保管期限为（　　）年。

A. 3　　B. 15

C. 25　　D. 30

4. 原始凭证和记账凭证的保管期限为（　　）年。

A. 5　　B. 10

C. 15　　D. 30

5. 固定资产卡片的保管期限为（　　）。

A. 固定资产报废清理时　　B. 固定资产报废清理后 5 年

C. 固定资产报废清理后 10 年　　D. 固定资产报废清理后 20 年

6. 月度财务会计报告的保管期限为（　　）。

A. 3 年　　B. 5 年
C. 10 年　　D. 15 年

二、多项选择题

1. 下列企业会计档案中，保管期限为 30 年的有（　　）。
A. 原始凭证　　B. 记账凭证
C. 总分类账　　D. 银行存款日记账

2. 下列关于会计账簿的更换和保管正确的有（　　）。
A. 总分类账、日记账和多数明细分类账每年更换一次
B. 变动较小的明细分类账可以连续使用，不必每年更换
C. 备查账簿不可以连续使用
D. 会计账簿由本单位财务会计部门保管半年后，交由本单位档案管理部门保管

3. 年终必须更换的会计账簿有（　　）。
A. 总分类账　　B. 库存现金日记账
C. 银行存款日记账　　D. 固定资产明细账

4. 下列各项中，符合会计账簿平时管理的具体要求的有（　　）。
A. 各种账簿应分工明确，指定专人管理
B. 会计账簿只允许在财务室内随意翻阅查看
C. 会计账簿除需要与外单位核对外，一般不能携带外出
D. 会计账簿不能随意交与其他人员管理

三、判断题

1. 日记账、总分类账和大部分明细分类账都要在每年更换新账，但固定资产明细账可以继续使用。（　　）

2. 日记账、总分类账和明细分类账都要每年全部更换新账。（　　）

3. 为了明确划分各会计年度的界限，年度终了，各种会计账簿都应更换新账。（　　）

第八章 账务处理程序

法规索引

1. 小企业会计准则
2. 会计基础工作规范

根据主教材《会计基础》（第三版）第八章的相关内容，汇总出记账凭证账务处理程序、汇总记账凭证账务处理程序和科目汇总表账务处理程序三种账务处理程序的总结对比表，如表 8-1 所示。

▸▸ 表 8-1　三种账务处理程序总结对比表

	记账凭证账务处理程序	汇总记账凭证账务处理程序	科目汇总表账务处理程序
定义	其是指对发生的经济业务，先根据原始凭证或汇总原始凭证填制记账凭证，再直接根据记账凭证登记总分类账的一种账务处理程序	其是指先根据原始凭证或汇总原始凭证填制记账凭证，定期根据记账凭证分类编制汇总收款凭证、汇总付款凭证和汇总转账凭证，再根据汇总记账凭证登记总分类账的一种账务处理程序	其又称记账凭证汇总表账务处理程序，是指根据记账凭证定期编制科目汇总表，再根据科目汇总表登记总分类账的一种账务处理程序

续表

	记账凭证账务处理程序	汇总记账凭证账务处理程序	科目汇总表账务处理程序
格式	记账凭证可以采用一种通用的格式，即通用记账凭证；也可采用收款凭证、付款凭证和转账凭证三种格式，即专用记账凭证	汇总记账凭证分为汇总收款凭证、汇总付款凭证和汇总转账凭证三种格式。 汇总收款凭证按照借方账户设置，按贷方账户归类汇总，汇总付款凭证和汇总转账凭证都是按照贷方账户设置，按借方账户加以归类、汇总	科目汇总表可每月编制一张，按旬汇总，也可每旬汇总一次编制一张。任何格式的科目汇总表，都只反映各个账户的借方本期发生额和贷方本期发生额，不反映各个账户之间的对应关系
特点	在会计核算中直接根据记账凭证逐笔登记总分类账。它是最基本的账务处理程序，其他各种账务处理程序都是在此基础上发展形成的	在会计核算中先根据记账凭证编制汇总记账凭证，再根据汇总记账凭证登记总分类账。汇总转账凭证在编制的过程中贷方账户必须唯一，借方账户可一个或多个，即转账凭证必须一借一贷或多借一贷	先将所有记账凭证汇总编制成科目汇总表，然后以科目汇总表为依据登记总分类账
优点	简单明了，易于理解，总分类账可以较详细地反映经济业务的发生情况	减轻了登记总分类账的工作量	减轻了登记总分类账的工作量，易于理解，方便学习，并可做到试算平衡
缺点	登记总分类账的工作量较大	当转账凭证较多时，编制汇总转账凭证的工作量较大，并且按每一贷方账户编制汇总转账凭证，不利于会计核算的日常分工	不能反映各个账户之间的对应关系，不利于对账目进行检查
范围	适用于规模较小、经济业务量较少的单位	适用于规模较大、经济业务较多的单位	适用于经济业务较多的单位
区别	根据记账凭证逐笔登记总分类账	根据汇总记账凭证登记总分类账	根据科目汇总表登记总分类账

第一节 账务处理程序概述

一、单项选择题

1. 下列各项中，不属于账务处理程序的意义的有（ ）。

A. 有利于会计工作的规范化　　B. 有利于提高会计信息的可靠性

C. 有利于提高会计处理的效率　　D. 有利于发挥会计监督职能

2. 科目汇总表账务处理程序与汇总记账凭证账务处理程序的共同优点是（ ）。

A. 保持科目之间的对应关系　　B. 简化总分类账登记工作

C. 进行所有科目余额的试算平衡　　D. 总括反映同类经济业务

3. 根据原始凭证或汇总原始凭证编制记账凭证，定期根据记账凭证登记总分类账的账务处理程序是（ ）。

A. 科目汇总表账务处理程序　　B. 多栏式日记账账务处理程序

C. 记账凭证账务处理程序　　D. 汇总记账凭证账务处理程序

4. 各种账务处理程序之间的主要区别在于（ ）。

A. 会计凭证的种类不同

B. 总分类账的格式不同

C. 登记总分类账的依据和方法不同

D. 根据总分类账编制会计报表的方法不同

5. 一家小型商业流通企业，主要经销家电产品，其账务处理使用记账凭证账务处理程序。则月末登记总分类账的依据是（ ）。

A. 原始凭证　　B. 原始凭证汇总表

C. 记账凭证　　D. 记账凭证汇总表

6. 下列既可以作为登记明细分类账依据，又同时可以作为登记总分类账依据的是（ ）。

A. 记账凭证　　B. 汇总记账凭证

C. 原始凭证　　D. 汇总原始凭证

7. 某公司是一家小规模企业，选用记账凭证账务处理程序记账，工作流程涉及如下环节：① 根据原始凭证或汇总原始凭证填制记账凭证；② 根据原始凭证或原始凭证汇总表、记账凭证登记明细分类账；③ 根据明细分类账和总分类账编制会计报表；④ 根据收款凭证、付款凭证登记现金日记账和银行存款日记账；⑤ 根据记账凭证登记总分类账。⑥ 库存现金日记账、银行存款日记账和明细分类账的余额与有关总分类账的余额核对相符。上述流程正确的处理顺序是（　　）。

A. ①②③④⑤⑥　　B. ①④②⑤⑥③

C. ①⑤④②③⑥　　D. ⑤④①②⑥③

8. 记账凭证账务处理程序中会计报表是根据（　　）资料编制的。

A. 日记账、总分类账和明细分类账　　B. 日记账和明细分类账

C. 明细分类账和总分类账　　D. 日记账和总分类账

二、多项选择题

1. 账务处理程序的主要内容包括（　　）。

A. 会计凭证、会计账簿的种类及格式

B. 会计凭证与会计账簿之间的联系方法

C. 由原始凭证到编制记账凭证、登记总分类账和明细分类账、编制会计报表的工作程序和方法

D. 会计资料立卷归档的程序和方法

2. 在会计核算中，填制和审核会计凭证、根据会计凭证登记会计账簿、根据会计账簿记录编制会计报表，这个过程和步骤以及三者的结合方式称为（　　）。

A. 会计凭证传递　　B. 会计核算组织

C. 会计账簿组织　　D. 账务处理程序

3. 账务处理程序是指（　　）按照一定的形式和方法相结合的方式。

A. 会计科目　　B. 会计凭证

C. 会计账簿　　D. 会计报表

4. 各种账务处理程序的相同之处表现为（　　）。

A. 根据原始凭证编制汇总原始凭证

B. 根据原始凭证或原始凭证汇总表编制记账凭证

C. 根据各种记账凭证和有关的原始凭证或原始凭证汇总表登记明细分类账

D. 根据总分类账和明细分类账的记录编制会计报表

5. 能够起到简化登记总分类账工作的账务处理程序有（　　　　）。

A. 汇总记账凭证账务处理程序　　　　B. 记账凭证账务处理程序

C. 科目汇总表账务处理程序　　　　D. 日记账账务处理程序

6. 在不同账务处理程序下，可以作为登记总分类账依据的有（　　　　）。

A. 记账凭证　　　　B. 科目汇总表

C. 汇总记账凭证　　　　D. 多栏式日记账

7. 在记账凭证账务处理程序下，需设置（　　　　）。

A. 收款、付款、转账凭证或通用记账凭证

B. 科目汇总表或汇总记账凭证

C. 现金和银行存款日记账

D. 总分类账和若干明细分类账

三、判断题

1. 账务处理程序也称会计核算形式，是指会计凭证、会计账簿、会计报表相结合的方式。（　　）

2. 各种账务处理程序之间的主要区别在于登记总分类账的依据和方法不同。（　　）

3. 记账凭证账务处理程序是指根据记账凭证定期编制科目汇总表，再根据科目汇总表登记总分类账的一种账务处理程序。（　　）

4. 科目汇总表账务处理程序是根据汇总记账凭证登记总分类账的一种账务处理程序。（　　）

5. 由于各企业生产经营活动特点和规模大小的不同，所以要科学、合理地选择适合本单位的账务处理程序。（　　）

6. 在记账凭证账务处理程序下，其记账凭证必须采用收款凭证、付款凭证和转账凭证三种格式。（　　）

7. 采用记账凭证账务处理程序时，总分类账是根据记账凭证逐笔登记的。（　　）

第二节　记账凭证账务处理程序

一、单项选择题

1. 记账凭证账务处理程序的主要特点是（　　）。
A. 根据各种记账凭证编制汇总记账凭证
B. 根据各种记账凭证逐笔登记总分类账
C. 根据各种记账凭证编制科目汇总表
D. 根据各种汇总记账凭证登记总分类账
2. 记账凭证账务处理程序一般适用于（　　）。
A. 规模较大，经济业务比较复杂的企业
B. 规模较大，但经济业务比较简单的企业
C. 规模较小，经济业务量较少的企业
D. 规模不大，但经济业务量较多的企业
3. 记账凭证账务处理程序的优点是（　　）。
A. 便于核对账目和进行试算平衡
B. 减轻了登记总分类账的工作量
C. 有利于会计核算的日常分工
D. 总分类账反映经济业务较详细
4. 记账凭证账务处理程序的主要缺点是（　　）。
A. 登记总分类账的工作量较大
B. 不利于会计分工
C. 不反映各科目的对应关系
D. 总分类账不能详细地反映经济业务的发生情况

二、多项选择题

1. 记账凭证账务处理程序的优点和缺点包括（　　　）。
A. 简单明了，总分类账可以较详细地反映经济业务的发生情况
B. 登记总分类账的工作量比较大
C. 简化了登记总分类账的工作量
D. 不能反映科目间的对应关系
2. 以下关于记账凭证账务处理程序的表述中，正确的有（　　　）。
A. 账务处理程序简单明了，易于理解

B. 总分类账可以较详细地反映交易或事项的发生情况，便于查账、对账

C. 登记总分类账的工作量较大

D. 这种程序只适用于一些规模大，业务量多，凭证多的单位

三、判断题

1. 记账凭证账务处理程序因为不存在编制科目汇总表或汇总记账凭证的程序，故对于业务量小的企业而言，最为实用。(　　)

2. 在记账凭证账务处理程序下，总分类账能够比较详细地反映经济业务的发生情况。(　　)

3. 记账凭证账务处理程序是最基本的账务处理程序，其缺点之一是登记会计账簿的工作量较大。(　　)

第三节　汇总记账凭证账务处理程序

一、单项选择题

1. 以记账凭证为依据，按有关账户的借方设置，按贷方账户归类的有(　　)。

A. 科目汇总表　　B. 汇总收款凭证

C. 汇总付款凭证　　D. 汇总转账凭证

2. 汇总付款凭证是根据(　　)汇总编制的。

A. 原始凭证　　B. 原始凭证汇总表

C. 收款凭证　　D. 付款凭证

3. 汇总记账凭证是指按(　　)分别设置，用来汇总一定时期转账业务的一种汇总记账凭证。

A. 每一个借方科目

B. 每一个非库存现金、银行存款科目

C. 每一个贷方科目

D. 银行存款

4. 汇总记账凭证账务处理程序的缺点在于(　　)。

A. 不利于会计核算工作的分工

B. 不能反映经济业务的来龙去脉，不能查对账目

C. 不能保持科目之间的对应关系

D. 不能节省会计工作时间

5. 汇总记账凭证账务处理程序的特点，是根据（　　）登记总分类账。

A. 记账凭证　　B. 汇总记账凭证

C. 科目汇总表　　D. 原始凭证

6. 下列各项中，不属于汇总记账凭证的是（　　）。

A. 汇总收款凭证　　B. 多栏式凭证

C. 汇总付款凭证　　D. 汇总转账凭证

7. 以下属于汇总记账凭证账务处理程序缺点的是（　　）。

A. 登记总分类账的工作量较大

B. 编制汇总转账凭证的工作量较大

C. 不便于体现账户间的对应关系

D. 有利于会计核算工作的分工

8. 汇总记账凭证账务处理程序的适用范围是（　　）。

A. 规模较小，经济业务量较少的单位

B. 会计基础工作薄弱的单位

C. 规模较大、经济业务量较多，收、付款业务比较多的单位

D. 规模较小，经济业务量较多的单位

二、多项选择题

1. 采用汇总记账凭证账务处理程序，汇总记账凭证具体包括（　　）。

A. 汇总转账凭证　　B. 汇总付款凭证

C. 汇总原始凭证　　D. 汇总收款凭证

2. 以记账凭证为依据，按有关账户的贷方设置，按借方账户归类的有（　　）。

A. 汇总收款凭证　　B. 汇总转账凭证

C. 汇总付款凭证　　D. 科目汇总表

3. 在汇总记账凭证账务处理程序下，应设置（　　）等。

A. 收款凭证、付款凭证和转账凭证

B. 汇总收款凭证、汇总付款凭证和汇总转账凭证

C. 库存现金和银行存款日记账

D. 总分类账

4. 采用汇总记账凭证核算程序，转账凭证应按（　　）填制。

A. 一借多贷　　　　　　B. 多借多贷

C. 一借一贷　　　　　　D. 多借一贷

5. 下列各项中，属于汇总记账凭证账务处理程序优点的有（　　）。

A. 减轻了登记总分类账的工作量　　　B. 便于试算平衡

C. 便于了解账户之间的对应关系　　　D. 便于会计核算的日常分工

6. 对于汇总记账凭证账务处理程序，下列说法错误的有（　　）。

A. 登记总分类账的工作量大

B. 不能体现账户之间的对应关系

C. 可以做到试算平衡

D. 当转账凭证较多时，汇总转账凭证的编制工作量较大

7. 下列各项中，属于汇总记账凭证账务处理程序缺点的有（　　）。

A. 当转账凭证较多时，编制汇总转账凭证的工作量大

B. 按每一贷方科目标志汇总转账凭证，不利于会计核算的日常分工

C. 总分类账中无法清晰地反映账户之间的对应关系

D. 登记总分类账的工作量较大

三、判断题

1. 汇总转账凭证是指按每一个借方科目分别设置，用来汇总一定时期内收付业务的一种记账凭证。（　　）

2. 在汇总记账凭证账务处理程序下，根据汇总记账凭证来编制会计报表。（　　）

3. 汇总记账凭证是按照每个会计账户设置，并汇总出每一个会计账户的借方本期余额和贷方本期余额。（　　）

4. 在汇总记账凭证账务处理程序中，即使在月份内某一贷方科目的转账凭证不多，也必须编制汇总转账凭证，根据汇总转账凭证登记总分类账。（　　）

5. 汇总记账凭证账务处理程序就是将各种原始凭证汇总后填制记账凭证，并据以登记总分类账的账务处理程序。（　　）

6. 汇总记账凭证账务处理程序便于了解账户之间的对应关系，并可以做到试算平衡。（　　）

7. 汇总记账凭证账务处理程序一般适用于规模较大、经济业务较多，特别是转账业务多而收、付款业务较少的会计主体。（　　）

第四节　科目汇总表账务处理程序

一、单项选择题

1. 科目汇总表账务处理程序是由（　　）发展而来的。

A. 记账凭证账务处理程序　　B. 汇总记账凭证账务处理程序

C. 多栏式日记账账务处理程序　　D. 日记总账账务处理程序

2. 科目汇总表的汇总范围是（　　）。

A. 全部账户的借、贷方发生额和余额

B. 全部账户的借、贷方余额

C. 全部账户的借、贷方发生额

D. 汇总收款凭证、汇总付款凭证、汇总转账凭证的合计数

3. 科目汇总表账务处理程序和汇总记账凭证账务处理程序的主要相同点是（　　）。

A. 记账凭证汇总的方法相同

B. 登记总分类账的依据相同

C. 会计凭证的种类相同

D. 记账凭证都需要汇总并且记账步骤相同

4. 科目汇总表账务处理程序与记账凭证账务处理程序不相同的凭证是（　　）。

A. 汇总原始凭证　　B. 汇总记账凭证

C. 科目汇总表　　D. 原始凭证汇总表

5. 常见的三种账务处理程序中会计报表是根据（　　）资料编制的。

A. 日记账、总分类账和明细分类账　　B. 日记账和明细分类账

C. 明细分类账和总分类账　　D. 日记账和总分类账

6. 科目汇总表账务处理程序一般适用于（　　）。

A. 规模较大，业务较多的企业　　B. 规模较大，业务较少的企业

C. 规模较小，业务较少的企业　　D. 规模较小，业务较多的企业

7. 下列各项中，属于科目汇总表账务处理程序优点的是（　　）。

A. 有利于会计核算的分工　　B. 便于了解账户之间的对应关系

C. 便于查对账目　　D. 可以做到试算平衡

8. 以下关于科目汇总表账务处理程序的描述中，错误的是（　　）。

A. 其根据科目汇总表登记总分类账

B. 其不能反映账户间的对应关系

C. 其能反映各账户一定时期内的借方发生额和贷方发生额，进行试算平衡

D. 由于科目汇总表的编制手续复杂，所以此程序只适用于小规模、业务少的企业

二、多项选择题

1. 采用科目汇总表账务处理程序时，月末应将（　　　）余额与有关总分类账的余额进行核对相符。

A. 现金日记账　　B. 银行存款日记账

C. 汇总记账凭证　　D. 明细分类账

2. 在各种账务处理程序下，登记明细分类账的依据可能有（　　　）。

A. 原始凭证　　B. 汇总原始凭证

C. 记账凭证　　D. 汇总记账凭证

3. 不同账务处理程序所具有的相同之处有（　　　）。

A. 编制记账凭证的直接依据相同

B. 编制会计报表的直接依据相同

C. 登记明细分类账簿的直接依据相同

D. 登记总分类账簿的直接依据相同

4. 科目汇总表的特点是（　　　）。

A. 能够反映账户之间的对应关系

B. 不能反映账户间的对应关系

C. 能反映各账户一定时期内的借方发生额和贷方发生额，进行试算平衡

D. 只适用于小规模、业务少的企业

5. 以下关于科目汇总表的描述中，正确的是（　　　）。

A. 其根据科目汇总表登记总分类账

B. 其不能反映账户间的对应关系

C. 其能反映各账户一定时期内的借方发生额和贷方发生额，进行试算平衡

D. 由于科目汇总表的编制手续复杂，所以其只适用于规模小、业务少的企业

三、判断题

1. 科目汇总表只在月末编制。(　　)

2. 在不同的账务处理程序下，会计报表的编制依据不同。(　　)

3. 在各种账务处理程序下，会计报表的编制方法都是相同的。(　　)

4. 科目汇总表的编制方法是，根据一定时期内的全部记账凭证，按照会计凭证进行归类，定期汇总出每一个账户的借方本期发生额和贷方本期发生额，填写在科目汇总表的相关栏内。(　　)

5. 在科目汇总表账务处理程序下，总分类账要采用设立“对方科目”栏的借、贷、余三栏式账页。(　　)

6. 科目汇总表账务处理程序一般适用于业务量大、记账凭证较多的单位。(　　)

7. 编制汇总记账凭证或科目汇总表的目的是减少总分类账的记账工作量。(　　)

8. 科目汇总表账务处理程序不便于查账、对账。(　　)

四、计算分析题

某企业 20×6 年 1 月 1 日至 10 日发生下列经济业务：

(1) 1 日，从银行提取现金 1 000 元备用。

(2) 2 日，从华丰厂购进材料一批，已验收入库，价款 5 000 元，增值税进项税额 650 元，款项尚未支付。

(3) 2 日，销售给海华工厂甲产品一批，价款为 100 000 元，增值税销项税额 13 000 元，款项尚未收到。

(4) 3 日，厂部的李某出差，预借差旅费 500 元，以现金付讫。

(5) 4 日，车间领用乙材料一批，其中用于 B 产品生产 3 000 元，用于车间一般消耗 500 元。

(6) 5 日，销售给天裕公司 D 产品一批，价款为 20 000 元，增值税销项税额为 2 600 元，款项尚未收到。

(7) 5 日，从华东公司购进丙材料一批，价款 8 000 元，增值税进项税额 1 040 元，材料已运达企业，但尚未验收入库，款项尚未支付。

(8) 7 日，接到银行通知，收到海华工厂前欠货款 113 000 元，已经办妥入账。

(9) 8 日，通过银行转账支付 5 日所欠华东公司的购料款 9 040 元。

(10) 10 日，购入计算机一台，增值税专用发票上价款 8 000 元，增值税税额 1 040 元，签发一张转账支票支付。

要求：根据以上经济业务，完成下列“科目汇总表”的编制，见表 8-2。

▶▶表 8-2 科目汇总表

20×6 年 1 月 1 日至 10 日　　单位：元

会计科目	借方发生额	贷方发生额
库存现金	1 000	500
银行存款	113 000	（1）
应收账款	（2）	113 000
原材料	5 000	3 500
在途物资	8 000	—
生产成本	3 000	—
其他应收款	500	—
固定资产	8 000	—
主营业务收入	—	（3）
制造费用	500	—
应交税费	（4）	15 600
应付账款	9 040	（5）
合计	286 370	286 370

第九章 财产清查

1. 中华人民共和国会计法
2. 企业会计准则——基本准则

（1）请根据主教材《会计基础》（第三版）第九章的相关内容，总结并填写表 9-1。

►► 表 9-1　财产清查内容

<table>
<tr><td rowspan="3">一、财产清查的概念与意义</td><td>要点</td><td colspan="2">内容</td></tr>
<tr><td>概述</td><td colspan="2"></td></tr>
<tr><td>意义</td><td colspan="2"></td></tr>
<tr><td rowspan="4">二、财产清查的种类</td><td colspan="2">要点</td><td>内容</td></tr>
<tr><td colspan="2">按清查范围分类</td><td></td></tr>
<tr><td colspan="2">按清查时间分类</td><td></td></tr>
<tr><td colspan="2">按清查执行系统分类</td><td></td></tr>
<tr><td>三、财产清查的一般程序</td><td colspan="3"></td></tr>
</table>

（2）库存现金盘盈盘亏业务账务处理总结如表 9-2 所示。

▶▶表 9-2 库存现金盘盈盘亏业务账务处理总结

<table>
<tr><th>状态</th><th>盘盈</th><th>盘亏</th></tr>
<tr><td>批准前</td><td>借：库存现金
贷：待处理财产损溢
——待处理流动资产损溢</td><td>借：待处理财产损溢
——待处理流动资产损溢
贷：库存现金
借：待处理财产损溢
贷：管理费用（管理不善等原因）
其他应收款（应收的保险赔偿和过失人赔偿）</td></tr>
<tr><td>批准后</td><td>借：待处理财产损溢
——待处理流动资产损溢
贷：营业外收入（无法查明原因）
其他应付款（应付给某人或某单位）</td><td>借：管理费用（管理不善等原因）
其他应收款（应收的保险赔偿和过失人赔偿）
营业外支出——非常损失（自然灾害等原因）
贷：待处理财产损溢——待处理流动资产损溢</td></tr>
</table>

（3）存货盘盈盘亏业务账务处理总结如表 9-3 所示。

▶▶表 9-3 存货盘盈盘亏业务账务处理总结

<table>
<tr><th>状态</th><th>盘盈</th><th>盘亏</th></tr>
<tr><td>批准前</td><td>借：原材料等
贷：待处理财产损溢
——待处理流动资产损溢</td><td>借：待处理财产损溢
——待处理流动资产损溢
贷：原材料等</td></tr>
<tr><td>批准后</td><td>借：待处理财产损溢
——待处理流动资产损溢
贷：管理费用</td><td>借：管理费用（定额内损耗、存货日常收发计量上的差错以及无法查明原因等情况）
其他应收款（应由过失人及保险公司赔偿的损失）
营业外支出——非常损失（不可抗力的原因而发生的存货损失）
贷：待处理财产损溢——待处理流动资产损溢</td></tr>
</table>

（4）固定资产盘盈盘亏业务账务处理总结如表 9-4 所示。

▶▶ 表 9-4　固定资产盘盈盘亏业务账务处理总结

<table>
<tr><th>状态</th><th>盘盈</th><th>盘亏</th></tr>
<tr><td>批准前</td><td rowspan="2">借：固定资产（按重置成本）
　　贷：以前年度损益调整
盘盈的固定资产作为前期损益处理，不通过“待处理财产损溢”账户核算，而通过“以前年度损益调整”账户核算</td><td>借：待处理财产损溢
　　——待处理固定资产损溢
　　累计折旧
　　贷：固定资产</td></tr>
<tr><td>批准后</td><td>借：其他应收款（应由过失人及保险公司赔偿的损失）
　　营业外支出——非常损失（不可抗力的原因而发生的存货损失）
　　贷：待处理财产损溢——待处理固定资产损溢</td></tr>
</table>

（5）结算往来款项盘存业务账务处理总结如表 9-5 所示。

▶▶ 表 9-5　结算往来款项盘存业务账务处理总结

<table>
<tr><th>应付款项</th><th>应收款项</th></tr>
<tr><td rowspan="2">对于经查明确实无法支付的应付账款可按规定程序报经批准后，转做营业外收入。
借：应付账款——某公司
　　贷：营业外收入——其他</td><td>对于无法收回的应收账款则作为坏账损失冲减坏账准备。
借：坏账准备
　　贷：应收账款</td></tr>
<tr><td>年末实际计提的坏账准备增加坏账准备。
借：信用减值损失——计提的坏账准备
　　贷：坏账准备</td></tr>
</table>

第一节　财产清查概述

一、单项选择题

1. 财产清查是指通过盘点或核对，查明（　　）是否相符的一种专门方法。

A. 证证　　　　B. 账证

C. 账账　　　　D. 账实

2. 加强财产清查工作，充分发挥会计监督作用的重要意义不应包括（　　）。

A. 通过财产清查，可以保护财产的安全完整

B. 通过财产清查，确保会计核算资料的真实可靠

C. 通过财产清查，可以防止和打击各种腐败行为，维护国家财产不受侵犯

D. 通过财产清查，可以挖掘财产物资潜力，促进财产物资的有效使用

3. 将财产清查分为定期清查和不定期清查的分类标准是（　　）。

A. 清查时间　　B. 清查地点

C. 清查人员　　D. 清查范围

4. 按照财产清查对象的范围不同，财产清查分为（　　）。

A. 定期清查和不定期清查　　B. 内部清查和外部清查

C. 全面清查和局部清查　　D. 实物清查和现金清查

5. 某单位仓库保管人员调离工作，需要对其保管的财产进行全面清查，这种清查属于（　　）。

A. 定期全面清查　　B. 定期局部清查

C. 不定期全面清查　　D. 不定期局部清查

6. 一般在年终决算时，或单位发生撤销、合并、改变隶属关系、重组、股份制改造时，实行的清查是（　　）。

A. 全面清查　　B. 局部清查

C. 实地盘点　　D. 技术推算

7. 对贵重的财产物资，应每月清查盘点一次。此类财产清查通常称之为（　　）清查。

A. 局部　　B. 全面

C. 不定期　　D. 非重点

8. 企业在编制年度财务会计报告时，一般应进行（　　）。

A. 重点清查　　B. 全面清查

C. 局部清查　　D. 抽样清查

9. 定期清查一般是在（　　）。

A. 结账时　　B. 结账前

C. 结账后　　D. 对账中

10. 以下情况中，宜采用局部清查的是（　　）。

A. 年终决算前进行的清查

B. 企业清产核资时进行的清查

C. 企业更换财产保管人员时的清查

D. 企业改组为股份制试点企业时的清查

11. 企业在遭受自然灾害后，对其受损的财产物资进行的清查，属于（　　）。

A. 局部清查和定期清查　　B. 全面清查和定期清查

C. 局部清查和不定期清查　　D. 全面清查和不定期清查

二、多项选择题

1. 企业进行财产清查的意义有（　　）。

A. 确保会计资料真实可靠　　B. 保护财产物资的安全完整

C. 促进财产物资的有效使用　　D. 确保财经纪律的贯彻执行

2. 全面清查一般在年终进行，但单位在（　　）时，也要进行全面清查。

A. 合资　　B. 合并

C. 更换单位负责人　　D. 更换实物保管人

3. 局部清查是对一个单位的部分财产物资进行清查，一般对（　　）在年中应进行定期、不定期的局部清查。

A. 产成品　　B. 贵重物资

C. 现金　　D. 债权债务

4. 下列清查事项中，属于不定期清查的有（　　）。

A. 单位更换财产保管人员时对其所管财物的清查

B. 发生非常损失时对受损资产进行的清查

C. 编制年度财务会计报告前对全部资产进行的清查

D. 企业改制前对全部资产进行的清查

5. 下列各项中，需要对单位的财产进行全面清查的有（　　）。

A. 单位撤销　　B. 单位与国内企业联营

C. 单位主要负责人调离工作　　D. 单位仓库保管员调动工作

6. 全面清查的具体对象包括（　　）。

A. 货币资金　　B. 存货

C. 固定资产　　D. 往来款项

7. 财产清查按照清查的执行系统分类可分为（　　）。

A. 内部清查　　B. 局部清查

C. 外部清查　　D. 全面清查

8. 有关财产清查表述正确的是（　　）。

A. 财产清查时，应本着先认定质量，后清查数量、核对账簿记录的原则进行

B. 定期清查可以是全面清查，也可以是局部清查

C. 库存现金的清查包括出纳人员每日的清点核对和清查小组定期和不定期的清查

D. 按照清查的执行系统分为内部清查和外部清查

9. 现金出纳每天工作结束前都要将库存现金日记账结清并与库存现金实存数核对，这属于（　　）。

A. 局部清查　　B. 定期清查

C. 不定期清查　　D. 全面清查

10. 下列各项中，（　　）属于财产清查一般程序。

A. 组织清查人员学习有关政策规定

B. 确定清查对象、范围，明确清查任务

C. 制定清查方案

D. 根据盘存清单填制清查报告表

三、判断题

1. 财产清查就是对各项实物资产进行定期盘点和核对。（　　）

2. 清查时应按先清查质量，再清查数量、核对有关账簿记录的原则进行。（　　）

3. 通过财产清查，可以挖掘财产物资的潜力，有效利用财产物资，加速资金周转。（　　）

4. 账实不符是财产管理不善或会计人员水平不高的结果。（　　）

5. 财产清查中的临时清查，即不定期清查，其主要目的在于保证会计核算资料的真实正确。（　　）

6. 对贵重物资一般要经常进行局部清查，至少应每月清查盘点一次。（　　）

7. 企业财产的全面清查必须是定期进行，局部清查则根据需要不定期进行。（　　）

8. 造成账实不符的原因有很多，如财产物资的自然损耗、收发差错或计量误差、贪污盗窃等，因此需要进行定期或不定期的财产清查。（　　）

9. 企业对财产进行全面清查时，清查范围应包括存放在单位内部的全部财

产物资，不包括放在本单位之外的财产物资。(　　)

10. 单位负责人调离工作前需要进行全面的财产清查。(　　)

第二节　财产清查的方法

一、单项选择题

1. 友谊公司20×6年3月31日的银行存款核对中发现，银行对账单余额为2 512.60元，银行存款日记账账面余额为2 500元，经逐笔核查，发现有如下未达账项：① 3月29日，外地某购货单位汇来一笔预付款3 400元，银行已收妥入账，而企业尚未入账；② 3月30日，银行支付承兑货款2 000元，企业尚未记账；③ 3月30日，企业开出现金支票一张计1 000元，但持票人尚未到银行提现；④ 银行代扣电话费2 387.40元，但企业尚未收到有关凭证。调整后银行存款的余额应是(　　)。

A. 3 900　　B. 1 512.60

C. 3 387.40　　D. 3 100

2. 库存现金的清查是通过(　　)进行的。

A. 实地盘点法　　B. 账账核对法

C. 技术分析法　　D. 征询法

3. 对现金进行盘点时，盘点结果应编制的原始凭证是(　　)。

A. 盘存单　　B. 账存实存对比表

C. 库存现金盘点报告表　　D. 银行对账单

4. 在记账无误的情况下，银行对账单与银行存款日记账账目余额不一致的原因是(　　)。

A. 应付账款　　B. 应收账款

C. 外埠存款　　D. 未达账项

5. 银行存款余额调节表中调节后的余额是(　　)。

A. 银行存款账面余额

B. 对账单余额与日记账余额的平均数

C. 对账日企业可以动用的银行存款实有数额

D. 银行方面的账面余额

6. 在财产清查中，对银行存款由于出现未达账项而造成企业银行存款日记账余额与银行对账单余额不符时，应编制（　　）。

A. 试算平衡表　　B. 财产清查盘点表

C. 余额对照表　　D. 银行存款余额调节表

7. 有关银行存款清查表述正确的是（　　）。

A. 采取银行存款日记账余额与银行对账单核对

B. 单位可以按银行存款余额调节表调整账面余额

C. 企业期末可以动用的银行存款金额是银行对账单余额

D. 企业银行存款日记账余额与银行对账单余额不一致，是记账差错造成的

8. 对机器设备等固定资产采用的清查方法一般是（　　）。

A. 技术推算法　　B. 测量计算法

C. 实地盘点法　　D. 抽样盘点法

9. 对露天堆放的煤进行盘点所采用的清查方法一般是（　　）。

A. 实地盘点法　　B. 技术推算盘点法

C. 抽样盘点法　　D. 查询核对法

10. 在各种实物的清查过程中，（　　）必须在场参加盘点，但不宜单独承担财产清查工作。

A. 单位行政领导人　　B. 会计主管人员

C. 出纳人员　　D. 实物保管人员

11.（　　）是用以调整财产物资账簿记录的重要原始凭证，也是分析产生差异的原因，明确经济责任的依据。

A. 盘存单　　B. 实存账存对比表

C. 银行对账单　　D. 领料单

12. 在财产清查中，实物盘点的结果应如实登记在（　　）。

A. 账存实存对比表　　B. 盘存单

C. 对账单　　D. 盘盈盘亏报告表

13. 下列各项中，对往来款项的清查应采用的方法的是（　　）。

A. 技术推算盘点法　　B. 抽样盘存法

C. 实地盘点法　　D. 询证核对法

二、多项选择题

1. 以下属于银行存款未达账项的有（　　）。

A. 企业已收，银行已收　　B. 企业已付，银行未付

C. 企业已收，银行未收　　D. 银行已付，企业未付

2. 会使企业银行存款日记账账面余额小于银行对账单余额的未达账项有（　　）。

A. 企业已收，银行未收款　　B. 企业已付，银行未付款

C. 银行已收，企业未收款　　D. 银行已付，企业未付款

3. 编制“银行存款余额调节表”时，应调整银行对账单余额的业务是（　　）。

A. 企业已收，银行未收　　B. 企业已付，银行未付

C. 银行已收，企业未收　　D. 银行已付，企业未付

4. 在下列各项中，会导致企业银行存款日记账余额小于银行对账单余额的事项有（　　）。

A. 企业开出支票，收款方尚未到银行兑现

B. 银行误将其他企业的存款计入本企业存款户

C. 银行代扣本企业水电费，企业尚未接到付款通知

D. 银行收到委托收款结算方式下的结算款项，企业尚未收到收款通知

5. 下列关于“银行存款余额调节表”的表述中，正确的是（　　）。

A. 其属于原始凭证

B. 其只起对账作用

C. 其编制的目的是检查账簿记录的正确性

D. 其调整后的余额相等，说明双方记账正确无误

6. 对下列资产的清查，应采用实地盘点法的有（　　）。

A. 库存现金　　B. 银行存款

C. 存货　　D. 往来款项

7. 在财产清查过程中形成的下列资料，可以作为原始凭证的有（　　）。

A. 库存现金盘点报告表　　B. 银行存款余额调节表

C. 实存账存对比表　　D. 银行对账单

8. 下列各项中，采用技术推算法清查的实物资产应具备的特点有（　　）。

A. 数量大　　B. 逐一清点有困难

C. 不便于用计量器具计量　　D. 价值低

9. 往来账款清查的步骤主要是（　　）。

A. 将本单位的往来账款核对清楚，确认总分类账与明细分类账的余额相等

B. 向对方单位填发对账单

C. 收到对方单位的回单联后，应据以编制“往来款项清查表”

D. 在“往来款项清查表”上注明核对相符或不符的款项

三、判断题

1. 在进行库存现金清查时，出纳人员不得在场。(　　)

2. 经过银行存款余额调节表调节后的存款余额，是企业可动用的银行存款实有数。(　　)

3. “银行存款余额调节表”可以作为调整企业银行存款余额的原始凭证。(　　)

4. 未达账项只在企业与银行之间发生，企业与其他企业之间不会发生未达账项。(　　)

5. 银行存款日记账和银行对账单都正确时，二者的余额仍然有可能不一致。(　　)

6. 往来账款的清查一般采用查询核实法，即派人或采用发函询征的方法向往来结算单位核实账目。(　　)

7. 存货盘存单需经盘点人员和实物保管人员共同签章方能有效。(　　)

8. 对固定资产的清查，应着重检查固定资产的使用情况、磨损情况、有无毁损和丢失以及折旧的提取情况。(　　)

9. 企业对于与外部单位往来款项的清查，一般采取编制对账单寄交给对方单位的方式进行，因此属于账账核对。(　　)

四、计算分析题

某公司 20×6 年 3 月末银行存款日记账余额为 534 751 元，银行对账单余额 518 951 元，经核对，发现以下未达账项：

（1）银行代企业支付本月电费 2 100 元，银行已记账，但企业因未收到银行付款通知而尚未记账。

（2）企业委托银行代收货款 15 000 元，银行已经收到并登记入账，但企业因未收到银行收款通知尚未记账。

（3）企业开出转账支票支付修理费 1 300 元，并已记账，但持票人尚未到银行办理转账手续，银行尚未记账。

（4）企业收到转账支票一张，货款 30 000 元，并已记账，但银行尚未入账。

要求：根据上述资料，完成以下“银行存款余额调节表”的编制，见表 9–6（在表 9–6 的序号标注处填入正确的数字）。

▶▶ 表 9–6　银行存款余额调节表

20×6 年 3 月　　单位：元

项目	金额	项目	金额
银行存款日记账余额	534 751	银行对账单余额	518 951
银行已收，企业未收	（1）	企业已收，银行未收	（4）
银行已付，企业未付	（2）	企业已付，银行未付	1 300
调节后的余额	（3）	调节后的余额	（5）

第三节　财产清查结果的处理

一、单项选择题

1. 下面对于财产清查结果的处理要求表述错误的是（　　）。

A. 积极处理多余积压财产，清理往来款项

B. 分析账面数与实存数产生差异的原因和性质，立即进行账务调整

C. 总结经验教训，建立健全各项管理制度

D. 及时调整账簿记录，保证账实相符

2. 为了反映和监督财产物资的盘盈、盘亏及其处理情况，应当设置（　　）账户。

A. 固定资产清理　　B. 待处理财产损溢

C. 长期待摊费用　　D. 营业外支出

3. 财产清查中发现现金短缺 800 元，经研究决定由出纳人员赔偿 200 元，余额报损。则批准处理后的会计分录为（　　）。

A. 借：待处理财产损溢　800
　　贷：库存现金　800

B. 借：其他应收款　200
　　管理费用　600
　　贷：待处理财产损溢　800

C. 借：库存现金　800
　　贷：待处理财产损溢　800

D. 借：其他应收款　200
　　营业外支出　600

贷：待处理财产损溢　　800

4. 企业原材料、产成品盘盈，批准处理后应（　　）。

A. 计入营业外收入　　B. 转入待处理财产损溢

C. 冲减管理费用　　D. 冲减销售费用

5. 企业存货盘亏，属于定额内合理的自然损耗，应该在批准处理后计入（　　）处理。

A. 管理费用　　B. 营业外支出

C. 销售费用　　D. 生产成本

6. 某企业在财产清查中，盘亏材料 50 000 元，其中 10 000 元属于非常损失，40 000 元属于自然损耗。报经批准后的会计分录为（　　）。

A. 借：管理费用　　40 000
　　　营业外支出　　10 000
　　贷：原材料　　50 000

B. 借：管理费用　　50 000
　　贷：原材料　　50 000

C. 借：管理费用　　40 000
　　　营业外支出　　10 000
　　贷：待处理财产损溢　　50 000

D. 借：管理费用　　50 000
　　贷：待处理财产损溢　　50 000

7. 企业在财产清查中盘亏存货一批，经查属于一般经营损失，则批准后应转入（　　）。

A. 营业外支出　　B. 管理费用

C. 其他应收款　　D. 主营业务成本

8. 某企业原材料盘亏，现查明原因，属于定额内损耗，按照规定予以转销时，应编制的会计分录为（　　）。

A. 借：待处理财产损溢
　　贷：原材料

B. 借：待处理财产损溢
　　贷：管理费用

C. 借：管理费用
　　贷：待处理财产损溢

D. 借：营业外支出

贷：待处理财产损溢

9. 企业在财产清查中，发现账外设备一台，全新的市价为 10 000 元，估计该设备有六成新。根据规定，在批准处理前的会计分录为（　　）。

A. 借：固定资产　10 000
　　贷：待处理财产损溢　10 000

B. 借：固定资产　6 000
　　贷：以前年度损益调整　6 000

C. 借：固定资产　10 000
　　贷：营业外收入　10 000

D. 借：固定资产　6 000
　　贷：营业外收入　6 000

10. 在财产清查中发现盘亏一台设备，其账面原值为 90 000 元，已提折旧 30 000 元，则该企业记入“待处理财产损溢”账户的金额为（　　）元。

A. 90 000　　B. 30 000
C. 60 000　　D. 120 000

11. 某企业盘点中发现盘亏一台设备，原始价值 60 000 元，已计提折旧 20 000 元，根据事先签订的保险合同，保险公司应赔偿 30 000 元，则保险公司赔款应记入（　　）账户。

A. 其他应收款　　B. 管理费用
C. 营业外支出　　D. 资本公积

12. 企业对有确凿证据表明确实无法收回的应收款项，经批准后作为（　　）。

A. 营业外支出　　B. 坏账损失
C. 管理费用　　D. 财务费用

13. 在现金清查中，对于无法查明原因的现金长款经批准应计入（　　）。

A. 其他应收款　　B. 其他应付款
C. 管理费用　　D. 营业外收入

二、多项选择题

1. 下列选项中，造成账实不符的原因有（　　）。

A. 财产物资的自然损耗　　B. 财产物资的收发计量错误
C. 财产物资的毁损被盗　　D. 账簿的漏记、重记

2. 下列关于财产清查结果处理步骤，说法正确的有（　　）。

A. 核准数字，查明原因　　B. 调整账簿，做到账实相符

C. 进行批准后的账务处理　　D. 调整凭证，做到账实相符

3. 应记入“待处理财产损溢”账户贷方核算的内容有（　　）。

A. 盘盈的财产物资数额　　B. 盘亏的财产物资数额

C. 盘盈的财产物资转销数额　　D. 盘亏的财产物资转销数额

4. 财产清查中查明的各种流动资产盘亏或毁损数，根据不同的原因，报经批准后可能列入的账户有（　　）。

A. 营业外支出　　B. 管理费用

C. 营业外收入　　D. 其他应收款

5. 库存现金盘亏的账务处理中可能涉及的账户有（　　）。

A. 库存现金　　B. 管理费用

C. 其他应收款　　D. 营业外支出

6. 企业的库存材料发生盘亏或毁损，应先记入“待处理财产损溢”账户，待查明原因后按情况可能记入（　　）账户。

A. 管理费用　　B. 营业外支出

C. 其他应收款　　D. 原材料

7. 某企业在财产清查中发现甲产品盘盈 50 件，每件单价 30 元，乙产品盘亏 100 千克，每千克 40 元，则应（　　）。

A. 借记“库存商品——甲商品”账户 1 500 元

B. 贷记“待处理财产损溢”账户 1 500 元

C. 借记“待处理财产损溢”账户 4 000 元

D. 贷记“库存商品”账户 4 000 元

8. 因自然灾害造成的存货非正常损失，经批准后会计处理可能涉及的账户有（　　）。

A. 管理费用　　B. 营业外收入

C. 营业外支出　　D. 其他应收款

三、判断题

1.“待处理财产损溢”账户属于双重性质的负债类账户。（　　）

2. 企业盘点现金，发现现金溢余，经查明原因，属于应支付给其他单位和个人的，应记入“其他应付款”账户。（　　）

3. 在企业财产清查中，盘盈设备一台，报经批准后，应冲减营业外支出。（　　）

4. 固定资产盘亏，属于经营损失部分，应计入管理费用。(　　)

5. 对于财产清查后发现的盘盈资产，不必经有关股东大会或董事会，或经理（厂长）会议或类似决策机构批准，本单位的会计机构有权直接对有关账户作出处理。(　　)

6. 财产清查中的盘盈盘亏，在没有查清原因以前暂不入账。(　　)

7. 属于管理不善造成的存货毁损，扣除过失人或保险公司赔款和残值后的净损失记入“管理费用”账户。(　　)

8. 为便于反映财产清查盘盈盘亏情况，企业会计上应设置“待处理财产损溢”账户，借方登记财产的盘亏数、毁损数和批准转销的财产物资盘盈数，贷方登记财产的盘盈数和批准转销的财产物资盘亏及毁损数。(　　)

9. 某企业在财产清查时盘亏固定资产一项，原价为 80 000 元，累计折旧为 20 000 元，报经批准处理后将导致营业利润减少 60 000 元。(　　)

10. 固定资产盘盈、处理固定资产净收益、罚款净收入都属于营业外收入。(　　)

四、计算分析题

某企业期末进行财产清查时，发现如下情况：

（1）现金盘盈 794 元，原因待查。

（2）现金盘盈原因无法查明，报经有关部门批准后进行会计处理。

（3）盘亏设备一台，原价 37 000 元，已提折旧 29 600 元，原因待查。

（4）经有关部门批准，该设备盘亏全部损失由公司承担。

（5）存在无法支付的应付账款 3 500 元，报经有关部门批准进行会计处理。

要求：根据上述资料，逐笔编制甲公司的会计分录。

第十章 财务报表

法规索引

1. 企业会计准则第 30 号——财务报表列报
2. 企业会计准则第 31 号——现金流量表
3. 企业会计准则第 32 号——中期财务报告
4. 企业会计准则———应用指南
5. 企业内部控制应用指引第 14 号——财务报告

（1）财务报表分类表如表 10-1 所示。

▶▶ 表 10-1 财务报表分类表

	具体财务报表	编报期	备注
财务报表	会企 01 号资产负债表	中期报表、年度报表	月报：月度终了后 6 天内； 季报：季度终了后 15 天内； 半年报：年度中期结束后 60 天内； 年报：年度终了后 4 个月内
	会企 02 号利润表	中期报表、年度报表	
	会企 03 号现金流量表	中期报表、年度报表	
	会企 04 号所有者权益变动表	年度报表	
	附注	年度报表、半年度报表	

（2）资产负债表内容如表 10-2 所示。

▶▶表 10-2　资产负债表内容

<table>
<tr><td>概念</td><td colspan="3">资产负债表又称财务状况变动表，是反映企业在某一特定日期财务状况的财务报表。
资产负债表是根据“资产 = 负债 + 所有者权益”这一原理编制而成的</td></tr>
<tr><td>作用</td><td colspan="3">（1）可以提供某一日期资产的总额及其结构，表明企业拥有或控制的资源及其分布情况；
（2）可以提供某一日期的负债总额及其结构，表明企业未来需要用多少资产或劳务清偿债务以及清偿时间；
（3）可以反映所有者所拥有的权益，据以判断资本保值、增值的情况以及对负债的保障程度</td></tr>
<tr><td>列示要求</td><td colspan="3">按照资产、负债和所有者权益三大类别分类列报；资产和负债应当按照流动性分为流动资产和非流动资产、流动负债和非流动负债列示；列示流动资产和非流动资产的合计项目；负债类至少应当列示流动负债、非流动负债以及负债的合计项目；所有者权益类应当列示所有者权益的合计项目</td></tr>
<tr><td>一般格式</td><td colspan="3">我国企业的资产负债表采用账户式的格式，即左侧列示资产；右侧列示负债和所有者权益。
资产负债表由表头和表体两部分组成。表头部分应列明报表名称、编表单位名称、资产负债表日和人民币金额单位；表体部分反映资产、负债和所有者权益的内容。其中，表体部分是资产负债表的主体和核心，各项资产、负债和所有者权益按流动性排列，所有者权益项目按稳定性排列</td></tr>
<tr><td rowspan="5">编制方法</td><td colspan="3">为了提供比较信息，资产负债表的各项目均需填列“年初余额”和“期末余额”两栏数字</td></tr>
<tr><td>年初余额</td><td colspan="2">“年初余额”栏通常根据上年年末有关项目的期末余额填列，且与上年年末资产负债表“期末余额”栏一致</td></tr>
<tr><td rowspan="3">期末余额</td><td rowspan="2">根据一个或几个总账账户的余额填列</td><td>根据总账账户的余额直接填列：如“交易性金融资产”“短期借款”“应付票据”“应付职工薪酬”“应交税费”“实收资本（股本）”“资本公积”“库存股”“盈余公积”等项目</td></tr>
<tr><td>根据几个总账账户余额计算填列：“货币资金”“未分配利润”等项目，其中：
（1）“货币资金” = “库存现金” + “银行存款” + “其他货币资金”
（2）“其他应付款” = “应付利息” + “应付股利” + “其他应付款”
（3）“未分配利润”项目，应根据“本年利润”账户和“利润分配”账户的期末余额计算填列，年终应根据“利润分配——未分配利润”明细账户余额填列。如为未弥补的亏损，在本项目内以“-”号填列；如为未弥补亏损，则在本项目内以“-”号填列</td></tr>
<tr><td>根据明细账账户的余额计算填列</td><td>（1）“应付账款” = ∑“应付账款”账户所属各有关明细账户的期末贷方余额 + ∑“预付账款”账户所属各有关明细账户的期末贷方余额
（2）“预收款项” = ∑“应收账款”账户所属各有关明细账户的期末贷方余额 + ∑“预收账款”账户所属各有关明细账户的期末贷方余额</td></tr>
</table>

续表

<table>
<tr><td rowspan="3">编制方法</td><td rowspan="3">期末余额</td><td>根据总账账户和明细账账户的余额分析计算填列</td><td>“长期借款” = “长期借款”总账账户余额 − “长期借款”账户所属的明细账账户中将在一年内到期且企业不能自主地将清偿义务展期的长期借款后的余额计算填列</td></tr>
<tr><td>根据有关账户余额减去其备抵账户余额后的净额填列</td><td>“无形资产” = “无形资产” − “累计摊销” − “无形资产减值准备”</td></tr>
<tr><td>综合运用上述填列方法分析填列</td><td>（1）“应收账款” = ∑“应收账款”账户所属各有关明细账户的期末借方余额 + ∑“预收账款”账户所属各有关明细账户的期末借方余额 − 相应的“坏账准备”
（2）“预付款项” = ∑“预付账款”账户所属各有关明细账户的期末借方余额 + ∑“应付账款”账户所属各有关明细账户的期末借方余额 − 相应的“坏账准备”
（3）“存货” = “原材料” + “库存商品” + “委托加工物资” + “周转材料” + “材料采购” + “在途物资” + “发出商品” + “材料成本差异” − “存货跌价准备”
（4）“固定资产” = “固定资产” − “累计折旧” − “固定资产减值准备” − “固定资产清理”</td></tr>
</table>

（3）利润表内容如表 10-3 所示。

▶▶表 10-3　利润表内容

<table>
<tr><td>概念</td><td colspan="2">利润表又称损益表，是反映企业在一定会计期间经营成果的财务报表。
利润表是根据“利润 = 收入 − 费用”这一原理编制而成的</td></tr>
<tr><td>作用</td><td colspan="2">（1）反映一定会计期间收入的实现情况；
（2）反映一定会计期间费用的耗费情况；
（3）反映企业经济活动成果的实现情况，据以判断资本保值增值等情况</td></tr>
<tr><td>列示要求</td><td colspan="2">对费用按照功能分类，分为从事经营业务发生的成本、管理费用、销售费用和财务费用等</td></tr>
<tr><td rowspan="2">格式</td><td colspan="2">利润表由表头、表体两部分组成。表头应列明报表名称、编表单位名称、财务报表涵盖的会计期间和人民币金额单位等内容；利润表的表体，反映形成经营成果的各个项目和计算过程</td></tr>
<tr><td colspan="2">我国企业的利润表采用多步式。多步式利润表分为三层次，分步计算</td></tr>
<tr><td rowspan="3">编制方法</td><td colspan="2">利润表各个项目需填列的数字分为“本期金额”和“上期金额”两栏</td></tr>
<tr><td>上期金额</td><td>根据上年该期利润表“本期金额”栏内所列数字填列</td></tr>
<tr><td>本期金额</td><td>直接填列，根据各损益类账户的本期发生额填列。即“本期金额”栏根据“主营业务收入”“主营业务成本”“税金及附加”“销售费用”“财务费用”“其他收益”“投资收益”“公允价值变动损益”“信用减值损失”“资产减值损失”“资产处置损益”“营业外收入”“营业外支出”“所得税费用”等账户的发生额分析填列</td></tr>
</table>

续表

编制方法	本期金额	间接填列，根据相关项目计算分析填列，如“研发费用”是根据“管理费用”账户下的“研究费用”明细账户的发生额，以及“管理费用”账户下的“无形资产摊销”明细账户的发生额分析填列。 “营业收入”“营业成本”“ 营业利润”“利润总额”和“净利润”等项目根据该表中相关项目计算填列

第一节　财务报表概述

一、单项选择题

1. 将分散的、零星的日常会计资料归纳整理为更集中、更系统、更概括的会计资料，以总括反映企业财务状况和经营成果的方法是（　　）。

A. 编制会计凭证　　B. 编制记账凭证

C. 编制会计报表　　D. 登记会计账簿

2. 季度和月度的财务会计报告通常仅指会计报表，会计报表至少应当包括（　　）。

A. 资产负债表和现金流量表　　B. 资产负债表和利润表

C. 利润表和现金流量表　　D. 资产负债表和利润分配表

3. 下列有关财务会计报告的表述中，不正确的是（　　）。

A. 财务会计报告是指单位根据经过审核的会计账簿记录和有关资料编制并对外提供的反映单位某一特定日期财务状况和某一会计期间经营成果、现金流量的文件

B. 企业财务会计报告分为年度、半年度、季度和月度财务会计报告

C. 会计报表附注是财务会计报告的重要组成部分

D. 财务会计报告就是指会计报表

4. 会计核算的最终成果是（　　）。

A. 会计凭证　　B. 会计账簿

C. 财务报表　　　　D. 总分类账

5. 根据规定，财务报表一般应于（　　）报出。

A. 年度终了后　　　　B. 年度终了后 1 个月内

C. 年度终了后 3 个月内　　　　D. 年度终了后 4 个月内

6. 企业财务会计报告所提供的信息资料应具有时效性，这是指编制财务会计报告应符合（　　）的要求。

A. 真实可靠　　　　B. 相关可比

C. 全面完整　　　　D. 编报及时

7. 下列关于财务报表编制的基本原则，正确的是（　　）。

A. 企业必须以持续经营为基础编制财务报表

B. 企业必须按照权责发生制编制财务报表

C. 企业至少应该按季度编制财务报表

D. 项目列报遵守重要性原则

8. 项目列报遵循重要性原则，下列说法正确的是（　　）。

A. 重要性应当根据企业所处的具体环境，从项目的性质和金额两方面予以判断

B. 对各项目重要性的判断标准一经确定，不得变更

C. 判断项目性质的重要性，应当考虑是否显著影响企业的财务状况、经营成果和现金流量等因素

D. 判断项目金额大小的重要性，其标准就是项目金额的大小

9. 针对财务报表编制前的准备工作，下列表述正确的是（　　）。

A. 只有及时编制和报送财务报表，才能为财务报表使用者提供决策所需的适时信息资料

B. 对于重要的事项在附注中不得漏编、漏报或任意取舍

C. 严格审核会计账簿的记录和有关资料

D. 在编制报表时，应当按照国家统一的会计制度规定的会计报表格式和内容进行编制

二、多项选择题

1. 财务会计报告包括（　　　）。

A. 会计报表　　　　B. 财务分析报告

C. 会计报表附注　　　　D. 财务情况说明书

2. 财务报表可以提供的信息有（　　　）。

A. 财务状况　　B. 现金流量
C. 经营成果　　D. 劳动生产率

3. 关于财务报表，下列表述正确的有（　　）。
A. 按编报期间的不同，可以分为中期财务报表和年度财务报表
B. 年度财务报表即为企业的年度决算报表
C. 中期财务报表的附注披露可适当简略
D. 对外财务报表有统一的格式和指标体系

4. 判断财务报表编制项目性质的重要性，应考虑的因素有（　　）。
A. 是否属于企业日常活动　　B. 是否显著影响企业财务状况
C. 是否显著影响企业现金流量　　D. 是否显著影响企业经营成果

5. 企业应当在财务报表的显著位置披露编报企业的重要信息，下列属于应当披露的信息有（　　）。
A. 编报企业的名称
B. 资产负债表日或财务报表涵盖的会计期间
C. 人民币金额单位
D. 财务报表是合并财务报表的，应当予以标明

6. 符合财务报表编制的基本要求的有（　　）。
A. 至少应当提供所有列报项目上一个可比会计期间的比较数据
B. 除现金流量表按照收付实现制原则编制外，企业应当按照权责发生制原则编制财务报表
C. 至少按月编制财务报表
D. 各项目之间的金额不得相互抵销

7. 不属于编制财务报表之前的准备工作的有（　　）。
A. 进行财产清查、核实债务，进行相应账务处理
B. 按规定结出会计账簿的发生额及余额，并核对余额
C. 加具财务会计报告的封面
D. 将财务会计报告装订成册，加盖封面

8. 下列关于编制财务报表前的准备工作，说法正确的有（　　）。
A. 严格审核会计账簿的记录和有关资料
B. 进行重要财产清查、核实债务，并按规定程序报批，进行相应的会计处理
C. 按规定的结账日进行结账，结出有关会计账簿的余额和发生额，并核对各会计账簿之间的余额

D. 检查是否存在因会计差错、会计政策变更等原因需要调整前期或本期相关项目的情况

三、判断题

1. 企业财务计划、会计报表、财务情况说明书等都是企业财务报告的重要组成部分。(　　)

2. 财务报表包括会计报表及其附注和其他应当在财务报表中披露的相关信息和资料。(　　)

3. 财务报表分为年度财务报表和中期财务报表。中期财务报表一般包括季度报告和半年度报告。(　　)

4. 如果期末赶编财务报表，则可以将本期发生的经济业务递延至下期登账。(　　)

5. 企业应当按照权责发生制原则编制财务报表。(　　)

6. 重要性应当根据企业所处的具体环境，从项目的性质和金额两方面予以判断，且对各项目重要性的判断标准一经确定，不得变更。(　　)

7. 某些项目的重要性程度不足以在资产负债表、利润表、现金流量表或所有者权益变动表中单独列示，无须在附注中披露。(　　)

8. 财务报表中的资产项目和负债项目的金额、收入项目和费用项目的金额、直接计入当期利润的利得项目和损失项目的金额不得相互抵销。(　　)

第二节　资产负债表

一、单项选择题

1.(　　)是指反映企业某一特定日期财务状况的财务报表。

A. 资产负债表　　B. 利润表

C. 现金流量表　　D. 财务会计报告

2. 资产负债表是根据(　　)这一会计等式编制的。

A. 收入－费用＝利润

B. 现金流入－现金流出＝现金净流量

C. 费用＝负债＋所有者权益＋收入

D. 资产＝负债＋所有者权益

3. 下列选项中，企业财务报表无法提供的信息有（　　）。

A. 财务状况　　B. 经营成果

C. 人力状况　　D. 现金流量

4. 下列资产中，在资产负债表中左方排在最前面的项目是（　　）。

A. 货币资金　　B. 短期投资

C. 应收账款　　D. 存货

5. 资产负债表中负债项目的顺序是按（　　）排列。

A. 项目的重要性程度　　B. 项目的金额大小

C. 项目的支付性大小　　D. 清偿债务的先后

6. 下列属于企业流动资产的是（　　）。

A. 交易性金融资产　　B. 债权投资

C. 长期股权投资　　D. 无形资产

7. 20×6 年 3 月 31 日，远方公司有关账户期末余额及相关经济业务如下："库存现金"账户借方余额 3 000 元，"银行存款"账户借方余额 400 000 元，"其他货币资金"账户借方余额 500 000 元。远方公司 20×6 年 3 月 31 日资产负债表中"货币资金"项目"期末余额"栏金额是（　　）元。

A. 403 000　　B. 2 000

C. 903 000　　D. 900 000

8. 某企业年末"应收账款"账户所属各有关明细账户的借方余额为 100 万元，"预收账款"账户贷方余额为 160 万元，其中，明细账的借方余额为 20 万元，贷方余额为 180 万元。"应收账款"对应的"坏账准备"账户的期末余额为 8 万元，该企业年末资产负债表中"应收账款"项目的金额为（　　）万元。

A. 180　　B. 160

C. 100　　D. 112

9. 某企业期末"固定资产"账户借方余额为 300 万元，"累计折旧"账户贷方余额为 80 万元。"固定资产减值准备"账户贷方余额为 30 万元，"固定资产清理"账户借方余额为 2 万元。则该企业资产负债表"固定资产"项目的期末数应是（　　）万元。

A. 302　　B. 220

C. 190　　D. 80

10. 在资产负债表中，根据总账期末余额直接填列的项目是（　　）。

A. 短期借款　　B. 预收账款

C. 货币资金　　　　D. 存货

11.“预收账款”账户所属明细账户期末有借方余额，应在资产负债表（　　）项目内填列。

A. 预付账款　　　　B. 应付账款

C. 应收账款　　　　D. 预收账款

12. 某企业“应付账款”账户所属各有关明细账户期末余额情况如下：X企业贷方余额为 200 000 元，Y 企业借方余额为 180 000 元，Z 企业贷方余额为 300 000 元。假如该企业“预付账款”账户所属各有关明细账户均为借方余额，则根据以上数据计算的反映在资产负债表上“应付账款”项目的金额为（　　）元。

A. 680 000　　　　B. 320 000

C. 500 000　　　　D. 80 000

13. 20×6 年 3 月 31 日，某企业有关账户期末余额及有关资料如下：“固定资产”账户借方余额 8 700 000 元，“累计折旧”账户贷方余额 2 600 000 元，“固定资产清理”账户贷方余额 400 000 元，“固定资产减值准备”账户贷方余额为 600 000 元。某企业 20×6 年 3 月 31 日资产负债表中“固定资产”项目“期末余额”栏的金额是（　　）元。

A. 8 700 000　　　　B. 5 100 000

C. 5 500 000　　　　D. 6 700 000

二、多项选择题

1. 下列属于资产负债表作用的是（　　）。

A. 反映一定会计期间收入的实现情况

B. 提供某一特定日期企业的负债总额及其构成

C. 可以判断资本保值、增值的情况以及负债的保障程度

D. 提供某一特定日期企业的资产总量及其结构

2. 下列各项，可以通过资产负债表反映的有（　　）。

A. 某一时点的财务状况　　　　B. 某一时点的偿债能力

C. 某一期间的现金流量　　　　D. 某一期间的获利能力

3. 借助于资产负债表提供的会计信息，可以帮助管理者（　　）。

A. 分析企业资产的结构及其状况

B. 分析企业目前与未来需要支付的债务数额

C. 分析企业的盈利能力

D. 分析企业的现金流量情况

4. 属于资产负债表流动资产项目的有（　　）。

A. 应收账款　　B. 预收账款

C. 应付账款　　D. 预付账款

5. 在资产负债表中负债方填列的项目有（　　）。

A. 应收账款　　B. 预付款项

C. 应付账款　　D. 预收款项

6. 下列属于非流动负债的有（　　）。

A. 应付债券　　B. 应付账款

C. 长期应付款　　D. 应付职工薪酬

7. 在资产负债表编制过程中，需要根据账户余额减去其备抵项目后的净额填列的有（　　）。

A. 固定资产　　B. 无形资产

C. 货币资金　　D. 应收账款

8. 在编制资产负债表的过程中，（　　）项目的对应账户出现借方余额时以负数填列。

A. 应付职工薪酬　　B. 应交税费

C. 固定资产　　D. 利润分配

9. 在资产负债表下列项目中，可以根据总账账户直接填列的项目有（　　）。

A. 资本公积　　B. 应付票据

C. 应收账款　　D. 未分配利润

10. 下列关于资产负债表的表述中不正确的是（　　）。

A. 资产负债表反映企业一定时期的财务状况

B. 资产负债表资产项目按资产的流动性大小排列

C. “长期借款”项目应根据“长期借款”账户的余额直接填列

D. 我国资产负债表采用报告式结构

11. 资产负债表“期末余额”栏的填列方法有（　　）。

A. 根据总账账户余额直接填列　　B. 根据总账账户余额计算填列

C. 根据明细账账户余额直接填列　　D. 根据明细账账户余额计算填列

三、判断题

1. 资产负债表是总括反映企业特定日期资产、负债和所有者权益情况的静

态报表，通过它可以了解企业的资产分布、资金的来源和承担的债务以及资金的流动性和偿债能力。(　　)

2. 资产负债表是反映企业某一特定日期经营成果的动态会计报表。(　　)

3. 通过资产负债表，可以了解单位某一特定日期的权益结构。(　　)

4. 工程物资在资产负债表上应列为流动资产类。(　　)

5. 资产负债表的格式主要有账户式和报告式两种，我国采用的是报告式，因此才出现财务报表这个名词。(　　)

6. 资产负债表左侧各项目是按照各自的流动性大小来排列的，反映企业资产可变现的数额和变现的速度，提供企业支付能力的信息。(　　)

7. 资产负债表中的“长期待摊费用”项目应根据“长期待摊费用”账户的余额直接填列。(　　)

8. 资产负债表中“货币资金”项目，应根据“银行存款”账户的期末余额填列。(　　)

9. 资产负债表中的“长期借款”项目应根据“长期借款”账户的余额直接填列。(　　)

10. “发出商品”账户的期末余额应并入资产负债表“存货”项目反映。(　　)

11. 资产负债表中的“其他应收款”项目应根据“其他应收款”总账账户的期末余额填列。(　　)

四、计算分析题

甲公司 20×6 年 12 月 31 日，有关账户余额见表 10-4。

▸▸ 表 10-4　账户余额表

单位：元

账户名称	借方余额	贷方余额	账户名称	借方余额	贷方余额
库存现金	12 000		库存商品	120 000	
银行存款	520 000		应付账款——A 公司		160 000
应收账款——甲公司	250 000		应付账款——B 公司	20 000	
应收账款——乙公司		30 000	利润分配		180 000
原材料	400 000				
生产成本	90 000				

要求：根据账户余额表计算出甲公司 20×6 年 12 月 31 日资产负债表下列项目应填列的金额（列出算式）。

（1）货币资金 =

（2）应收账款 =

（3）存货 =

（4）应付账款 =

（5）预收账款 =

第三节 利 润 表

一、单项选择题

1. 能分析企业的获利能力及利润的未来发展趋势的报表是（　　）。

A. 利润分配表　　B. 利润表

C. 资产负债表　　D. 现金流量表

2. 反映企业在一定会计期间经营成果的报表是（　　）。

A. 资产负债表　　B. 利润表

C. 现金流量表　　D. 利润分配表

3. 为了具体反映利润的形成情况，我国现行的利润表的结构一般采用（　　）报告结构。

A. 单步式　　B. 多步式

C. 账户式　　D. 报告式

4. 下列各项中，与计算“营业利润”有关的项目是（　　）。

A. 所得税费用　　B. 投资收益

C. 营业外收入　　D. 营业外支出

5. 下列各项应计入营业外收入核算的有（　　）。

A. 出售无形资产净收益　　B. 商品销售收入

C. 出租固定资产收入　　D. 原材料销售收入

6. 以下各选项中，不应计入营业外支出的是（　　）。

A. 盘亏损失　　B. 公益性捐赠支出

C. 资产减值损失　　D. 非常损失

7. 下列选项中，影响利润表中净利润的因素是（　　）。

A. 分配现金股利　　B. 所得税费用

C. 提取法定盈余公积　　D. 提取任意盈余公积

8. 利润表项目中的“本期金额”栏，填制依据是（　　）。

A. 损益类账户的本期发生额　　B. 损益类账户的期末余额

C. 费用类账户的借方余额　　D. 费用类账户的贷方余额

9. 某企业全部损益账户的本月发生额如下：营业收入 900 万元，营业成本 500 万元，税金及附加 85 万元，销售费用 50 万元，管理费用 40 万元，财务费用 10 万元，营业外收入 5 万元，所得税费用 44 万元。则利润表中“营业利润”项目的本月数为（　　）万元。

A. 400　　B. 215

C. 204　　D. 160

10. 利润表中各项目的主要数据来源是（　　）。

A. 损益类各账户的本期发生额　　B. 所有者权益各账户的期末余额

C. 资产、负债类各账户的本期发生额　　D. 损益类各账户的期末余额

二、多项选择题

1. 借助于利润表提供的信息，可以帮助管理者（　　）。

A. 分析企业资产的结构及其状况　　B. 分析企业的债务偿还能力

C. 分析企业的获利能力　　D. 分析企业利润的未来发展趋势

2. 下列各项中，属于利润表上的项目有（　　）。

A. 营业收入　　B. 财务费用

C. 所得税　　D. 应交税金

3. 下列等式正确的有（　　）。

A. 营业收入 = 主营业务收入 + 其他业务收入

B. 营业利润 = 营业收入 − 营业成本 − 税金及附加 − 销售费用 − 管理费用 − 研发费用 − 财务费用 − 资产减值损失 − 信用减值损失 ± 公允价值变动收益（损失）± 投资收益（损失）+ 其他收益 ± 资产处置收益（损失）

C. 利润总额 = 营业利润 + 营业外收入 − 营业外支出

D. 净利润 = 利润总额 − 所得税费用

4. 利润表中的“营业收入”项目填列的依据有（　　）。

A.“营业外收入”账户发生额

B.“主营业务收入”账户发生额

C.“其他业务收入”账户发生额

D. “公允价值变动收益”账户发生额

5. 利润表中根据本期发生额分析填列的项目有（　　）。

A. 公允价值变动损益　　B. 营业利润

C. 利润总额　　D. 投资收益

6. 在利润表中，“营业成本”项目的“本期金额”，应根据（　　）账户的本期发生额计算填列。

A. 生产成本　　B. 主营业务成本

C. 其他业务成本　　D. 劳务成本

三、判断题

1. 利润表是反映企业在一定会计期间经营成果的报表，属于静态报表。（　　）

2. 通过利润表，可以帮助报表使用者全面了解企业的财务状况，分析企业的债务偿还能力，从而为未来的经济决策提供参考信息。（　　）

3. 我国企业利润表要求采用单步式。（　　）

4. 净利润是指营业利润减去所得税费用后的金额。（　　）

5. 利润表的表头部分主要反映报表名称、报表编制单位名称、报表编制日期和货币计量单位等内容。（　　）

6. 利润表中“本期金额”栏的数字，应根据各损益类账户本期发生额填列。（　　）

7. 利润表中收入类项目大多是根据收入类账户期末结转前的借方发生额减去贷方发生额后的差额填列，若差额为负数，以“−”号填列。（　　）

8. 资产负债表中各项目的金额反映的是累计发生额，利润表中各项目的金额反映的是本期发生额。（　　）

四、计算分析题

甲公司为增值税一般纳税人，主要生产和销售甲产品，适用增值税税率 13%，所得税税率 25%，不考虑其他相关税费，该公司 20×6 年发生以下业务：

（1）销售甲产品一批，该批产品的成本 20 万元，销售价格 40 万元，专用发票上注明的增值税税额 5.2 万元，产品已经发出，提货单已交给买方。货款及增值税税款尚未收到。

（2）当年分配并发放职工工资 40 万元，其中生产工人工资 24 万元，车间管理人员工资 8 万元，企业管理人员工资 8 万元。

（3）本年出租设备一台，取得租金收入 8 万元。

（4）本年度计提固定资产折旧 8 万元，其中计入制造费用的固定资产折旧 5 万元，计入管理费用的固定资产折旧 2 万元，出租设备的固定资产折旧 1 万元。

（5）用银行存款支付销售费用 1 万元。

（6）在本年年末，出售不再使用的机器设备一台，其市场价格 20 万元，原价 30 万元，已提折旧 12 万元。

则甲公司 20×6 年利润表的下列项目金额为：

（1）营业收入（　　）元。

（2）营业成本（　　）元。

（3）营业利润（　　）元。

（4）利润总额（　　）元。

（5）净利润（　　）元。

会计综合实训

一、实训目的

通过对一家工业企业一个月的业务核算处理，使初学者对原始凭证、记账凭证、各类账簿以及科目汇总表账务处理程序能够有直观的认识和理解；具体核算过程可以依据纸质资料，还可以使用 Excel 进行模拟核算。

二、任务描述

（1）建账。根据实训资料所提供的相关内容，设置相关的会计科目，并在此基础上开设总分类账户、明细分类账户和现金日记账、银行存款日记账，按规定设置专栏。并将期初余额记入所设置的相关账户的余额栏内，摘要栏填写“期初余额”。

（2）编制记账凭证。根据提供的原始凭证或原始凭证汇总表，编制记账凭证。

（3）登记日记账、明细分类账。根据有关记账凭证及原始凭证有关信息，逐日逐笔按规定序时登记现金日记账、银行存款日记账，逐日结出现金余额、银行存款余额，以示日清月结，同时，根据有关记账凭证及原始凭证有关信息，按顺序登记有关明细账。

（4）编制科目汇总表。汇总每一个会计科目的借方发生额和贷方发生额，编制科目汇总表。

（5）登记总分类账。根据编制的科目汇总表，登记相关的总分类账。

（6）对账。根据已经登记总分类账的期初余额、本期发生额及期末余额编制总分类账余额试算平衡表，并在此基础上将总分类账与其所属明细分类账进行核对。

（7）结账。按规定结出有关账户的发生额与余额，并做出结账标记。

（8）编制财务报表。编制 12 月的资产负债表和利润表。

三、实训资料

（一）模拟企业概况

阳宇有限公司为增值税一般纳税人，适用增值税税率为 13%、所得税税率为 25%，公司的主要职员信息表见表 1。

▶▶ 表 1　主要职员信息表

职位	姓名
董事长	杨宇
总经理兼销售经理	林夕
采购经理	赵海
生产经理	李德峰
行政经理	曹芳
财务经理	刘浩
会计	沈生
出纳	李慧

公司其他情况如下：

开户银行：中国工商银行杭州留什支行；

账号：6222363256522826；

统一社会信用代码：330102230121426321；

联系电话：0571−88228632；

公司地址：浙江省杭州市留什路 927 号；

经营范围：生产销售照明电器，主要产品为 A、B 两种产品；

注册资金：120 万元；

涉及税费情况：增值税一般纳税人，适用增值税税率为 13%、所得税税率为 25%、城市维护建设税税率为 7%、教育费附加税率为 3%。

（二）模拟企业会计资料

1. 公司 20×6 年 12 月有关期初余额表

公司 20×6 年 12 月有关期初余额表，见表 2。

▶▶ 表 2　公司 20×6 年 12 月有关期初余额表

金额单位：元

总账科目	明细科目	期初余额及方向		辅助信息	
		借方	贷方	单价	数量
库存现金		1 000			
银行存款		265 000			
原材料	乙材料	27 000		4.5	6 000 千克
原材料	甲材料	18 600		3.1	6 000 千克

续表

总账科目	明细科目	期初余额及方向		辅助信息	
		借方	贷方	单价	数量
应付账款	广丰公司		33 900		
应收账款	新华公司	11 300			
应收账款	林夕公司	126 488			
本年利润			160 988		
实收资本			1 200 000		
利润分配	未分配利润		187 558.40		
应付职工薪酬			117 500		
其他应收款		500			
固定资产		1 280 000			
累计折旧			124 560		
库存商品	A 产品	0			
库存商品	B 产品	96 000		96	1 000 件
应交税费	未交增值税		1 256		
应交税费	城市维护建设税		87.92		
应交税费	教育费附加		37.68		

2. 公司 20×6 年 12 月份发生了下列经济业务

（1）1 日，从银行支取 5 000 元现金作为备用金，见图 1。

浙江美织华印刷有限公司·2013年印制

中国工商银行
现金支票存根
10203310
10613654

附加信息

出票日期 20x6年12月1日

收款人：阳宇有限公司
金　额：¥5 000.00
用　途：备用金

单位主管 刘浩　会计 沈生

图 1　中国工商银行现金支票存根 ◀

（2）2 日，行政人员梁丽报销购入办公用品费用，见图 2～图 4。

3300140000　　浙江增值税专用发票　　No 012077894

抵扣联

开票日期：20x6年12月2日

购买方	名　　称：阳宇有限公司 纳税人识别号：330102230121426321 地 址、电 话：杭州市留什路937号 0571-88228632 开户行及账号：中国工商银行杭州留什支行 6222363256522826					密码区	略	
货物或应税劳务、服务名称	规格型号	单位	数量	单价	金额	税率	税额	
*纸制品*复印纸	A4	包	40	15.00	600.00	13%	78.00	
合　计					¥600.00		¥ 78.00	
价税合计（大写）	⊗陆佰柒拾捌元整					（小写）	¥678.00	
销售方	名　　称：杭州慧丰文具有限公司 纳税人识别号：12330102220321456K 地 址、电 话：杭州市镇下路477号 0571-87972554 开户行及账号：中国工商银行杭州镇下支行 6222497856523486					备注	杭州慧丰文具有限公司 12330102220321456K 发票专用章	

收款人：　　复核：　　开票人：李慧　　销售方：（章）

国税函（20X6）257号浙江印刷厂

第二联：抵扣联　购买方扣税凭证

图2　增值税专用发票：抵扣联

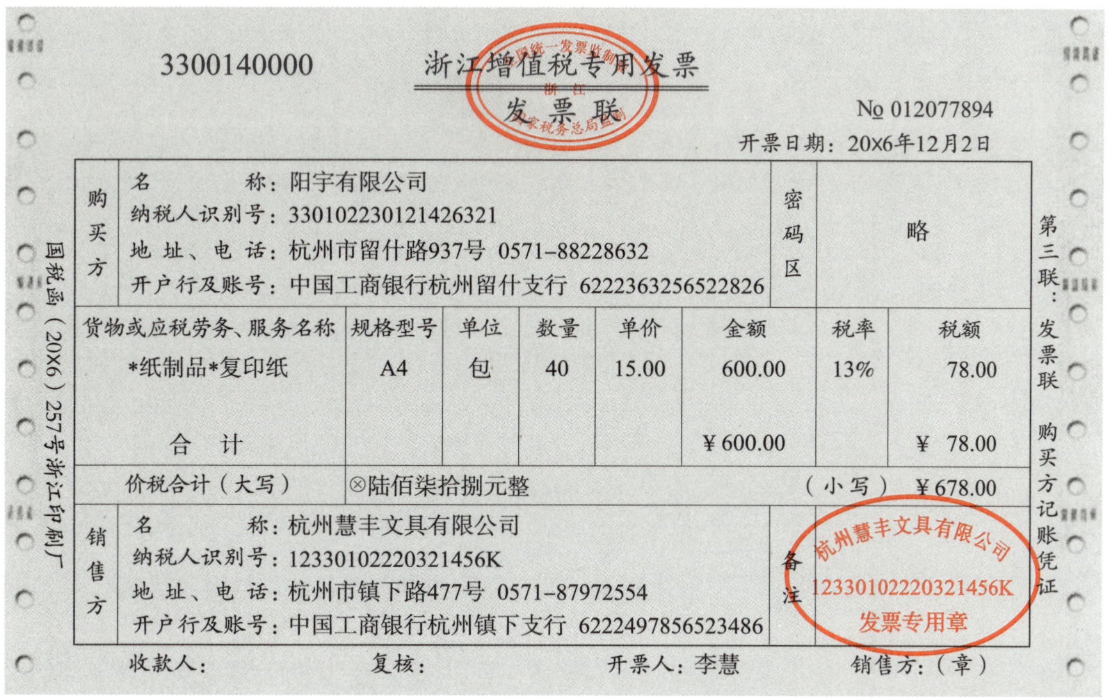

3300140000　　浙江增值税专用发票　　No 012077894

发票联

开票日期：20x6年12月2日

购买方	名　　称：阳宇有限公司 纳税人识别号：330102230121426321 地 址、电 话：杭州市留什路937号 0571-88228632 开户行及账号：中国工商银行杭州留什支行 6222363256522826					密码区	略
货物或应税劳务、服务名称	规格型号	单位	数量	单价	金额	税率	税额
*纸制品*复印纸	A4	包	40	15.00	600.00	13%	78.00
合　计					¥600.00		¥ 78.00
价税合计（大写）	⊗陆佰柒拾捌元整					（小写）	¥678.00
销售方	名　　称：杭州慧丰文具有限公司 纳税人识别号：12330102220321456K 地 址、电 话：杭州市镇下路477号 0571-87972554 开户行及账号：中国工商银行杭州镇下支行 6222497856523486					备注	杭州慧丰文具有限公司 12330102220321456K 发票专用章

收款人：　　复核：　　开票人：李慧　　销售方：（章）

国税函（20X6）257号浙江印刷厂

第三联：发票联　购买方记账凭证

图3　增值税专用发票：发票联

费用报销审批单

部门：行政部　　　　20×6 年 12 月 2 日

经手人	梁丽	事由	报销代垫费用	
项目		金额	付款方式	备注
购买办公用品		678.00	现金	
合计		678.00		
公司领导审批意见	财务主管	部门领导	出纳	经手人
杨宇	刘浩	曹芳	李慧	梁丽

图 4　费用报销审批单

（3）3 日，购入甲材料 20 000 千克，不含税单价 3.10 元 / 千克；同时购入乙材料 20 000 千克，不含税单价 4.50 元 / 千克，材料已经验收入库，材料款暂欠，见图 5～图 7。

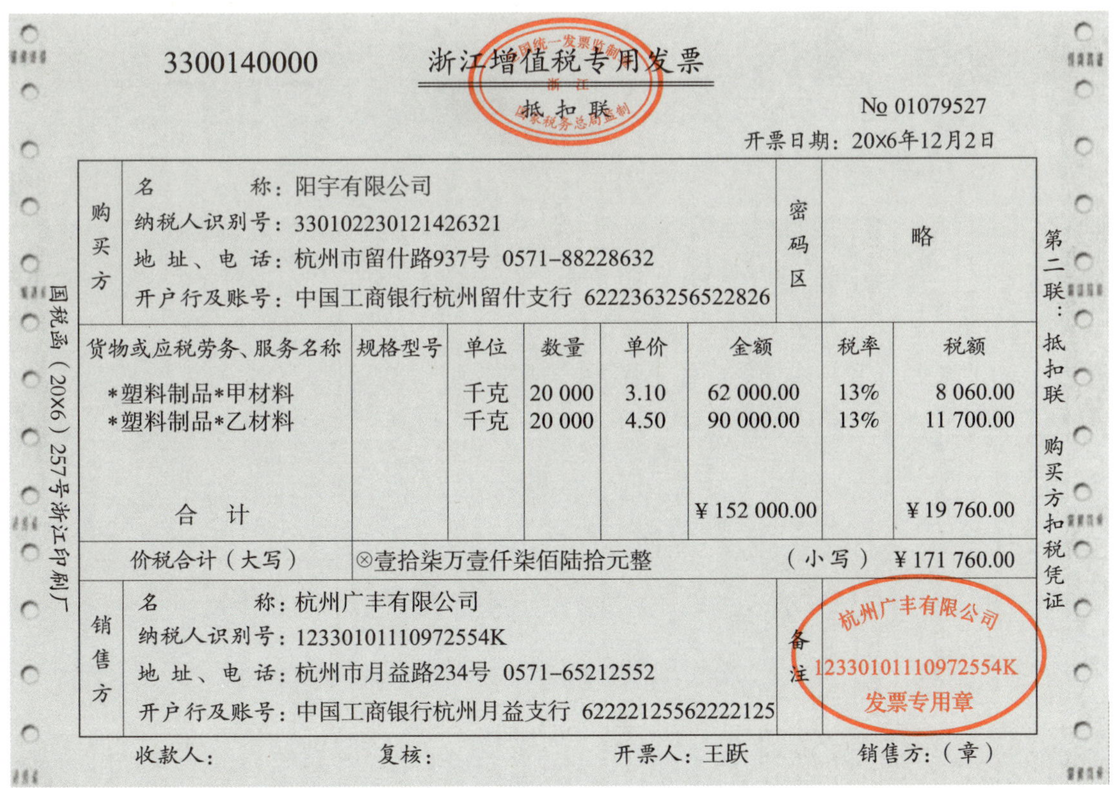

3300140000　　浙江增值税专用发票　　抵扣联

No 01079527

开票日期：20×6年12月2日

购买方	名　　称：阳宇有限公司 纳税人识别号：330102230121426321 地 址、电 话：杭州市留什路937号 0571-88228632 开户行及账号：中国工商银行杭州留什支行 6222363256522826	密码区	略

货物或应税劳务、服务名称	规格型号	单位	数量	单价	金额	税率	税额
*塑料制品*甲材料		千克	20 000	3.10	62 000.00	13%	8 060.00
*塑料制品*乙材料		千克	20 000	4.50	90 000.00	13%	11 700.00
合　计					¥ 152 000.00		¥ 19 760.00
价税合计（大写）	⊗壹拾柒万壹仟柒佰陆拾元整				（小写）		¥ 171 760.00

销售方	名　　称：杭州广丰有限公司 纳税人识别号：12330101110972554K 地 址、电 话：杭州市月益路234号 0571-65212552 开户行及账号：中国工商银行杭州月益支行 6222125562222125	备注	杭州广丰有限公司 12330101110972554K 发票专用章

收款人：　　复核：　　开票人：王跃　　销售方：（章）

国税函（20×6）257号浙江印制厂

第二联：抵扣联　购买方扣税凭证

图 5　增值税专用发票：抵扣联

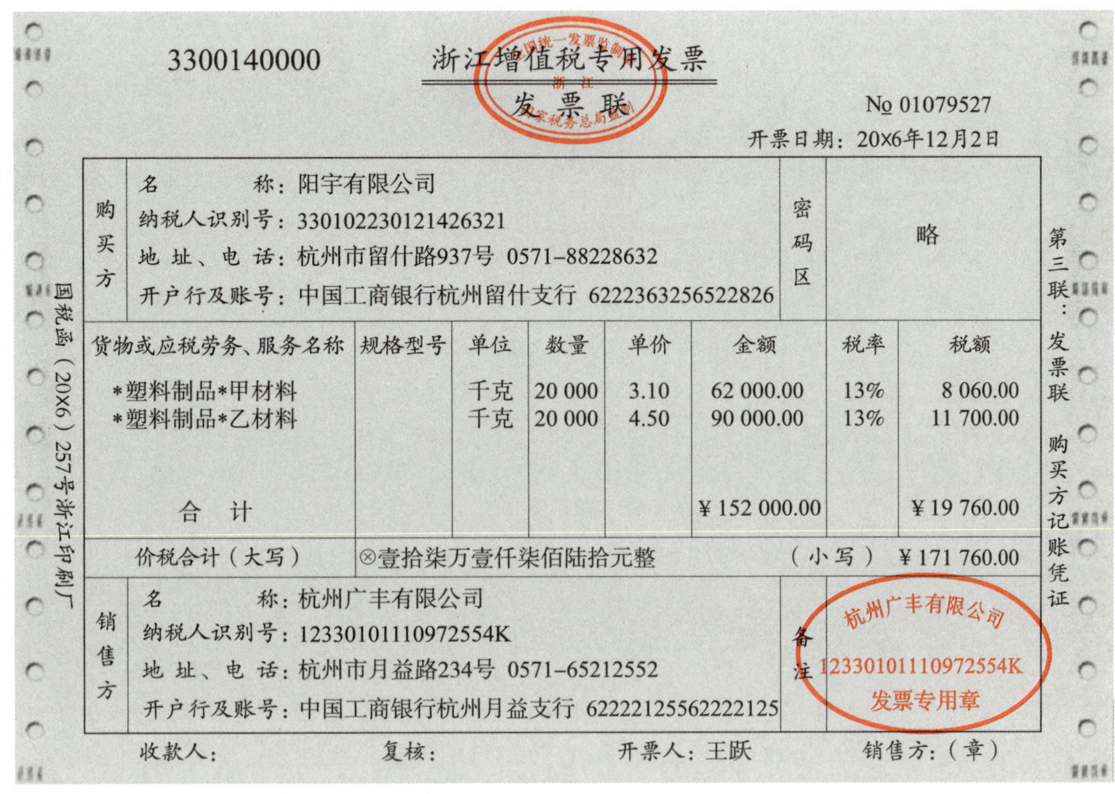

3300140000

浙江增值税专用发票

发票联

№ 01079527

开票日期：20×6年12月2日

购买方	名　称：阳宇有限公司 纳税人识别号：330102230121426321 地址、电话：杭州市留什路937号 0571-88228632 开户行及账号：中国工商银行杭州留什支行 6222363256522826	密码区	略

货物或应税劳务、服务名称	规格型号	单位	数量	单价	金额	税率	税额
*塑料制品*甲材料		千克	20 000	3.10	62 000.00	13%	8 060.00
*塑料制品*乙材料		千克	20 000	4.50	90 000.00	13%	11 700.00
合　计					¥152 000.00		¥19 760.00
价税合计（大写）	⊗壹拾柒万壹仟柒佰陆拾元整				（小写）¥171 760.00		

销售方	名　称：杭州广丰有限公司 纳税人识别号：12330101110972554K 地址、电话：杭州市月益路234号 0571-65212552 开户行及账号：中国工商银行杭州月益支行 62222125562222125	备注	杭州广丰有限公司 12330101110972554K 发票专用章

收款人：　　复核：　　开票人：王跃　　销售方：（章）

国税函（20×6）257号浙江印刷厂

第三联：发票联　购买方记账凭证

图6　增值税专用发票：发票联

收 料 单

仓库：原材料库　　20×6年12月3日　　编号：040101

材料编号	材料名称	规格型号	计量单位	应收数量	实收数量
A001	甲材料		千克	20 000	20 000
A002	乙材料		千克	20 000	20 000
合计					

主管：赵　海　　质量检验员：汪　洋　　仓库验收：赵　虎　　经办人：胡　格

图7　收料单

（4）4日，网银转账支付前欠杭州广丰有限公司材料款33 900元，见图8。

（5）4日，生产领用材料，见图9、图10。

中国工商银行 **电子转账凭证**

币种：人民币　　委托日期：20×6 年 12 月 10 日　　凭证编号：55884391

付款人	全称	阳宇有限公司	收款人	全称	杭州广丰有限公司
	账号	6222363256522826		账号	6222212556222125
	汇出地点	浙江省杭州市/县		汇入地点	浙江省杭州市/县
汇出行名称		中国工商银行杭州留什支行	汇入行名称		中国工商银行杭州月益支行
人民币（大写）		叁万叁仟玖佰元整		千百十万千百十元角分	¥ 3 3 9 0 0 0 0
附加信息及用途 支付材料款		中国工商银行 杭州留什支行 20×6.12.10 转讫 (01) 银行盖章	支付密码		
			根据中国工商银行阳宇有限公司客户654389号电子指令，上述款项已由本行支付 客户经办人：973687　复核　记账		

图 8　中国工商银行电子转账凭证

领 料 单

仓库：原材料库　　用途：生产 A 产品　　20×6 年 12 月 4 日　　编号：040201

材料编号	材料名称	计量单位	申领数量	领用数量	单位成本/元
A001	甲材料	千克	8 000	8 000	3.10
A002	乙材料	千克	7 500	7 500	4.50
合计					

仓库主管：赵　海　　领料部门主管：李德峰　　发料人：赵　虎　　领料人：王　菲

图 9　生产 A 产品领料单

领 料 单

仓库：原材料库　　用途：生产 B 产品　　20×6 年 12 月 4 日　　编号：040202

材料编号	材料名称	计量单位	申领数量	领用数量	单位成本/元
A001	甲材料	千克	5 000	5 000	3.10
A002	乙材料	千克	10 000	10 000	4.50
合计					

仓库主管：赵　海　　领料部门主管：李德峰　　发料人：赵　虎　　领料人：王　菲

图 10　生产 B 产品领料单

（6）7 日，向杭州新华有限公司销售 A 产品 1 000 件，每件售价 150 元，货款尚未收到，见图 11。

（7）9 日，人事处报销员工招聘中介服务费 1 000 元，见图 12、图 13。

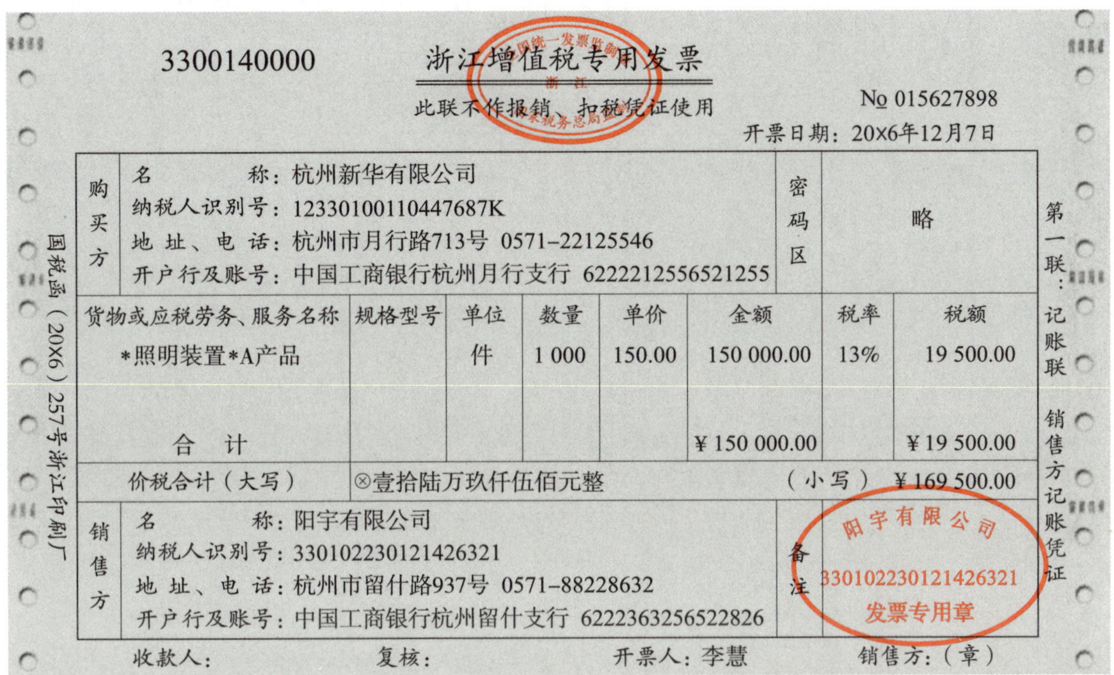

3300140000　浙江增值税专用发票

此联不作报销、扣税凭证使用

№ 015627898

开票日期：20×6年12月7日

购买方	名　　称：杭州新华有限公司 纳税人识别号：12330100110447687K 地 址、电 话：杭州市月行路713号 0571-22125546 开户行及账号：中国工商银行杭州月行支行 6222212556521255					密码区	略	
货物或应税劳务、服务名称	规格型号	单位	数量	单价	金额	税率	税额	
*照明装置*A产品		件	1 000	150.00	150 000.00	13%	19 500.00	
合　计					¥ 150 000.00		¥ 19 500.00	
价税合计（大写）	⊗壹拾陆万玖仟伍佰元整				（小写） ¥ 169 500.00			
销售方	名　　称：阳宇有限公司 纳税人识别号：330102230121426321 地 址、电 话：杭州市留什路937号 0571-88228632 开户行及账号：中国工商银行杭州留什支行 6222363256522826					备注	阳宇有限公司 330102230121426321 发票专用章	

收款人：　复核：　开票人：李慧　销售方：（章）

第一联：记账联　销售方记账凭证

国税函（20X6）257号浙江印刷厂

图 11　增值税专用发票：记账联

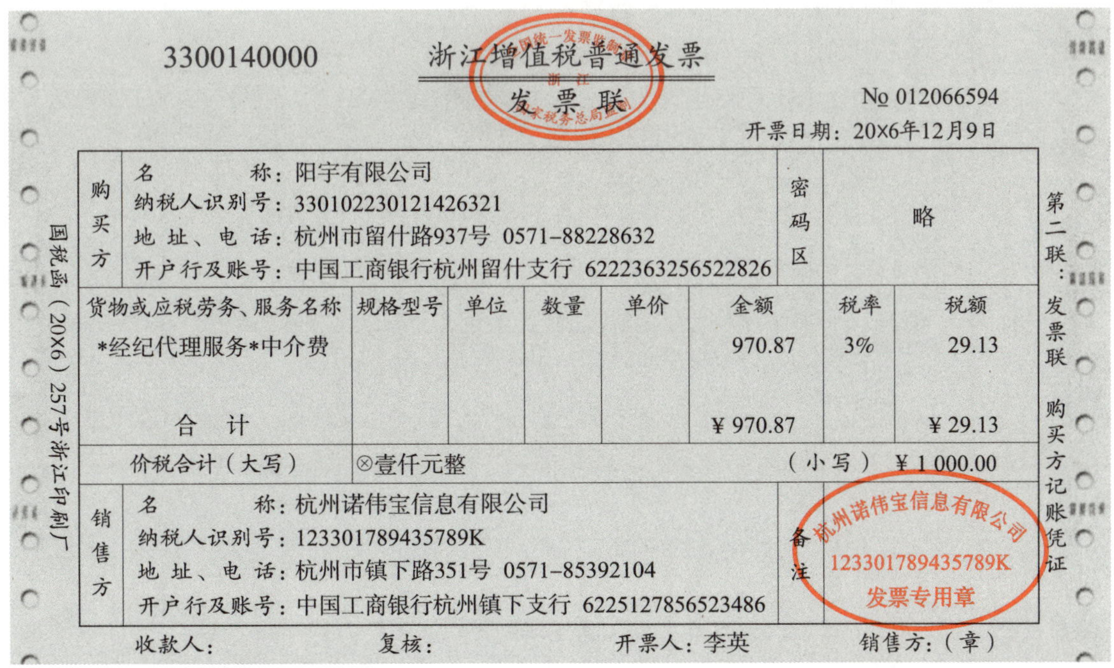

3300140000　浙江增值税普通发票

发票联

№ 012066594

开票日期：20×6年12月9日

购买方	名　　称：阳宇有限公司 纳税人识别号：330102230121426321 地 址、电 话：杭州市留什路937号 0571-88228632 开户行及账号：中国工商银行杭州留什支行 6222363256522826					密码区	略
货物或应税劳务、服务名称	规格型号	单位	数量	单价	金额	税率	税额
*经纪代理服务*中介费					970.87	3%	29.13
合　计					¥ 970.87		¥ 29.13
价税合计（大写）	⊗壹仟元整				（小写） ¥ 1 000.00		
销售方	名　　称：杭州诺伟宝信息有限公司 纳税人识别号：123301789435789K 地 址、电 话：杭州市镇下路351号 0571-85392104 开户行及账号：中国工商银行杭州镇下支行 6225127856523486					备注	杭州诺伟宝信息有限公司 123301789435789K 发票专用章

收款人：　复核：　开票人：李英　销售方：（章）

第二联：发票联　购买方记账凭证

国税函（20X6）257号浙江印刷厂

图 12　增值税专用发票：发票联

费用报销审批单				
部门：人事处		20×6 年 12 月 9 日		
经手人	梁丽	事由	报销招聘中介服务费	
项目		金额	付款方式	备注
招聘中介服务费		1 000.00	现金	
合计		1 000.00		
公司领导审批意见	财务主管	部门领导	出纳	经手人
杨宇	刘浩	曹芳	李慧	梁丽

图 13 费用报销审批单

（8）10 日，以银行存款代发上月职工薪酬共计 117 500 元，见图 14。

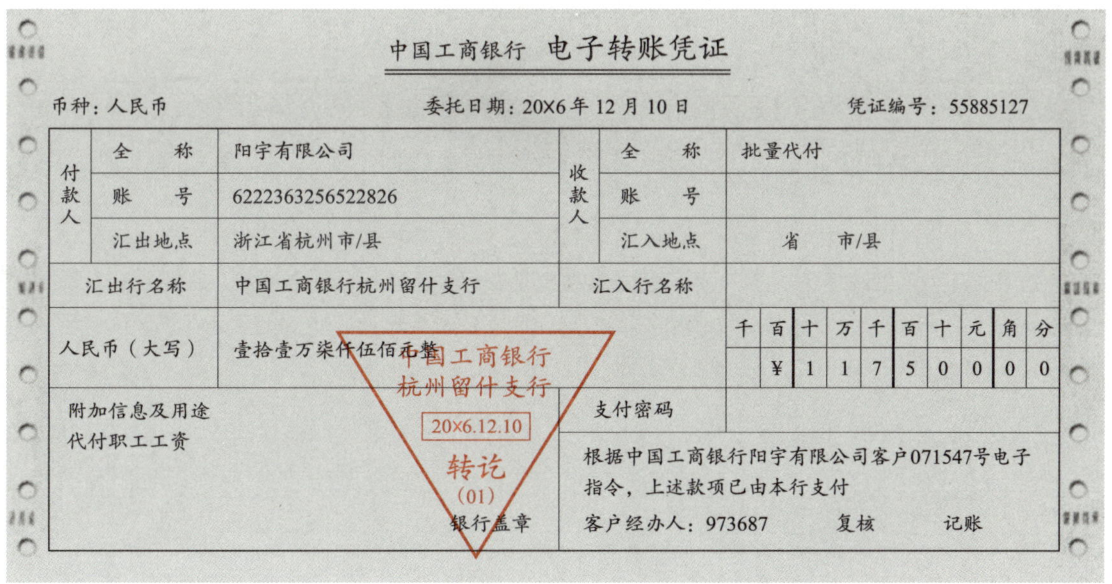

中国工商银行 电子转账凭证

币种：人民币　委托日期：20X6 年 12 月 10 日　凭证编号：55885127

付款人	全称	阳宇有限公司	收款人	全称	批量代付
	账号	6222363256522826		账号	
	汇出地点	浙江省杭州市/县		汇入地点	省　市/县
汇出行名称		中国工商银行杭州留什支行	汇入行名称		
人民币（大写）		壹拾壹万柒仟伍佰元整	千百十万千百十元角分		¥11750000
附加信息及用途 代付职工工资			支付密码		
			根据中国工商银行阳宇有限公司客户071547号电子指令，上述款项已由本行支付 客户经办人：973687　复核　记账		

图 14 中国工商银行电子转账凭证

（9）11 日，网银转账缴纳物业管理费用 2 306.56 元，见图 15～图 17。

3300140000 浙江增值税专用发票 抵扣联

№ 045672427

开票日期：20×6年12月11日

购买方	名　　称：阳宇有限公司 纳税人识别号：330102230121426321 地 址、电 话：杭州市留什路937号 0571-88228632 开户行及账号：中国工商银行杭州留什支行 6222363256522826				密码区	略	
货物或应税劳务、服务名称	规格型号	单位	数量	单价	金额	税率	税额
*企业管理服务*物业费					2 176.00	6%	130.56
合　计					¥2 176.00		¥130.56
价税合计（大写）	⊗贰仟叁佰零陆元伍角陆分				（小写）¥2 306.56		
销售方	名　　称：新城物业管理有限公司 纳税人识别号：33000101210121422K 地 址、电 话：杭州市月益路234号 0571-65212552 开户行及账号：中国工商银行杭州东胡支行 622256492576359				备注	新城物业管理有限公司 33000101210121422K 发票专用章	

收款人：　复核：　开票人：王峰　销售方：（章）

第二联：抵扣联　购买方扣税凭证

国税函（20×6）257号浙江印刷厂

图 15　增值税专用发票：抵扣联 ◄

3300140000 浙江增值税专用发票 发票联

№ 045672427

开票日期：20×6年12月11日

购买方	名　　称：阳宇有限公司 纳税人识别号：330102230121426321 地 址、电 话：杭州市留什路937号 0571-88228632 开户行及账号：中国工商银行杭州留什支行 6222363256522826				密码区	略	
货物或应税劳务、服务名称	规格型号	单位	数量	单价	金额	税率	税额
*企业管理服务*物业费					2 176.00	6%	130.56
合　计					¥2 176.00		¥130.56
价税合计（大写）	⊗贰仟叁佰零陆元伍角陆分				（小写）¥2 306.56		
销售方	名　　称：新城物业管理有限公司 纳税人识别号：33000101210121422K 地 址、电 话：杭州市月益路234号 0571-65212552 开户行及账号：中国工商银行杭州东胡支行 622256492576359				备注	新城物业管理有限公司 33000101210121422K 发票专用章	

收款人：　复核：　开票人：王峰　销售方：（章）

第三联：发票联　购买方记账凭证

国税函（20×6）257号浙江印刷厂

图 16　增值税专用发票：发票联 ◄

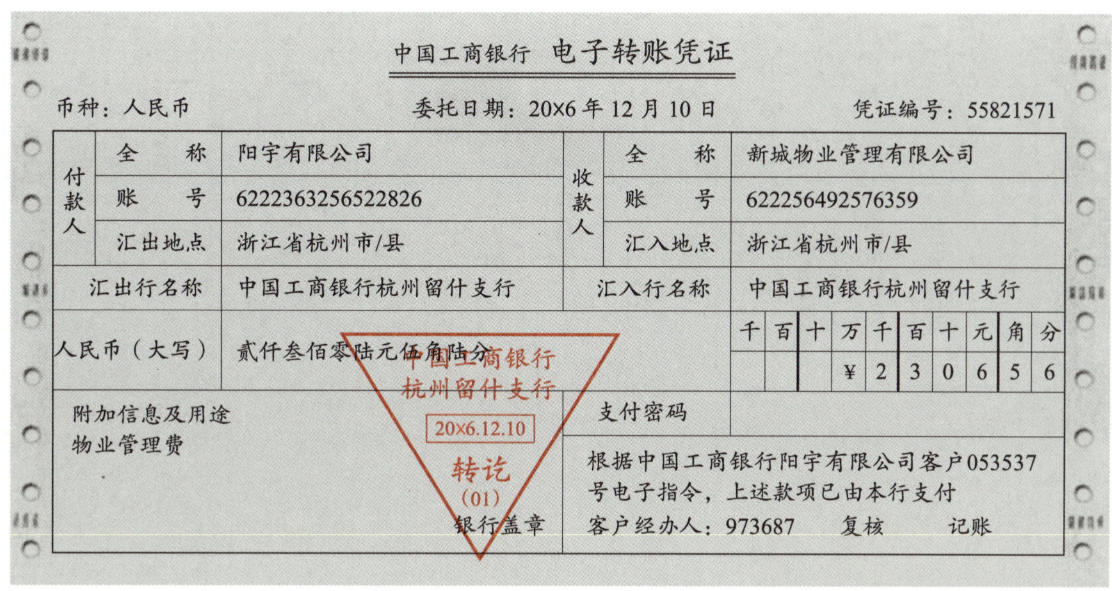

中国工商银行 电子转账凭证

币种：人民币　　委托日期：20×6 年 12 月 10 日　　凭证编号：55821571

付款人	全　称	阳宇有限公司	收款人	全　称	新城物业管理有限公司
	账　号	6222363256522826		账　号	622256492576359
	汇出地点	浙江省杭州市/县		汇入地点	浙江省杭州市/县
汇出行名称		中国工商银行杭州留什支行	汇入行名称		中国工商银行杭州留什支行
人民币（大写）		贰仟叁佰零陆元伍角陆分	千百十万千百十元角分		¥ 2 3 0 6 5 6
附加信息及用途		物业管理费	支付密码		
			根据中国工商银行阳宇有限公司客户053537号电子指令，上述款项已由本行支付		
		银行盖章	客户经办人：973687　复核　记账		

中国工商银行 杭州留什支行 20×6.12.10 转讫 (01)

图 17　中国工商银行电子转账凭证

（10）12 日，收到杭州新华有限公司前欠公司货款 11 300 元，见图 18。

中国工商银行进账单（收账通知）　3

20×6 年 12 月 12 日

出票人	全　称	杭州新华有限公司	收款人	全　称	阳宇有限公司
	账　号	6222212556521255		账　号	6222363256522826
	开户银行	中国工商银行杭州月行支行		开户银行	中国工商银行杭州留什支行
金额	人民币（大写）	壹万壹仟叁佰元整		千百十万千百十元角分	¥ 1 1 3 0 0 0 0
票据种类	转账支票	票据张数	1		
票据号码	0785464367				
	复核　记账			收款人开户银行签章	

中国工商银行 杭州留什支行 20×6.12.12 转讫 (01)

此联是收款人开户银行交给收款人的收账通知

图 18　中国工商银行进账单（收账通知）

（11）13 日，缴纳上月税费，见图 19、图 20。

中国工商银行电子缴税付款凭证

转账日期：20X6 年 12 月 13 日　　　　凭证字号：

纳税人全称及纳税人识别号：阳宇有限公司 330102230121426321

付款人全称：阳宇有限公司　　　　征收机关名称：杭州市西湖区国家税务局

付款人账号：6222363256522826　　　　收款国库（银行）名称：国家金库杭州市西湖区支库

付款人开户银行：中国工商银行杭州留什支行　　　　缴款书交易流水号：33010224145674

小写（合计金额）：1 256.00　　　　税票号码：33010224145674

大写（合计金额）：人民币壹仟贰佰伍拾陆元整

税、费税号：330102230121426321

税款属期：20X11101–20X11130

税（费）种名称	实缴金额
增值税	1 256.00

中国工商银行杭州留什支行 20X6.12.13 转讫（01）

第 1 次打印　　　　打印日期：20X6 年 12 月 13 日

图 19　中国工商银行电子缴税付款凭证

中国工商银行电子缴税付款凭证

转账日期：20X6 年 12 月 13 日　　　　凭证字号：

纳税人全称及纳税人识别号：阳宇有限公司 330102230121426321

付款人全称：阳宇有限公司　　　　征收机关名称：杭州市西湖区国家税务局

付款人账号：6222363256522826　　　　收款国库（银行）名称：国家金库杭州市西湖区支库（代理）

付款人开户银行：中国工商银行杭州留什支行　　　　缴款书交易流水号：19321974111

小写（合计金额）：125.6　　　　税票号码：3301022411234

大写（合计金额）：人民币壹佰贰拾伍元陆角

税、费税号：330102230121426321

税款属期：20X11101–20X11130

税（费）种名称	实缴金额
城市维护建设税—城市市区（增值税）	87.92
教育费附加（增值税）	37.68

中国工商银行杭州留什支行 20X6.12.13 转讫（01）

第 1 次打印　　　　打印日期：20X6 年 12 月 13 日

图 20　中国工商银行电子缴税付款凭证

（12）13 日，采购人员陈弘出差预借差旅费 1 000 元，出纳以现金支付，见图 21。

借 款 单

20×6 年 12 月 13 日　　　　资金性质：

部门：	采购部	借款人：	陈弘
借款理由：	出差借款		
金额：	大写：人民币壹仟元整		小写：¥1 000.00
领导批示：	同意借款	财务主管：	刘浩

部门主管：王宇　　出纳：李慧　　领款人签收：陈弘

图 21　借款单

（13）14 日，向杭州新华有限公司销售 B 产品 2 400 件，每件售价为 120 元，当日收到部分款项，见图 22、图 23。

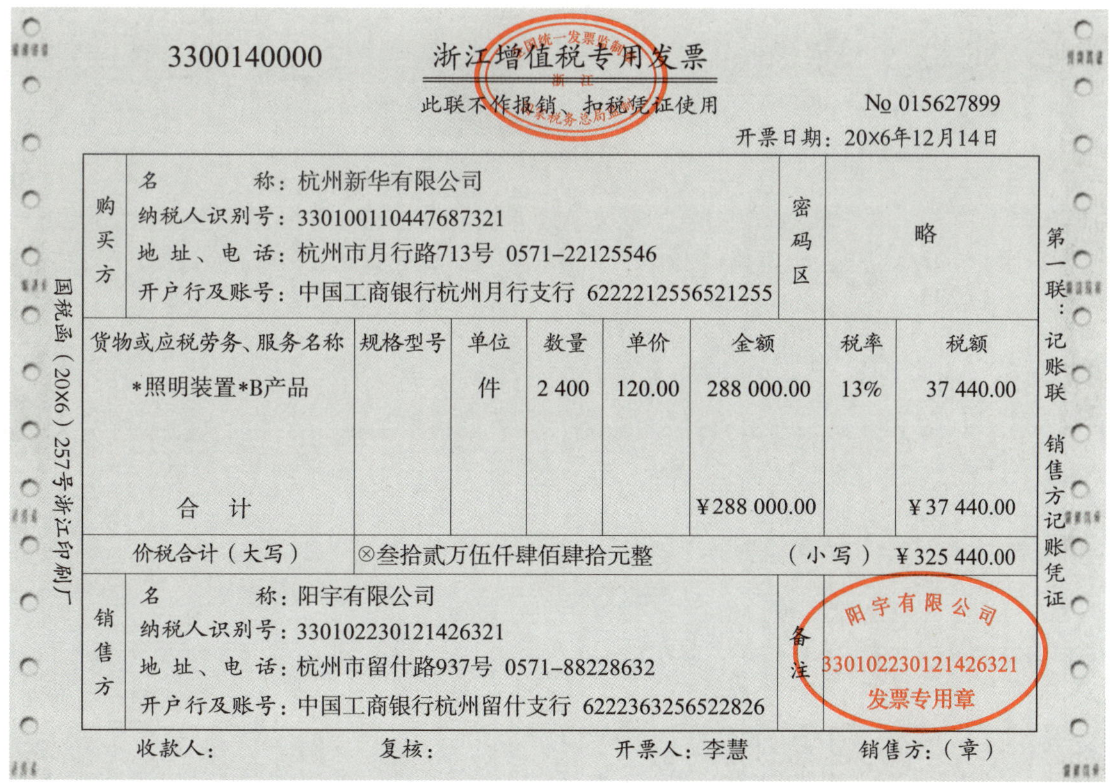

3300140000　　浙江增值税专用发票

此联不作报销、扣税凭证使用　　No 015627899

开票日期：20×6年12月14日

购买方	名称：杭州新华有限公司 纳税人识别号：330100110447687321 地址、电话：杭州市月行路713号 0571-22125546 开户行及账号：中国工商银行杭州月行支行 6222212556521255					密码区	略
货物或应税劳务、服务名称	规格型号	单位	数量	单价	金额	税率	税额
*照明装置*B产品		件	2 400	120.00	288 000.00	13%	37 440.00
合　计					¥288 000.00		¥37 440.00
价税合计（大写）	⊗叁拾贰万伍仟肆佰肆拾元整					（小写）	¥325 440.00
销售方	名称：阳宇有限公司 纳税人识别号：330102230121426321 地址、电话：杭州市留什路937号 0571-88228632 开户行及账号：中国工商银行杭州留什支行 6222363256522826					备注	阳宇有限公司 330102230121426321 发票专用章

收款人：　　复核：　　开票人：李慧　　销售方：（章）

国税函（20×6）257号浙江印刷厂

第一联：记账联　销售方记账凭证

图 22　增值税专用发票：记账联

中国工商银行进账单（收账通知） 3

20×6 年 12 月 14 日

出票人	全　称	杭州新华有限公司	收款人	全　称	阳宇有限公司
	账　号	6222212556521255		账　号	6222363256522826
	开户银行	中国工商银行杭州月行支行		开户银行	中国工商银行杭州留什支行
金额	人民币（大写）	捌万肆仟贰佰肆拾元整		千百十万千百十元角分	¥8424000

票据种类	转账支票	票据张数	1
票据号码	0785464891		

复核　　记账

中国工商银行杭州留什支行 20×6.12.14 转讫（01）

收款人开户银行签章

此联是收款人开户银行交给收款人

图 23　中国工商银行进账单（收账通知）◀

（14）15 日，购入甲材料 20 000 千克，不含税单价 3.10 元 / 千克；同时购入乙材料 20 000 千克，不含税单价 4.50 元 / 千克，材料已经验收入库，材料款暂欠，见图 24～图 26。

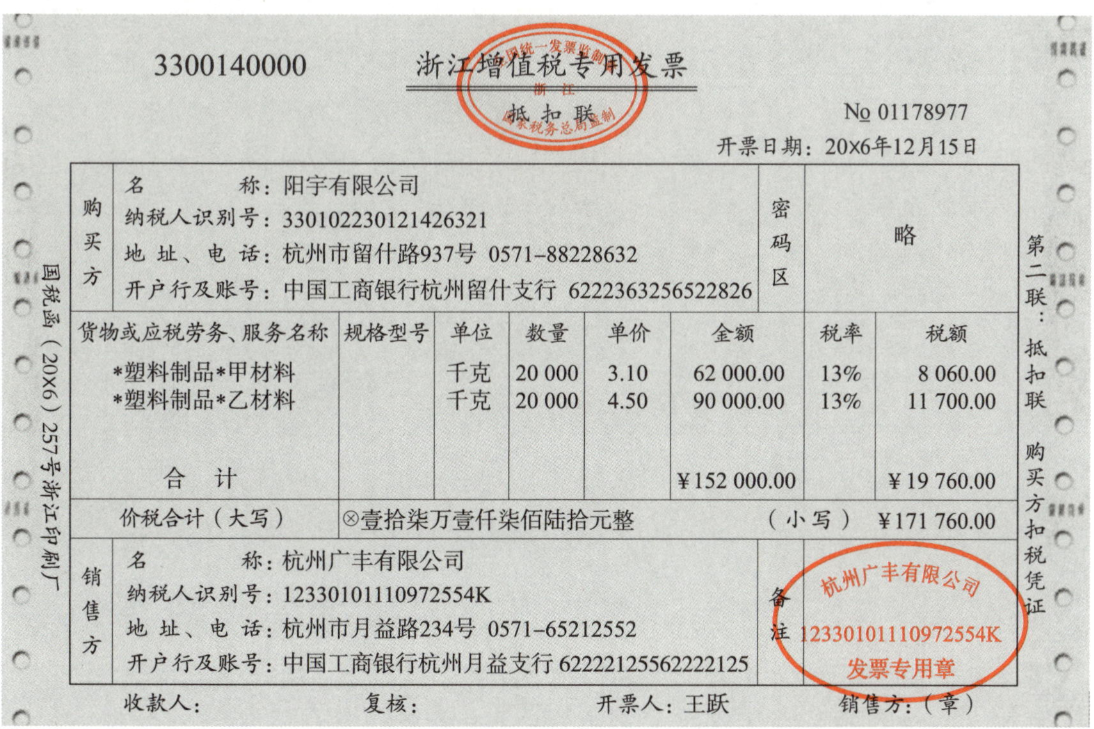

3300140000　　**浙江增值税专用发票**　　抵扣联

全国统一发票监制章 浙江 国家税务总局监制

№ 01178977

开票日期：20×6年12月15日

购买方：
名　　称：阳宇有限公司
纳税人识别号：330102230121426321
地 址、电 话：杭州市留什路937号 0571-88228632
开户行及账号：中国工商银行杭州留什支行 6222363256522826

密码区：略

货物或应税劳务、服务名称	规格型号	单位	数量	单价	金额	税率	税额
*塑料制品*甲材料		千克	20 000	3.10	62 000.00	13%	8 060.00
*塑料制品*乙材料		千克	20 000	4.50	90 000.00	13%	11 700.00
合　计					¥152 000.00		¥19 760.00
价税合计（大写）	⊗壹拾柒万壹仟柒佰陆拾元整				（小写）¥171 760.00		

销售方：
名　　称：杭州广丰有限公司
纳税人识别号：12330101110972554K
地 址、电 话：杭州市月益路234号 0571-65212552
开户行及账号：中国工商银行杭州月益支行 6222212556222125

备注：杭州广丰有限公司 12330101110972554K 发票专用章

收款人：　　复核：　　开票人：王跃　　销售方：（章）

国税函（20×6）257号浙江印制厂

第二联：抵扣联　购买方扣税凭证

图 24　增值税专用发票：抵扣联 ◀

3300140000

浙江增值税专用发票

发票联

№ 01178977

开票日期：20×6年12月15日

购买方	名称：阳宇有限公司 纳税人识别号：330102230121426321 地址、电话：杭州市留什路937号 0571-88228632 开户行及账号：中国工商银行杭州留什支行 6222363256522826					密码区	略	
货物或应税劳务、服务名称	规格型号	单位	数量	单价	金额	税率	税额	
*塑料制品*甲材料		千克	20 000	3.10	62 000.00	13%	8 060.00	
*塑料制品*乙材料		千克	20 000	4.50	90 000.00	13%	11 700.00	
合计					¥152 000.00		¥19 760.00	
价税合计（大写）	⊗壹拾柒万壹仟柒佰陆拾元整					（小写）	¥171 760.00	
销售方	名称：杭州广丰有限公司 纳税人识别号：12330101110972554K 地址、电话：杭州市月益路234号 0571-65212552 开户行及账号：中国工商银行杭州月益支行 6222125562222125					备注	杭州广丰有限公司 12330101110972554K 发票专用章	

收款人：　　复核：　　开票人：王跃　　销售方：（章）

国税函（20×6）257号浙江印刷厂

第三联：发票联 购买方记账凭证

图 25　增值税专用发票：发票联

收料单

仓库：原材料库　　20×6 年 12 月 15 日　　编号：040102

材料编号	材料名称	规格型号	计量单位	应收数量	实收数量
A001	甲材料		千克	20 000	20 000
A002	乙材料		千克	20 000	20 000
合计					

主管：赵　海　　质量检验员：汪　洋　　仓库验收：赵　虎　　经办人：胡　格

图 26　收料单

（15）16 日，采购人员陈弘报销出差费用，实际开支为 1 360 元，余款以现金支付，见图 27~图 31。

费用报销审批单

报销部门：采购部　　　　20×6 年 12 月 16 日

用途	金额/元	备注	餐费补助每天 60 元
住宿费	320.00	领导审批	同意报销
交通费	860.00		
餐费补助	180.00		
合计：	¥1 360.00		
金额（大写）人民币壹仟叁佰陆拾元整	原借款　1 000.00　元		补付款　360.00　元

会计主管 刘浩　　复核　　出纳 李慧　　报销人 陈弘　　领款人 陈弘

图 27　费用报销审批单

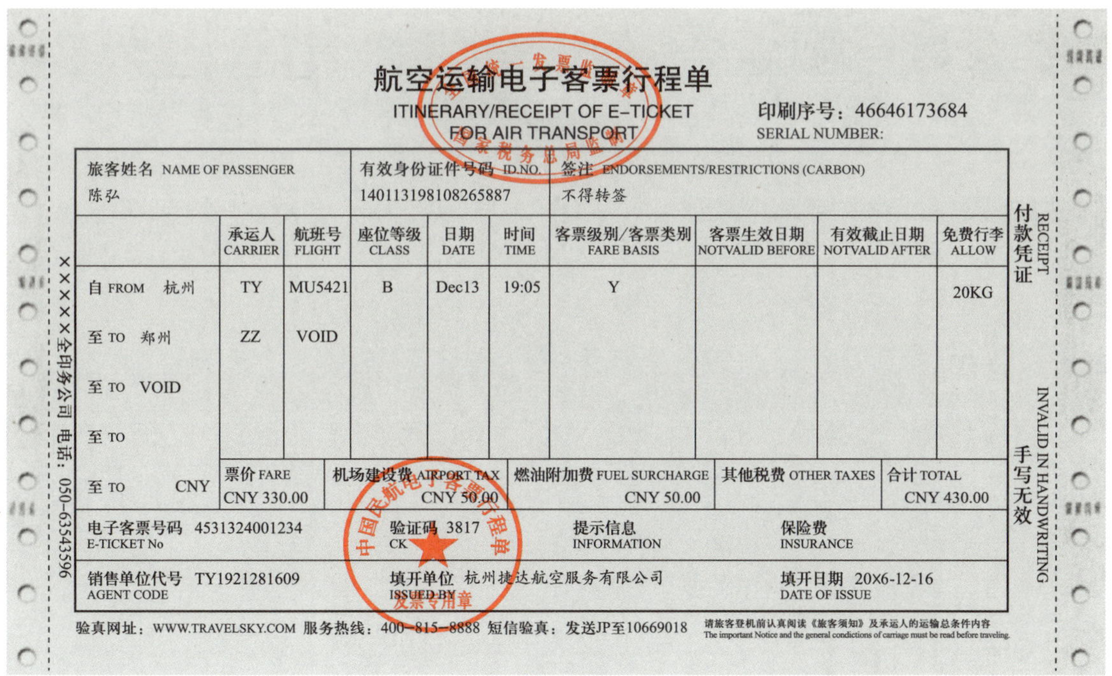

航空运输电子客票行程单
ITINERARY/RECEIPT OF E-TICKET FOR AIR TRANSPORT
印刷序号：46646173684 SERIAL NUMBER:

旅客姓名 NAME OF PASSENGER	有效身份证件号码 ID.NO.	签注 ENDORSEMENTS/RESTRICTIONS (CARBON)
陈弘	140113198108265887	不得转签

	承运人 CARRIER	航班号 FLIGHT	座位等级 CLASS	日期 DATE	时间 TIME	客票级别/客票类别 FARE BASIS	客票生效日期 NOTVALID BEFORE	有效截止日期 NOTVALID AFTER	免费行李 ALLOW
自 FROM 杭州	TY	MU5421	B	Dec13	19:05	Y			20KG
至 TO 郑州	ZZ	VOID							
至 TO VOID									
至 TO									

至 TO CNY	票价 FARE	机场建设费 AIRPORT TAX	燃油附加费 FUEL SURCHARGE	其他税费 OTHER TAXES	合计 TOTAL
	CNY 330.00	CNY 50.00	CNY 50.00		CNY 430.00

电子客票号码 E-TICKET No 4531324001234　验证码 CK 3817　提示信息 INFORMATION　保险费 INSURANCE

销售单位代号 AGENT CODE TY1921281609　填开单位 ISSUED BY 杭州捷达航空服务有限公司　填开日期 DATE OF ISSUE 20×6-12-16

验真网址：WWW.TRAVELSKY.COM 服务热线：400-815-8888 短信验真：发送JP至10669018
请旅客登机前认真阅读《旅客须知》及承运人的运输总条件内容 The important Notice and the general conditions of carriage must be read before traveling.

付款凭证 RECEIPT　手写无效 INVALID IN HANDWRITING

××××××全印务公司 电话：050-63543596

图 28　航空运输电子客票行程单

航空运输电子客票行程单
ITINERARY/RECEIPT OF E-TICKET
FOR AIR TRANSPORT

印刷序号：46646776485
SERIAL NUMBER:

旅客姓名 NAME OF PASSENGER	有效身份证件号码 ID.NO.	签注 ENDORSEMENTS/RESTRICTIONS (CARBON)
陈弘	140113198108265887	不得转签

	承运人 CARRIER	航班号 FLIGHT	座位等级 CLASS	日期 DATE	时间 TIME	客票级别/客票类别 FARE BASIS	客票生效日期 NOTVALID BEFORE	有效截止日期 NOTVALID AFTER	免费行李 ALLOW
自 FROM 郑州	ZZ	MU5421	B	Dec15	09:05	Y			20KG
至 TO 杭州	TY	VOID							
至 TO VOID									
至 TO									
至 TO CNY	票价 FARE CNY 330.00		机场建设费 AIRPORT TAX CNY 50.00			燃油附加费 FUEL SURCHARGE CNY 50.00	其他税费 OTHER TAXES	合计 TOTAL CNY 430.00	

电子客票号码 E-TICKET No 4531324004453　验证码 CK 2345　提示信息 INFORMATION　保险费 INSURANCE

销售单位代号 AGENT CODE ZZ1921281609　填开单位 ISSUED BY 郑州捷达航空服务有限公司　填开日期 DATE OF ISSUE 20X6-12-16

验真网址：WWW.TRAVELSKY.COM 服务热线：400-815-8888 短信验真：发送JP至10669018

请旅客登机前认真阅读《旅客须知》及承运人的运输总条件内容
The important Notice and the general conditions of carriage must be read before traveling.

付款凭证 RECEIPT

手写无效 INVALID IN HANDWRITING

××××全印务公司 电话：050-63543596

图 29 航空运输电子客票行程单 ◀

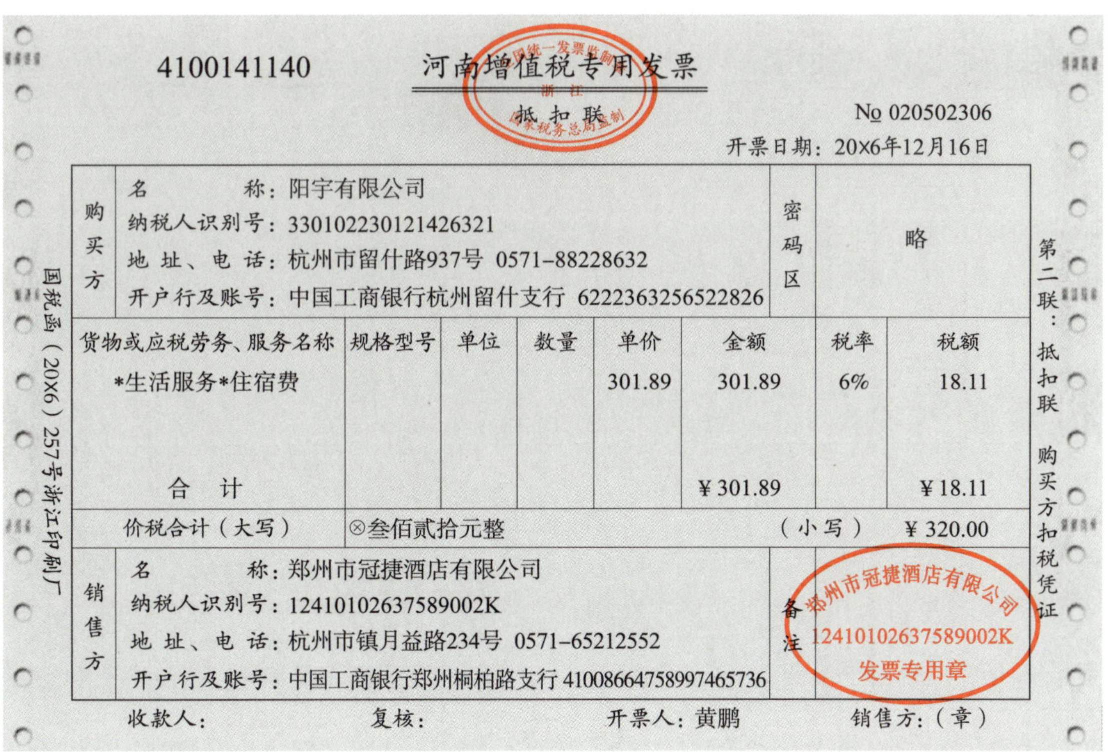

4100141140　河南增值税专用发票

抵扣联

No 020502306

开票日期：20X6年12月16日

购买方	名称：阳宇有限公司 纳税人识别号：330102230121426321 地址、电话：杭州市留什路937号 0571-88228632 开户行及账号：中国工商银行杭州留什支行 6222363256522826	密码区	略

货物或应税劳务、服务名称	规格型号	单位	数量	单价	金额	税率	税额
*生活服务*住宿费				301.89	301.89	6%	18.11
合计					¥301.89		¥18.11
价税合计（大写）	⊗叁佰贰拾元整					（小写）	¥320.00

销售方	名称：郑州市冠捷酒店有限公司 纳税人识别号：12410102637589002K 地址、电话：杭州市镇月益路234号 0571-65212552 开户行及账号：中国工商银行郑州桐柏路支行 41008664758997465736	备注	郑州市冠捷酒店有限公司 12410102637589002K 发票专用章

收款人：　复核：　开票人：黄鹏　销售方：（章）

第二联：抵扣联 购买方扣税凭证

国税函（20X6）257号浙江印刷厂

图 30 增值税专用发票：抵扣联 ◀

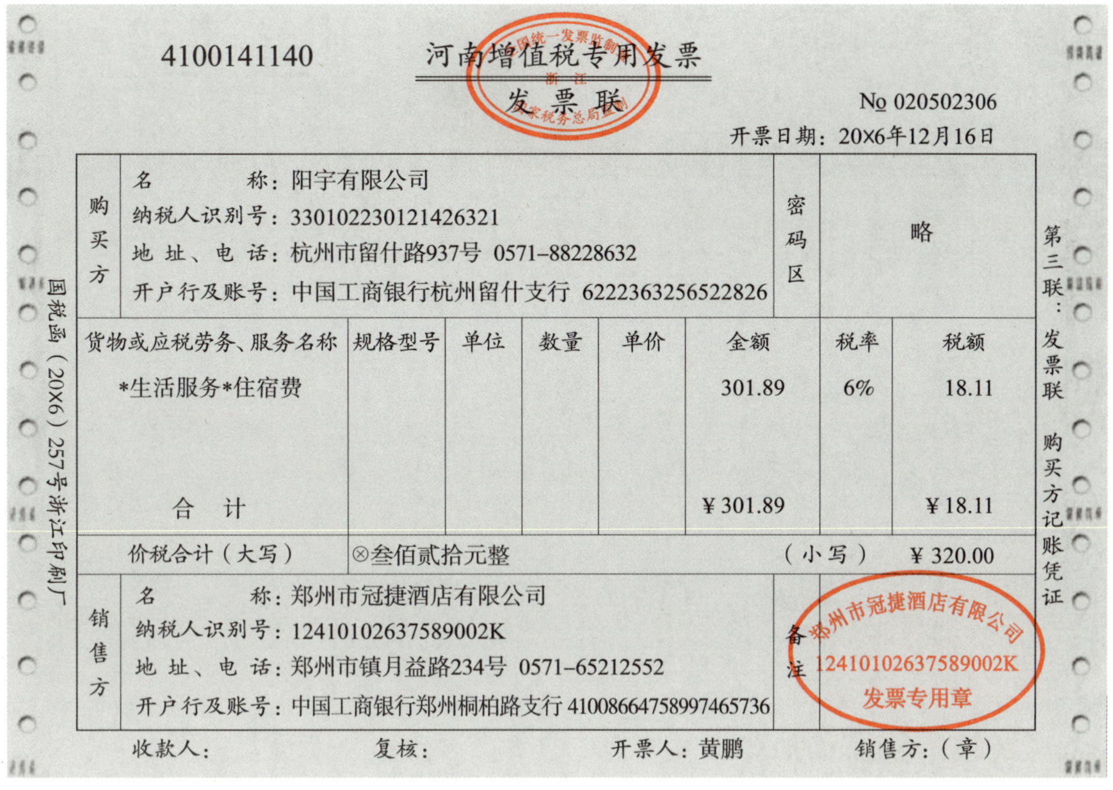

4100141140　　河南增值税专用发票　　发票联

№ 020502306

开票日期：20×6年12月16日

购买方	名　　称：阳宇有限公司 纳税人识别号：330102230121426321 地 址、电 话：杭州市留什路937号 0571-88228632 开户行及账号：中国工商银行杭州留什支行 6222363256522826					密码区	略
货物或应税劳务、服务名称	规格型号	单位	数量	单价	金额	税率	税额
*生活服务*住宿费					301.89	6%	18.11
合　计					¥301.89		¥18.11
价税合计（大写）	⊗叁佰贰拾元整				（小写）		¥320.00
销售方	名　　称：郑州市冠捷酒店有限公司 纳税人识别号：12410102637589002K 地 址、电 话：郑州市镇月益路234号 0571-65212552 开户行及账号：中国工商银行郑州桐柏路支行 41008664758997465736					备注	郑州市冠捷酒店有限公司 12410102637589002K 发票专用章

收款人：　　复核：　　开票人：黄鹏　　销售方：（章）

第三联：发票联　购买方记账凭证

国税函（20×6）257号浙江印刷厂

图 31　增值税专用发票：发票联

（16）17 日，生产 A 产品领用甲材料 8 000 千克，乙材料 12 000 千克；生产 B 产品领用甲材料 6 000 千克，乙材料 8 000 千克，（甲材料每千克单位成本 3.10 元，乙材料每千克单位成本 4.50 元），见图 32、图 33。

领　料　单

仓库：原材料库　　用途：生产 A 产品　　20×6 年 12 月 17 日　　编号：040203

材料编号	材料名称	计量单位	申领数量	领用数量	单位成本/元
A001	甲材料	千克	8 000	8 000	3.10
A002	乙材料	千克	12 000	12 000	4.50
合计					

仓库主管：赵　海　　领料部门主管：李德峰　　发料人：赵　虎　　领料人：王　菲

图 32　A 产品领料单

领料单					
仓库：原材料库	用途：生产B产品		20×6年12月17日		编号：040204
材料编号	材料名称	计量单位	申领数量	领用数量	单位成本/元
A001	甲材料	千克	6 000	6 000	3.10
A002	乙材料	千克	8 000	8 000	4.50
合计					

仓库主管：赵　海　　领料部门主管：李德峰　　发料人：赵　虎　　领料人：王　菲

图33　B产品领料单

（17）20日，支付电信费用4 905元，见图34~图36。

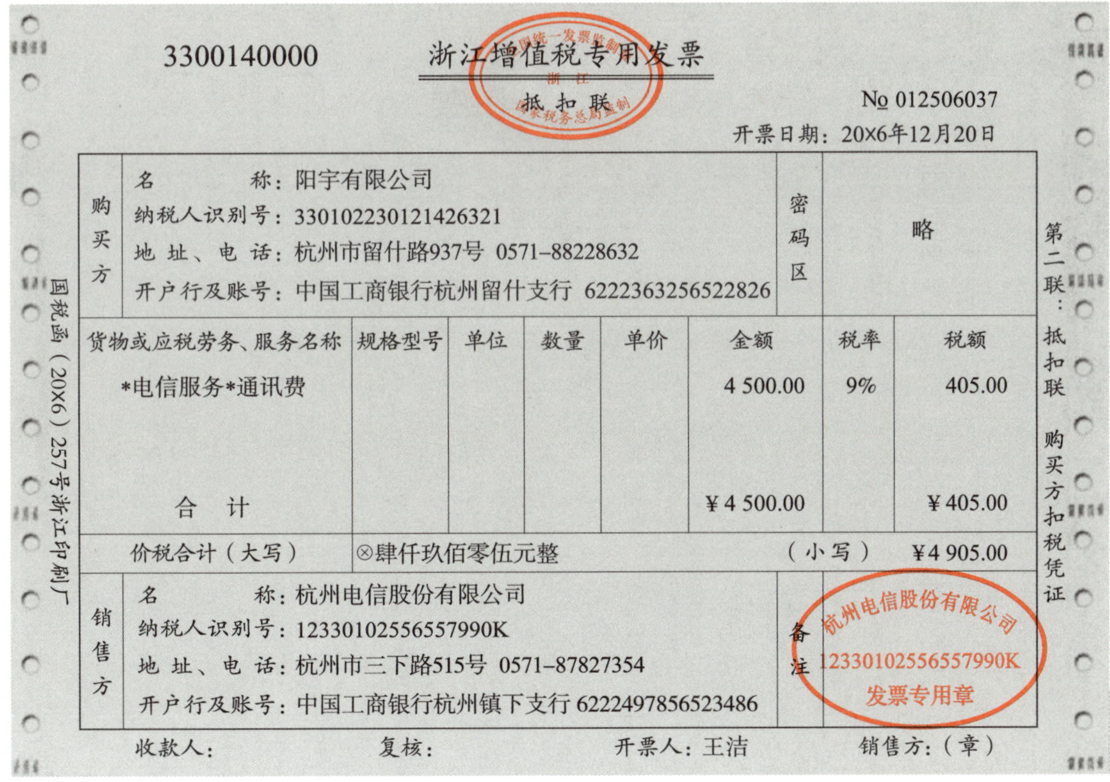

3300140000　　浙江增值税专用发票　　抵扣联

№ 012506037

开票日期：20×6年12月20日

购买方	名　　称：阳宇有限公司 纳税人识别号：330102230121426321 地址、电话：杭州市留什路937号 0571-88228632 开户行及账号：中国工商银行杭州留什支行 6222363256522826					密码区	略
货物或应税劳务、服务名称	规格型号	单位	数量	单价	金额	税率	税额
*电信服务*通讯费					4 500.00	9%	405.00
合　计					¥4 500.00		¥405.00
价税合计（大写）	⊗肆仟玖佰零伍元整				（小写）		¥4 905.00
销售方	名　　称：杭州电信股份有限公司 纳税人识别号：12330102556557990K 地址、电话：杭州市三下路515号 0571-87827354 开户行及账号：中国工商银行杭州镇下支行 6222497856523486					备注	杭州电信股份有限公司 12330102556557990K 发票专用章

收款人：　　复核：　　开票人：王洁　　销售方：（章）

国税函（20×6）257号浙江印刷厂

第二联：抵扣联　购买方扣税凭证

图34　增值税专用发票：抵扣联

3300140000　　**浙江增值税专用发票**　　发票联

No 012506037

开票日期：20x6年12月20日

购买方	名　　称：阳宇有限公司 纳税人识别号：330102230121426321 地 址、电 话：杭州市留什路937号 0571-88228632 开户行及账号：中国工商银行杭州留什支行 6222363256522826				密码区	略	
货物或应税劳务、服务名称	规格型号	单位	数量	单价	金额	税率	税额
*电信服务*通讯费					4 500.00	9%	405.00
合　计					¥4 500.00		¥405.00
价税合计（大写）	⊗肆仟玖佰零伍元整					（小写）	¥4 905.00
销售方	名　　称：杭州电信股份有限公司 纳税人识别号：12330102556557990K 地 址、电 话：杭州市三下路515号 0571-87827354 开户行及账号：中国工商银行杭州镇下支行 6222497856523486				备注	（杭州电信股份有限公司 12330102556557990K 发票专用章）	

收款人：　　复核：　　开票人：王洁　　销售方：（章）

国税函（20x6）257号浙江印刷厂

第三联：发票联　购买方记账凭证

图 35　增值税专用发票：发票联

同城特约委托收款凭证（付款通知）2　编号：1247897478

付款日期 20x6 年 12 月 20 日

付款人	全　称	阳宇有限公司	收款人	全　称	杭州电信股份有限公司
	账　号	6222363256522826		账　号	6222497856523486
	开户银行	中国工商银行杭州留什支行		开户银行	中国工商银行杭州留什支行
金额	人民币（大写）	肆仟玖佰零伍元整		人民币（小写）	¥4 905.00
款项内容	电话费			协议号码	784547812568
				付款人开户银行签章：（中国工商银行杭州留什支行 20x6.12.20 转讫（01）） 20x6 年 12 月 20 日	

此联付款人开户银行给付款人的付款通知

图 36　同城特约委托收款凭证

（18）27 日，计提本月折旧，见图 37。

固定资产折旧计算表

20×6 年 12 月 27 日　　单位：元

使用单位和固定资产类别		上月折旧计提额	上月增加固定资产应计提折旧额	上月减少固定资产应计提折旧额	本月应计提折旧额
生产部门	厂房	4 600			4 600
	生产设备	1 516	800	100	2 216
管理部门	房屋	2 240			2 240
	管理设备	1 910	138		2 048
合计		10 266	938	100	11 104

审核：刘浩　　制单：沈生

图 37　固定资产折旧计算表

（19）28 日，收到车间设备修理费用发票，款项暂未支付，见图 38、图 39。

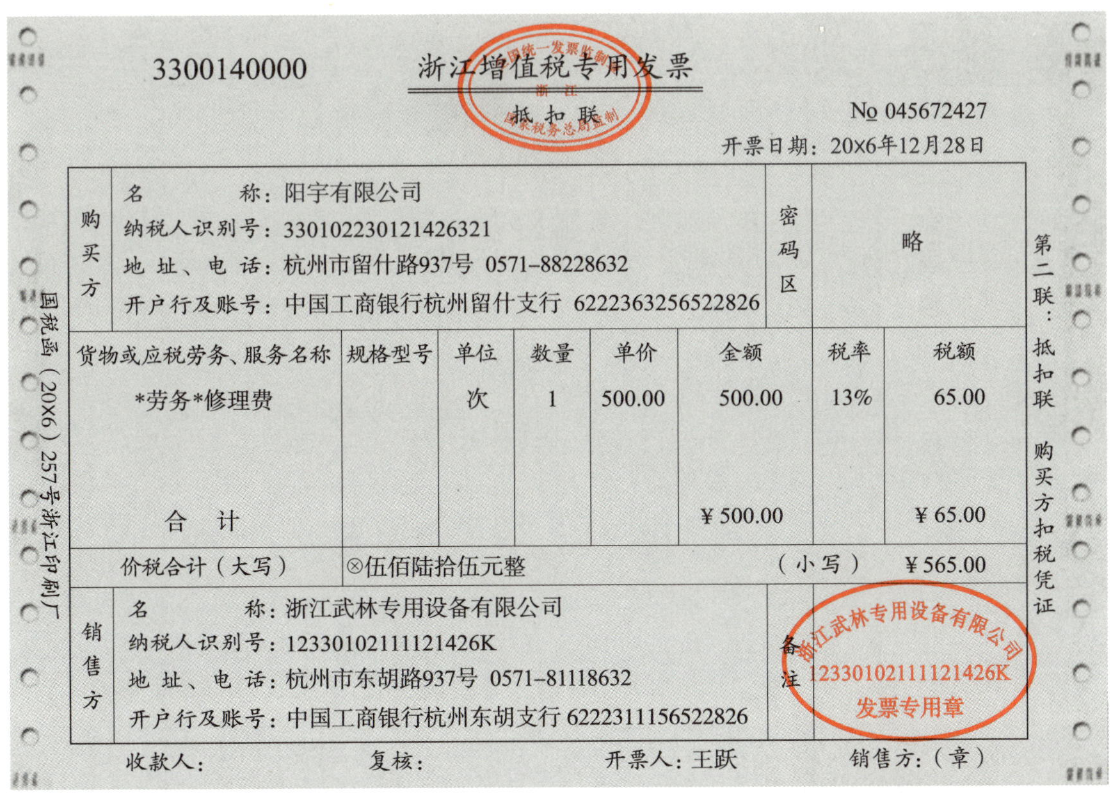

3300140000　　浙江增值税专用发票　　抵扣联

№ 045672427

开票日期：20×6年12月28日

购买方	名称：阳宇有限公司 纳税人识别号：330102230121426321 地址、电话：杭州市留什路937号 0571-88228632 开户行及账号：中国工商银行杭州留什支行 6222363256522826	密码区	略

货物或应税劳务、服务名称	规格型号	单位	数量	单价	金额	税率	税额
*劳务*修理费		次	1	500.00	500.00	13%	65.00
合计					¥500.00		¥65.00
价税合计（大写）	⊗伍佰陆拾伍元整					（小写）	¥565.00

销售方	名称：浙江武林专用设备有限公司 纳税人识别号：12330102111121426K 地址、电话：杭州市东胡路937号 0571-81118632 开户行及账号：中国工商银行杭州东胡支行 6222311156522826	备注	

收款人：　　复核：　　开票人：王跃　　销售方：（章）

第二联：抵扣联　购买方扣税凭证

国税函（20×6）257号浙江印制厂

图 38　增值税专用发票：抵扣联

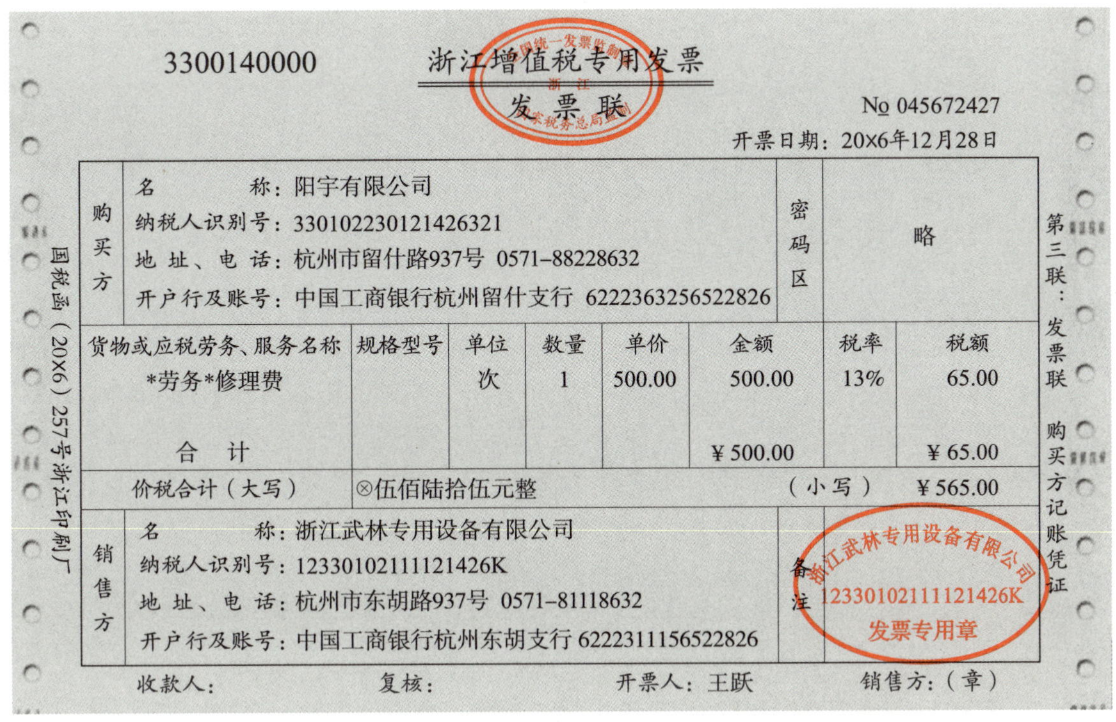
3300140000

浙江增值税专用发票

发票联

№ 045672427

开票日期：20×6年12月28日

购买方	名称：阳宇有限公司 纳税人识别号：330102230121426321 地址、电话：杭州市留什路937号 0571-88228632 开户行及账号：中国工商银行杭州留什支行 6222363256522826	密码区	略

货物或应税劳务、服务名称	规格型号	单位	数量	单价	金额	税率	税额
*劳务*修理费		次	1	500.00	500.00	13%	65.00
合计					¥500.00		¥65.00
价税合计（大写）	⊗伍佰陆拾伍元整					（小写）	¥565.00

销售方	名称：浙江武林专用设备有限公司 纳税人识别号：12330102111121426K 地址、电话：杭州市东胡路937号 0571-81118632 开户行及账号：中国工商银行杭州东胡支行 6222311156522826	备注	浙江武林专用设备有限公司 12330102111121426K 发票专用章

收款人：　复核：　开票人：王跃　销售方：（章）

国税函（20×6）257号浙江印刷厂

第三联：发票联 购买方记账凭证

图 39　增值税专用发票：发票联

（20）31 日，分配本月工资费用，其中生产 A 产品工人工资 70 000 元，生产 B 产品工人工资 55 000 元，行政管理人员工资 15 000 元，车间管理人员工资 9 000 元，见图 40。

工资费用分配表

20×6 年 12 月 31 日　　金额单位：元

部门 \ 项目		直接计入费用	间接计入费用			合计
			分配标准	分配率	分配金额	
生产工人	A产品	70 000				70 000
	B产品	55 000				55 000
	小计	125 000				125 000
行政管理人员		15 000				15 000
车间管理人员		9 000				9 000
合计		149 000				149 000

审核：刘浩　　制单：沈生

图 40　工资费用分配表

（21）30 日，缴纳本月电费共计 21 221.40 元，其中生产车间承担 16 475.40 元，行政管理部门承担 4 746 元，见图 41～图 43。

浙江增值税专用发票

3300140000　　抵扣联　　№ 047851464

开票日期：20×6年12月30日

购买方	名称：阳宇有限公司 纳税人识别号：330102230121426321 地址、电话：杭州市留什路937号 0571-88228632 开户行及账号：中国工商银行杭州留什支行 6222363256522826	密码区	略

货物或应税劳务、服务名称	规格型号	单位	数量	单价	金额	税率	税额
*供电*电费		千瓦时	28 409	0.660 158	18 780.00	13%	2 441.40
合　计					¥18 780.00		¥2 441.40
价税合计（大写）	⊗贰万壹仟贰佰贰拾壹元肆角				（小写）		¥21 221.40

销售方	名称：国网浙江杭州市西湖区供电公司 纳税人识别号：12330101110211112K 地址、电话：杭州市留什路1237号 0571-83338632 开户行及账号：中国工商银行杭州留什支行 6222363256522555	备注	国网浙江杭州市西湖区供电公司 12330101110211112K 发票专用章

收款人：　　复核：　　开票人：王锋　　销售方：（章）

国税函（20×6）257号浙江印刷厂

第二联：抵扣联　购买方扣税凭证

图41　增值税专用发票：抵扣联

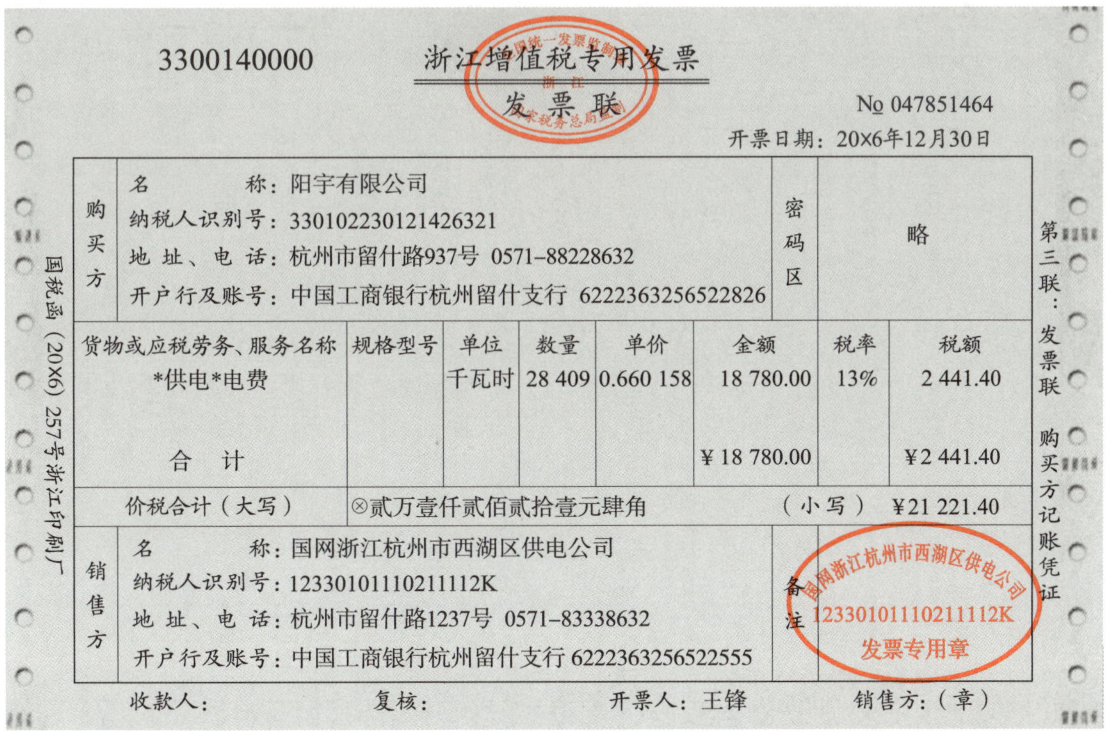

浙江增值税专用发票

3300140000　　发票联　　№ 047851464

开票日期：20×6年12月30日

购买方	名称：阳宇有限公司 纳税人识别号：330102230121426321 地址、电话：杭州市留什路937号 0571-88228632 开户行及账号：中国工商银行杭州留什支行 6222363256522826	密码区	略

货物或应税劳务、服务名称	规格型号	单位	数量	单价	金额	税率	税额
*供电*电费		千瓦时	28 409	0.660 158	18 780.00	13%	2 441.40
合　计					¥18 780.00		¥2 441.40
价税合计（大写）	⊗贰万壹仟贰佰贰拾壹元肆角				（小写）		¥21 221.40

销售方	名称：国网浙江杭州市西湖区供电公司 纳税人识别号：12330101110211112K 地址、电话：杭州市留什路1237号 0571-83338632 开户行及账号：中国工商银行杭州留什支行 6222363256522555	备注	国网浙江杭州市西湖区供电公司 12330101110211112K 发票专用章

收款人：　　复核：　　开票人：王锋　　销售方：（章）

国税函（20×6）257号浙江印刷厂

第三联：发票联　购买方记账凭证

图42　增值税专用发票：发票联

同城特约委托收款凭证 （付款通知）2 编号：1254781251

付款日期 20x6 年 12 月 30 日

付款人	全称	阳宇有限公司	收款人	全称	国网浙江杭州市西湖区供电公司
	账号	6222363256522826		账号	6222363256522555
	开户银行	中国工商银行杭州留什支行		开户银行	中国工商银行杭州留什支行
金额	人民币（大写）	贰万壹仟贰佰贰拾壹元肆角		人民币（小写）	¥21 221.40
款项内容	电费			协议号码	781247897421
				付款人开户银行签章： 中国工商银行杭州留什支行 20X6.12.30 转讫（01） 20x6 年 12 月 30 日	

此联付款人开户银行给付款人的付款通知

图 43 同城特约委托收款凭证 ◀

（22）30 日，期末仓库盘存，发现甲材料盘亏 30 千克，系保管员张某责任，由其赔偿。甲材料单价为 3.10 元 / 千克，假设不考虑税费，见图 44。

存货盘点报告

20x6 年 12 月 30 日

类别	名称	单位	单价	数量		盘盈		盘亏		原因
				账存	实存	数量	金额	数量	金额	
原材料	甲材料	千克	3.10	12 030	12 000			30	93.00	保管员责任
原材料	乙材料	千克	4.50	15 000	15 000					
合计										

主管： 盘点人：朱正宇 保管员：张颖

图 44 存货盘点报告 ◀

（23）30 日，结转本月产品负担的制造费用，按人工工时将制造费用分配给 A 产品和 B 产品（其中 A 产品耗用人工工时 2 400 工时，B 产品耗用人工工时 1 600 工时），见图 45。

制造费用分配表

20×6 年 12 月 30 日　　金额单位：元

应借科目/项目	实际产量/件	分配标准/工时	分配率/%	制造费用
生产成本——A产品	1 850	2 400		18 240
生产成本——B产品	1 900	1 600		12 160
合计		4 000	7.60	30 400

审核：刘浩　　制单：沈生

图 45　制造费用分配表

（24）30 日，本月产品全部完工入库，没有期初在产品，见图 46。

完工产品成本汇总表

20×6 年 12 月 30 日　　金额单位：元

产品名称		单位	产量	直接材料	直接人工	制造费用	合计
A产品	总成本	件	1 850	137 350	70 000	18 240	225 590
B产品	总成本	件	1 900	115 100	55 000	12 160	182 260
合计				252 450	125 000	30 400	407 850

审核：刘浩　　制单：沈生

图 46　完工产品成本汇总表

（25）30 日，计算并结转销售成本（提示：本月 A 产品销售数量为 1 000 件，B 产品销售数量为 2 400 件，本月销售成本分别为 121 940 元和 230 280 元），见图 47。

销售成本计算表

编制单位：阳宇有限公司　　20×6 年 12 月 30 日　　金额单位：元

产品	期初结存数量/件	本期完工数量/件	本期销售数量/件	期末结存数量/件	期初结存成本	完工产品成本	单位成本	销售产品成本	期末存货成本
A产品	0	1 850	1 000	850	0	225 590	121.94	121 940	103 650
B产品	1 000	1 900	2 400	500	96 000	182 256	95.95	230 280	47 976
合计	1 000	3 750	3 400	1 350	96 000	407 846		352 220	151 626

审核：刘浩　　制单：沈生

图 47　销售成本计算表

（26）31 日，结转本月未交增值税，见图 48。

未交增值税计算表

20×6 年 12 月 31 日　　　　单位：元

项目	进项税额	销项税额	进项税额转出	本月未交增值税
增值税	42 658.07	56 940.00		14 281.93
合计	42 658.07	56 940.00		14 281.93

审核：刘浩　　　　制单：沈生

图 48　未交增值税计算表

提示：会计分录为：

借：应交税费——应交增值税

（转出未交增值税）　　14 281.93

贷：应交税费——未交增值税　　14 281.93

计提后，下月缴纳。

（27）31 日，计提税金（提示：城市维护建设税税率为 7%，计提金额为 999.74 元；教育费附加费税率为 3%，计提金额为 428.46 元，地方教育附加全免），见图 49。

应交城市维护建设税与教育费附加计算表

20×6 年 12 月 31 日　　　　单位：元

税种	计税依据	计税金额	税率	应纳税额
城市维护建设税	增值税	14 281.93	7%	999.74
	合计			999.74
教育费附加	增值税	14 281.93	3%	428.46
	合计			428.46

审核：刘浩　　　　制单：沈生

图 49　应交城市维护建设税与教育费附加计算表

（28）31 日，结转本月期间损益（主营业务收入 438 000 元，主营业务成本 352 220 元，税金及附加 1 428.20 元，管理费用 33 605.89 元）。

（29）31 日，计提本年度应缴纳的所得税金额 12 686.48 元，并结转到本年利润。

（30）31 日，将本年度本年利润的总额 158 464.83 元转到“利润分配——未分配利润”账户。

（31）31 日，按全年度净利润的 10% 计提法定盈余公积金，见图 50。

盈余公积计提表

20×6 年 12 月 31 日

单位：元

项目	金额
计提基数	158 464.83
提取法定盈余公积金（10%）	15 846.48

审核：刘浩　　制单：沈生

图 50　盈余公积计提表

（32）31 日，将利润分配有关明细账户余额转到“利润分配——未分配利润”账户。

（33）31 日，编制资产负债表和利润表。

主编简介

张瑶，副教授，宁夏财经职业技术学院教务处处长，宁夏回族自治区教学名师，宁夏“互联网＋教育”高端管理类人才，宁夏回族自治区金融职业教育教学指导委员会委员，大数据与会计国家级职业教育教师创新团队核心成员，宁夏职业教育“双师型名师工作室”主持人。

长期从事职业教育教学、管理、研究以及会计专业的教学工作，主持“职业教育精准扶贫绩效评价研究”“‘1＋X’证书制度下的会计专业人才培养模式改革”“大数据时代高职院校思想政治教育工作机制重构”等省部级和厅局级教科研项目，获宁夏回族自治区“十三五”规划课题一等奖、2022年职业教育教学成果一等奖。主持编写了《基础会计》《行业会计》等多部教材。

陈强，教授，中国会计学会会计教育专业委员会委员、全国财政职业教育教学指导委员会教学资源建设专门委员会委员、全国金融职业教育教学指导委员会金融管理专业教学指导委员会委员、教育部职业院校文化素质教育指导委员会工匠精神培育分委会委员，浙江省高级会计师评审专家，职业院校教学能力比赛评审专家，国家精品课程评审专家，浙江省优秀教材评审专家、智能财税大赛专家、会计技能大赛专家等。主持国家精品课程建设，主持参加教育部全国多媒体课件大赛获高职组特等奖和最佳教学设计奖，主持项目获得省教学成果特等奖，主要参与项目获国家教学成果二等奖，国家会计教学团队主要成员。

职业教育国家大数据与财务管理专业教学资源库建设顾问，主持职业教育国家大数据与财务管理专业教学资源库子项目“企业会计实务”“初级会计实务”“企业财务分析”建设；主持福建省职业本科大数据与财务管理专业教学资源库建设。主编“十四五”职业教育国家规划教材4部、“十三五”职业教育国家规划教材3部、“十二五”职业教育国家规划教材4部、普通高等教育“十一五”国家规划教材3部。

郑重声明

高等教育出版社依法对本书享有专有出版权。任何未经许可的复制、销售行为均违反《中华人民共和国著作权法》，其行为人将承担相应的民事责任和行政责任；构成犯罪的，将被依法追究刑事责任。为了维护市场秩序，保护读者的合法权益，避免读者误用盗版书造成不良后果，我社将配合行政执法部门和司法机关对违法犯罪的单位和个人进行严厉打击。社会各界人士如发现上述侵权行为，希望及时举报，我社将奖励举报有功人员。

反盗版举报电话 （010）58581999 58582371

反盗版举报邮箱 dd@hep.com.cn

通信地址 北京市西城区德外大街4号

高等教育出版社知识产权与法律事务部

邮政编码 100120

读者意见反馈

为收集对教材的意见建议，进一步完善教材编写并做好服务工作，读者可将对本教材的意见建议通过如下渠道反馈至我社。

咨询电话 400-810-0598

反馈邮箱 gjdzfwb@pub.hep.cn

通信地址 北京市朝阳区惠新东街4号富盛大厦1座

高等教育出版社总编辑办公室

邮政编码 100029

防伪查询说明

用户购书后刮开封底防伪涂层，使用手机微信等软件扫描二维码，会跳转至防伪查询网页，获得所购图书详细信息。

防伪客服电话 （010）58582300

网络增值服务使用说明

授课教师如需获取本书配套教辅资源，请登录“高等教育出版社产品信息检索系统”（xuanshu.hep.com.cn），搜索本书并下载资源。首次使用本系统的用户，请先注册并进行教师资格认证。

高教社高职会计教师交流及资源服务QQ群（在其中之一即可，请勿重复加入）：

QQ3群：675544928 QQ2群：708994051（已满） QQ1群：229393181（已满）